黃金帝國

與

海上絲路 I

廣東十三洋行的崛起

The Legend of Thirteen Hongs of Canton

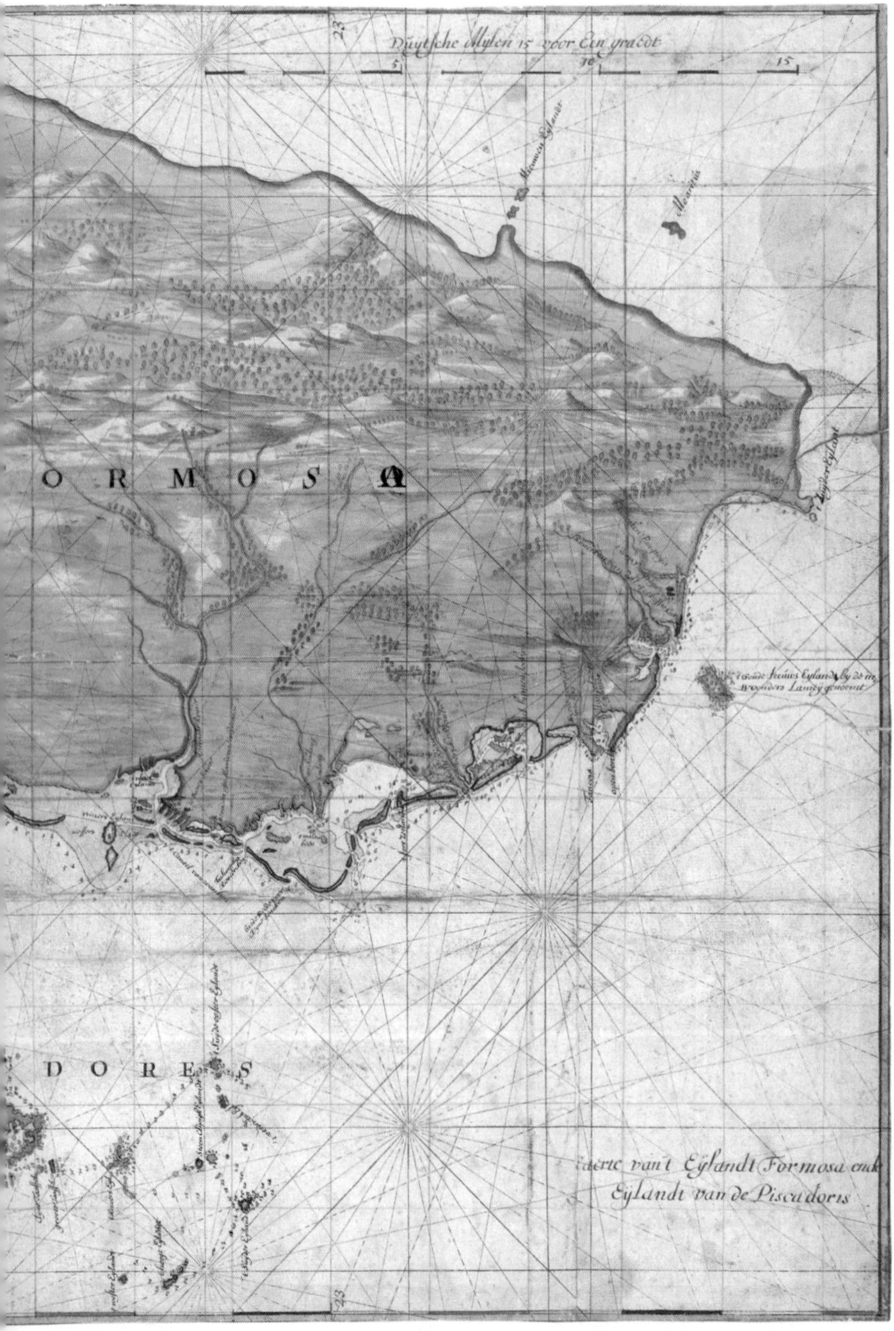
Duytsche Mylen 15 voor Een graedt
5
10
15
O R M O S A
D O R E S
Caerte van't Eylandt Formosa ende
Eylandt van de Piscadoris

明末歐洲航海家繪製的台灣海圖

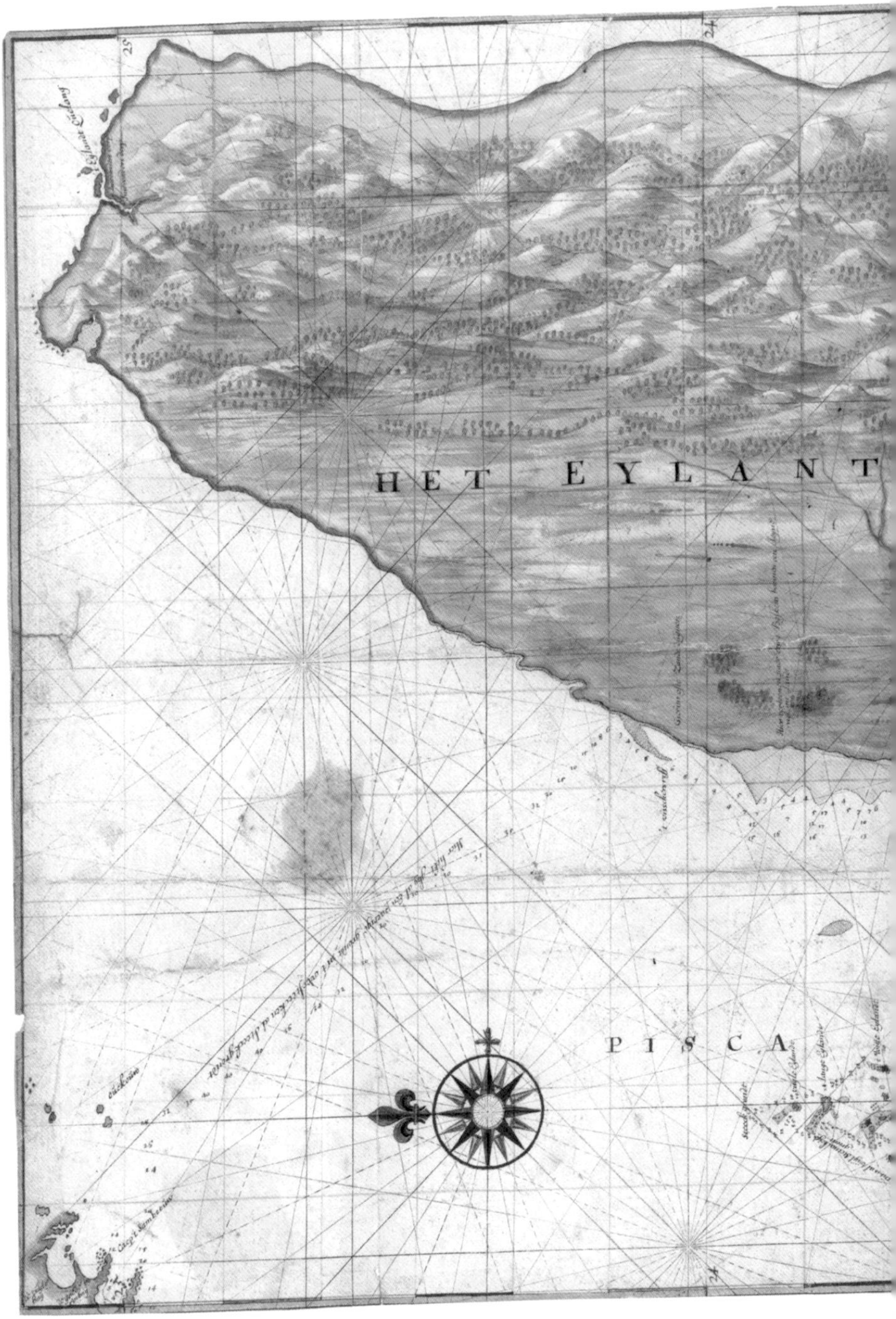

「台灣」名稱來自於南臺灣原住民族西拉雅族的台窩灣社（Tayouan）。繪圖者於圖中標示了台南大海灣。

重建的十三行碼頭

伍元華僱人重修廣場柵欄，並造有堅固的石門，讓當時十三行夷館廣場的秩序與安寧恢復較大的保障。

明末滋擾沿海的東亞海寇

東亞海域的貿易網絡，牽動著中國沿海的歷史發展，早期海禁目的多半是為了防沿海軍閥餘黨與海盜滋擾。

鄭和下西洋

明代早期西元一四〇五到一四三三年間的七場連續的大規模遠洋航海，跨越了東亞地區、印度次大陸、阿拉伯半島、以及東非各地，被認為是當時世界上規模最大的貿易行動。

〈克拉克帆船〉歐洲殖民者建立海上霸權的利器

克拉克帆船是歐洲史上第一款用作遠洋航行的船艦，這是因為它的龐大體積能夠在汪洋大海中保持穩定；此外，它被劃分大量空間，得以擺放足夠遠洋航行的物資。西班牙和葡萄牙兩個海上強權就是在十五至十六世紀期間使用這種帆船來進行遠洋探險，並建立了一個又一個的殖民地。

〈蓋倫帆船〉配有半蛇砲的改良戰船

蓋倫是西班牙語 Galeón，蓋倫帆船又譯為加利恩帆船，它是至少由兩層甲板所構成的大型帆船。最早在西元十六至十八世紀期間，被歐洲多國所採用，可以說是卡拉維爾帆船及克拉克帆船的改良版本。

〈漢薩商人〉(夷館建築師)

十二至十三世紀中歐的神聖羅馬帝國與條頓騎士團諸城市之間形成的商業、政治聯盟，以德意志北部城市為主。漢薩（Hansa、或 Hanse）一詞，德文意為「商會」或者「會館」，最早是指從須德海到芬蘭、瑞典到挪威的一群商人與一群貿易船隻。

重建的圓明園建築

十三行夷館

熱鬧的十三行夷館前廣場，是當時專屬外國商人旅館及辦公場所，大火後更是廣設柵欄，隔離華人禁止進入。

波士頓傾茶事件

波士頓茶葉事件是美國革命發展過程中的一個重要事件。西元一七七四年，英國議會以《不可容忍法案》（又稱《強制法案》）作為回應。《不可容忍法案》連同其他法案條文終止了麻薩諸塞的地方自治並取締了波士頓的商業活動。

價值「三便士」的自由

（圖為當時發行的美洲大陸幣，可兌換三塊錢的西班牙銀元。）《茶稅法》保留了對進口到殖民地的茶葉徵收三便士的湯森關稅。在波士頓茶葉事件之後，約翰· 亞當斯和許多其他的美國人認為喝茶是不愛國的。

凱薩琳王后愛喝紅茶，紅茶如今在英國有很多人愛喝，首先歸功於她的傳入和推廣。茶類在當時是富貴人家才喝得到，而她便帶動整個英國宮廷喝茶的習慣。

碼頭上搬運茶葉的華人茶工

台灣製茶業所需的人力，包括揀茶女工、製茶工、茶箱製造工、茶師等約一萬三千二百人左右，大多數依賴來茶工券是台灣日治時期，發給雇用自中國的製茶職工渡航台灣的再入境證明書，亦是台灣總督府所核發之旅券的一種。

乾隆通寶：乾隆時期流通的貨幣

清代銀元寶：大清朝廷頒行的錢幣

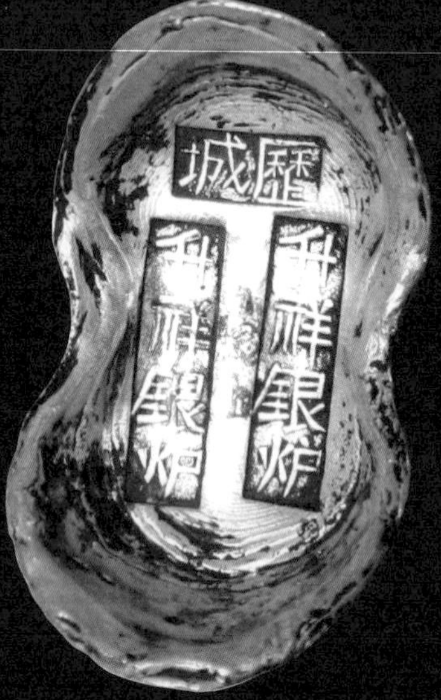

番餅：流通於廣東沿海的的西班牙銀元

清代廣鐘

乾隆皇帝收藏的法國鐘錶

享譽世界的紫檀木傢俱

乾隆時期由十三行商壟斷的洋貨。

〈烏槽船〉明代廣式戰船

明朝廣式戰船改良基礎的戰艦。十八世紀後，中國民間所用的帆船仍然多為中式帆船，該類型帆船排水量小，船底設有多道防水艙，活躍於中國近海，用作貿易時運載貨品之用。

目錄

推薦序 I　漫談茶金帝國與海上絲路
政治大學台灣史研究所碩士、獨立研究學者／陳力航……020

推薦序 II　多變時代的舵手——大清行商的起落
知識型歷史 YouTuber／Cheap……022

前　言　東西匯流，倖存的海上絲綢之路……025

I　皇商

第一章　官制特許商：銀錢堆滿十三行……045

第二章 教皇子午線：歐洲航海家與亞印海賊王……063
第三章 天子南庫：「皇商」的失敗與「公行」的興起……111

II 漂流者

第四章 控股公司：潘振承的外交思路與奇幻漂流……139
第五章 灰色稅金：一口通商的危機與商機……167
第六章 傾茶之戰：價值每磅三便士的獨立自由……191

III 日暮下的旌國旗

第七章 畫裡話外，十三行人的風采文化……235
第八章 當無限公司遭遇有限公司……251
第九章 寧爲一條狗，不爲行商首……279
參考文獻……311

推薦序I／漫談茶金帝國與海上絲路

政治大學臺灣史研究所碩士、獨立研究學者／陳力航

近來，由溫昇豪、連俞函等人主演的《茶金》在台灣掀起一陣熱潮，《茶金》談的是戰後新竹北埔茶產業的故事。然而，台灣茶業的展甚早，早在清治後期，台茶就開始外銷，一八六〇年代後期，台茶曾銷往澳門、美國，而其中的故事也很精彩。如果大眾看了《茶金》，進一步對茶葉貿易的歷史故事感興趣的話，羅三洋先生所著的《茶金帝國與海上絲路》這本書，非常適合做為了解東方茶業在早期外銷歐美的傳奇故事。

《茶金帝國與海上絲路》這本書，雖說是以廣東十三行為主軸，但是它的視角不只侷限在東亞，而是將廣東十三行，甚至是整個清帝國放入世界史的脈絡中探討，而本書也不局限在經濟，沒有一大堆數字與術語。如此敘述方式，讀者不會有太大負擔，可以順著作者筆觸，回到時空當下，理解歷史背後的政治、經濟、軍事因素。

本書還有一個特別之處，就是能夠在歷史框架下，告訴我們各方態度與盤算是甚麼？不會只呈現單一地區與視角，讀者在閱讀之餘，也能感受作者有趣筆法，比如在第82頁提到：「大部分外洋商船都從事過海盜行動，只不過有些海盜行動僅限於搶對方幾桶淡水，有些則是計畫縝密的攻城略地」，作者應該是看過許多海盜史料，才如此下筆，對於歷史研究者而言，在浩瀚的史料之海中，看到幾則有趣的史料，心情往往是興奮的，只是這往往要碰運氣，而透過作者視角，

讀者也能清楚感受到作者爬梳、整理史料的功夫。

又如第 193 頁提到：「據說，當時被『茶黨』倒入海中的茶葉，後來還被撈起來曬乾，繼續在北美市場上銷售，可見當時北美茶葉市場之炙手可熱」。談到波士頓茶黨事件，許多人只知道茶葉被倒入港中，不太知道說這些茶葉，到底後來怎麼了，據說是被打撈起來再度販賣。也許在現代人眼光當中，會覺得不可思議，如果此事為真，也顯示當時中國茶葉的珍貴。

過往，教科書只能以有限篇幅敘述這段有趣的歷史，對於有興趣進一步涉獵的人來說，本書更詳細，但又不會艱深，可以滿足學生或者是一般社會大眾的需求，特此推薦。

推薦序Ⅱ／多變時代的舵手——大清行商的起落

知識型歷史 YouTuber／Cheap

《茶金帝國與海上絲路》是一本很精采的書，書中詳細而不失趣味地介紹了明代與清代兩個中原王朝與外國互動的故事。此外，作者還試圖分析，為何西方國家逐漸變得比東方國家富強。是一開始就這樣嗎？還是中間有許多轉折跟巧合？又或者是制度與思想使然？這個有意思的問題，相信讀者讀完本書後，可以得到不失深度、令人滿意的答案。

作者從葡萄牙人與西班牙人的教皇子午線，一直講到明代與葡萄牙的戰爭。介紹走完全球航線的麥哲倫，又闡述不知名的華人富翁與他們的經營之道、國際政治眼光。這些眼光，其實與行商的興起到衰落不無關係，順著這個脈絡，便能了解東印度公司曾經有多強，而國家與國家之間，又是如何進行全球霸權的更迭？這些在本書裡都多有敘述。不僅如此，在這個變動的時代裡，臺灣作為東亞轉運站，又扮演怎樣的腳色，這也是本書重要的一隅。

隨著作者細膩的文筆，讀者的思想能夠暢快地走回那個饒富趣味的競爭時代，不僅從國際歷史的角度、也從時下流行的經濟學視角去看。讓人能好好品讀這些決定世界格局的事件，在起初到底是怎麼一回事，有非常完整的畫面感。

不僅交代國際政局，對於中國境內發生的事情與其衍伸的國際糾葛，作者更是信手拈來，並將彼此關係做了清楚的連結與介紹。譬如何謂皇商？什麼是官商？為何有華人的地方，即使是小島，也能夠吸引歐洲殖民者？而明清時期盛行的朝貢貿易，又如何讓小國發大財？歐洲人起初是如何與中國人合作，最後雙方卻怎樣破局？隨著一個接一個引人入勝的問題，作者一步一步帶讀者理解：為什麼強盛如斯的大清帝國、東方強權，最後毀得一敗塗地。為什麼一度可與東印度公司匹敵的廣州十三行，卻又在優勢情況下敗陣？而一度風光無兩、富可敵國的行商，為何最後卻自嘲自己連狗都不如？

《茶金帝國與海上絲路》在既有歷史知識的格局上，撥開重重迷霧，做了更加深入的介紹。想必喜好歷史的讀者，不僅讀來親切，也會獲益匪淺。若想理解我們當今的世界、國際格局為何如此？本書非常值得一讀。

前言

東西匯流，倖存的海上絲綢之路

邁入二十一世紀的中國，其經濟成長率已名列世界之首，可謂全球化商業浪潮中的佼佼者。根據中國國家統計局公佈的資料顯示，自西元一九八〇年到二〇一七年的三十八年間，中國大陸的GDP總量，從三千零五十一億美元上升到十二兆七億美元，人均GDP也從兩百五十二美元上升到八千八百三十六美元。

中國商人的財富隨著市場經濟的發展，與日俱增。根據《富比士富豪榜》公佈的資料，光是西元一九八〇年到二〇一七間，中國大陸個人淨資產超過十億美元的富豪，就從零上升到三百三十四位，其中隸屬中國香港的富豪有六十八位，而「大中華區」的億萬富豪人數更是首度超過美國，名列世界第一。

現代中國人經商何以如此成功？究其原因，主要在於中國經濟與西方經濟有極大的互補性，雙邊貿易常受到市場需求的激勵，單從這個角度來看，西方經濟學理論也不僅是從歐洲內部貿易活動中得出來的，而是諸多歐洲學者在考察了全球各地（包括中國、印度等東方大型經濟體）的長期貿易活動之後總結出來的。所以西方經濟學理論中，本來就包含有西方經濟體與古代中國貿易的經驗和思考。像是著名的西方經濟啟蒙經典《國富論》，就基於歐洲東印度公司在亞洲的商業經驗，數十次提及中國經濟。

因此，中國商業傳統與西方經濟學理論在很長時間內一直在相互學習、融合。眾多典籍和考古資料，也都證實中國與西方的經濟交往，早在史前時代就開始了。

在距今一萬多年前、「大冰河期」結束後，亞洲腹地的冰川退去，形成了許多開闊平坦的道路。很快地，西亞的小麥、牛羊，中亞的玉石、金屬、馬匹，都被陸續引入東亞，許多東亞特產也走上了西行之路。

《穆天子傳》（按：又名《周王遊行》，作者不詳）記載了西元前十世紀，中國與中亞各國交換特產的故事，西元前六世紀的德國墓葬中出土了絲綢，而當時中國是地球上唯一生產絲綢的國家。

相比絲綢之路，對先秦中國經濟更為重要的則是圓形金屬貨幣的引進。西元前七世紀，位在今土耳其境內的利底亞王國（按：細亞細亞西部一古國，大約前十一世紀立國），製造出人類歷史上最早的圓形金屬貨幣；西元前五四六年，利底亞被波斯帝國征服，波斯統治者看到圓形金屬貨幣易於流通的優越性，立即在全國推廣，即金幣「大流克」、銀幣「西格羅」等，隨著波斯帝國的擴張，圓形金屬貨幣逐漸從西亞傳播到北非、南歐、東歐、中亞各地，直至毗鄰中國的今阿富汗等地。

秦半兩

半兩，是戰國時代到漢朝前期廣泛使用的一種銅制貨幣，圓形方孔，稱之為方孔錢。
秦朝將其作為全國強制推行的統一貨幣，從而確定了中國其後各朝代銅錢式樣。

波斯金幣大流克

大流克（古希臘語：δαρεικος）是阿契美尼德王朝發行的一種純金貨幣。在幾個世紀裡，它一直是商貿領域最基本的流通貨幣。

與此同時，黃土高原上的秦國也在向西擴張。秦穆公霸西戎、征敦煌，勢力已深入河西走廊，西元前三三八年秦惠王登基後，立即誅殺反對發行金屬貨幣的權臣商鞅，於西元前三三六年發行圓形金屬貨幣「秦半兩」，十分有效地促進了秦國貨幣經濟的發展，一舉奠定此後兩千餘年「外圓內方」的中國貨幣形制。

與華東各國相比，秦國經濟並不算特別發達，幣制之所以反而領先，應該是因為秦國地處華西，離已經推廣圓形金屬貨幣的波斯帝國近，雙方有直接或間接貿易往來的緣故。先秦時中國就與印度有貿易往來，但從未引入印度傳統的長方形板幣，而是引入波斯圓幣，可見古人的商業眼光。

現代教科書的編撰者，大都是在二十世紀末完成學業的。當時，正是全球化浪潮開始之際，西方世界一極獨大，制定了幾乎全部政治經濟規則，中國的經濟教科書，幾乎全部是對西方經濟教科書的翻譯和總結。如今，隨著中國、印度等東方國家的崛起，世界變得更多元化，這種多元化，並未因為網路的普及而消失，反而因為輸入法等資訊科技的改善而得以鞏固。因此，與教科書的編撰者們相比，他們的學生更加自信，更有創新精神，眼光也更寬廣。

在二十一世紀初的新一代學者眼中，不僅現實中國充滿希望，歷史上的中國也不再以一副呆板的面孔示人，而變得多姿多彩。他們發現，現代世界政治經濟規則，已不再完全因循西方模式，就連以往的世界政治經濟規則，也未必全然是西式的。回首標誌全球化開端的大航海時代，西方人為了遠渡重洋，與當時佔全球經濟總量三分之二以上的東方各國開展貿易，既要不斷改善自己的商船結構與航海技術，也要熟悉東方的商業文化規則並主動適應。

舉個例子，被譽為「第一位環球航行者」的麥哲倫，事實上從未完成過環球航行。他在菲律賓加入土著的內戰，以求獲得一份對西班牙有利的商貿合約，結果不慎兵敗被殺。麥哲倫其實對東南亞文化相當熟悉，在籌備環球航行之前，他曾經在印度和馬來亞生活多年，然而，像他這樣智勇兼備且具備豐富東方生活經驗的探險者，稍有不慎便客死異鄉，可見僅憑船堅炮利就想一味蠻幹，肯定是行不通的。

西方列強之所以能夠征服並統治大片東方殖民地長達數百年，不僅要依靠先進的軍事科技和經濟思想，還得依靠許多東方族群的支持，其中，就包括明清時期大批下南洋的中國商人（值得一提的是他們下南洋的行動，在當時的中國大陸本身就不合法）。西方列強同樣也離不開的，還包括活躍於中國境內本地商人，他們代表了中國這個世界上最大的市場，與南洋中國商人密切配合，將外國商品輸入中國，將中國商品輸入外國，從而構成了海上絲綢之路的中堅力量。

說到清朝商人與外國的關係，人們可能會想起曾經幾度與外商較量，最終失敗破產的胡雪巖，也可能會想起長期與俄羅斯貿易的晉商，或是上海灘上為「洋大人」跑腿的買辦。然而，在清朝外貿史上，他們都只是配角。鴉片戰爭之前，中國大部分外貿都由一個特殊的商業集團控制著，他們便是本書的主角：廣東十三行。

廣東十三行生逢其時，因為在清朝中前期，中國不僅是全球第一大貿易體，同時也是國際貿易的絕對中心。按照英國經濟史權威安格斯·麥迪遜在《世界經濟千年統計》中的估算，西元一六〇〇年左右，明帝國的GDP達到九百六十億元（按當時國際通用的貨幣單用計算），佔全球GDP總量的百分之二十九。

明末清初，由於長期戰亂，中國的ＧＤＰ萎縮到八百二十八億（按當時國際通用的貨幣單用計算），佔全球ＧＤＰ的百分之二十二，全球第一大經濟體的地位也被印度的蒙兀兒帝國取代。但到了鴉片戰爭前夕的西元一八二〇年，中國的ＧＤＰ膨脹到兩千兩百八十六億「國際貨幣」，佔全球ＧＤＰ的百分之三十三，為明帝國ＧＤＰ最高值的二點三八倍，是剛被英國征服的印度的兩倍，穩居全球第一。

如此龐大的經濟規模，使清帝國得以可以養活空前龐大（鴉片戰爭爆發時，已經突破四億大關）的人口，國民的人均生活水準甚至還略高於明朝。

值得注意的是，清朝前、中期，中國經濟還有過一次史無前例地長期增長，而這次增長，並不全部來自於古代國家經濟的支柱，也就是傳統農業。

從西元一六五〇年到一八二〇年，中國的耕地面積從約四千萬公頃增長到七千三百七十萬公頃，提升了百分之八十四，但在此期間農業技術的改進，是有限的，像是玉米、地瓜、馬鈴薯等美洲高產作物的普及程度，也並不很高，大部分中國農民依然習慣於種植和食用稻米、小麥。在鴉片戰爭前夕，林則徐甚至還在長江三角洲致力於推廣一年兩熟的高產佔城稻，因為多數當地農民，依然習慣種植一年一熟的水稻和小麥❶。與此同時，歐洲則出現了工業革命，每年都推出數以百計的科技發明，並且在世界各地大肆擴展殖民地，無所顧忌地掠奪資源財富。

因此許多學者都言之鑿鑿地聲稱，西元一六五〇年（或一七〇〇年）到一八二〇年，中國由於沒有發生工業革命和缺乏海外殖民地，失去了此前對西方的領先優勢，從此落後於西方，並在此後與西方的較量中全面潰敗。

但，經濟資料講述的故事與此完全不同。按照安格斯．麥迪遜的統計，從西元一七〇〇年到一八二〇年，中國的GDP年均增長百分之零點八五，這一增長速度在全球所有主要經濟體中高居第三位，僅略低於發生工業革命和廣佔海外殖民地的英國（GDP年均增長百分之零點九四），以及白手起家的美國（GDP年均增長百分之二點七二），而領先於其他歐洲列強。這方面最典型的反面例證，當數法國和西班牙。

當時，這兩國都積極參與工業革命，不斷推出發明創新並廣佔海外殖民地，版圖總面積甚至比清帝國還大，GDP卻不足清帝國的五分之一，只與此時閉關鎖國、驅逐外國人且嚴禁火器，導致科技大幅倒退的日本相當。從GDP規模來看，從西元一七〇〇年到一八二〇年，沒有發生工業革命和缺乏海外殖民地的中國，並未被西方落下，其優勢反倒不斷擴大。

西元一七〇〇年，包括英、法、德、意、荷、西、葡等國在內，西歐的GDP佔全球GDP的百分之二十一，中國的GDP佔全球GDP的百分之二十二，旗鼓相當；但到了西元一八二〇年，已從拿破崙戰爭中恢復、工業革命成果豐厚，並把大半個地球都變成了殖民地的西歐各國GDP總值，僅佔全球GDP的百分之二十三，而告別「康乾盛世」已久的中國GDP卻佔全球GDP的百分之三十三，約是西歐各國GDP總值的一點五倍。❷

看來，科技創新和軍事擴張都不足以保證經濟的長期繁榮，反倒很容易導致短暫繁榮後長久停滯，以至衰退。那麼，究竟什麼才能保證經濟的長期繁榮呢？答案只能從經濟本身去找。

自從人類告別以物易物的原始社會以來，經濟的核心內容，就一直是貨幣流通。優良的行業由於資金持續流入，每年都收益豐厚，被稱為「金飯碗」；普通行業資金在旺季流入，在淡季流出，因此在某些時期收益不錯，某些時期則收益微薄，甚至虧損，時好時壞；較差的行業由於資金持續流出，長期虧損，不時出現企業破產倒閉的現象。

所以，貨幣長期流入的經濟體，小到個人，大到國家，都會持續繁榮；反之，貨幣長期流出的經濟體，小到個人，大到國家，都會江河日下，經濟規模持續萎縮。

既然持續繁榮的經濟體需要長期流入的貨幣，那麼它們一定能長期提供可供貨幣交換，而且是貨幣提供方長期需求的熱門產品。這些產品既必需是貨幣提供方不可或缺，還得是貨幣提供方無法在本土生產的。西元一八二〇年之前的中國和印度，正是因此不斷從世界其他地區獲得貨幣注入，從而得以長期經濟繁榮。

與中國和印度形成鮮明對比的，是以法國和西班牙為代表的歐洲列強。它們不能向中國和印度提供後兩者長期需求的熱門產品，即便有一些這樣的產品，也很快被中國和印度實現了本土化生產，從此無須再進口，例如玉米、地瓜、馬鈴薯、煙草、辣椒、花生、南瓜、向日葵等美洲作物。

此時，中國出口到歐洲的產品以茶葉、陶瓷和絲綢為主，印度出口到歐洲的產品以胡椒、肉桂、丁香等香料（調味品）為主，如果沒有這些香料，歐洲人就做不出像樣的西餐，甚至連治病都成問題。茶樹、棉花、胡椒、肉桂、丁香等作物都無法在歐洲生長，歐洲雖然在西元七世紀開始生產絲綢，西元十七世紀開始生產陶瓷，但其品質一時還無法達到中國陶瓷和絲綢的水準，市場競爭力不強。

另外，陶瓷易碎，絲綢和棉布易破，茶葉、胡椒、肉桂、丁香也都是日用消耗品，所以，歐洲市場對這些亞洲產品的需求是大量、廣泛且持久的。亞洲賣給歐洲這麼多商品，為了保持貿易平衡，歐洲也應該向亞洲輸入等量的商品。不過，歐洲賣給亞洲的鐘錶、望遠鏡、葡萄酒等奢侈品價格昂貴，消費者有限，「歐洲熱」時斷時續；鋼琴、羽毛筆、假髮、緊身褲等歐洲特產，則與東方傳統文化相衝突，完全不被亞洲市場接受。

即便是英國工業革命的主要成果新式織布機織出的各種布匹，在亞洲也銷路不暢。反之，以南京布、松江布和印花棉布為代表的中國布和印度布，物美價廉，這些手工產品出自數量眾多、技藝精湛的家庭作坊群，在市場競爭中完勝英國工廠的產品，反而被歐洲商船大量帶回本土，把英國貨從歐洲市場上排擠出去。

為了挽救在市場自由競爭中被亞洲家庭作坊打得落花流水的本國紡織工廠，英國在征服印度以後，只好用行政命令強行摧毀印度數以萬計的家庭紡織作坊，造成印度社會的嚴重動盪，令一百年後的甘地切齒痛恨。

在無法直接統治的中國，英國布只能靠低價傾銷來維持市場份額，這種現象一直持續到西元一八五〇年後，化學染料工藝成熟，歐洲紡織品的顏色比中國紡織品更為多樣和鮮豔，才告結束。在此之前，歐洲列強只能源源不絕地向中國和印度市場注入以白銀為主的貨幣，以換取茶葉、棉布、胡椒、陶瓷等，它們長期需要而又無法在本土生產的亞洲特產。

據巴雷特和阿特曼等經濟學家的統計，從西元一六〇〇到一七九九年的整整兩個世紀內，西班牙統治的拉丁美洲共生產了十一萬兩千噸白銀，其中超過四萬噸以各種管道流入中國，流入印度的也有兩萬噸左右[3]。也就是說，西班牙在美洲的經營開發，一大半都是在替中國和印度打工，西班牙人工作得越努力，中國和印度就越富裕，而西班牙則只是略有寸進。類似的事情也發生在其他歐洲國家。

歐洲人冒著生命危險進行大航海和工業革命，亞洲人則坐享其成。顯而易見，這是一種對亞洲極為有利的貿易模式，中國和印度可以經此持續獲得外來資金。難怪當歐洲人在中國和印度周邊大肆搶佔殖民地的時候，並未受到這兩個亞洲大國中央政府頻繁的警告和阻止，反而經常獲得某種程度的鼓勵。有誰會拒絕人傻錢多、主動上門的主顧呢？

由於歐洲國家長期無法在其本土或其殖民地生產他們大量、廣泛、持久需求的亞洲特產，因而無法改變這種對自己極為不利的「亞洲中心」貿易模式，它們只能用一種低層次的方式展開相互競爭，簡單地說，就是海盜。然而，海盜肆虐使得貿易成本變得更高，亞洲特產在歐洲市場上變得更貴，絲毫影響不到中國和印度等亞洲主要經濟體的貨幣注入。

以清朝鼎盛的西元一七六六年（乾隆三十一年）為例，國庫收入四千八百五十四萬兩紋銀，折合純銀約一千八百噸，其中超過五百四十萬兩為海關關稅，折合純銀約兩百噸，這正是西班牙白銀流入中國的年均值。相比之下，號稱極富的宋朝就顯得非常寒酸了，北宋每年向遼國進貢二十五萬兩白銀，南宋也每年向金國進貢二十五萬兩白銀，宋朝官員經常抱怨這筆鉅款使國庫不堪重負。對清朝來說，每年二十五萬兩白銀的支出只是九牛一毛而已，很多富商都有能力獨自承擔。

清帝國如此有利的外貿地位，並不是輕易得來的。與近代人的普遍印象相左，清帝國不乏睿智的皇帝、精明的官員、強大的軍隊、與時俱進的知識分子，更有許多富於創新精神，敢於且善於同西方商人較量的民族企業家。當印度的蒙兀兒帝國在歐洲殖民者面前迅速潰敗時，清帝國卻依舊巍然屹立，清朝前、中期的民族企業家們，對此居功至偉。在百餘年紛繁複雜的近代全球商戰中，他們屢屢佔得上風，這才使得中國穩住了全球第一大經濟體的地位。

最繁榮的經濟，自然會造就最富有的商人和最龐大的企業。說起清朝富人，人們通常會想到和珅與胡雪巖。其實，和珅被查抄的上億兩白銀財產被高估了，《貪污之王和珅秘史》、《和珅評傳》等書的作者，著名明清史學家馮佐哲認為：「和珅家除了珍藏的大量稀世寶物、珠玉、古玩和字畫外（這部分財產是難於估價的），能夠估價的現金、土地、房屋等，當在一、二千萬兩（白銀）之譜。」[4]

紅頂商人胡雪巖的個人財產據說一度達到過兩千萬兩白銀，卻被一場中等規模的絲綢危機搞得破產殞命。

然而清朝的首富其實另有其人。他不僅是當時的中國首富，也是當時的世界首富，且與和珅等貪官不同，他的錢來得合理合法，因為他擁有地球上最大的企業之一，還領導著地球上最大的商會（那可不是近年來廣為流傳的「十大商幫」，而是超越了省分界限、整合了產業上下游、推出一系列商業創新、主宰國際貿易市場的全球商業霸主）。

在西方學者撰寫的經濟史上，「伍浩官」是個顯赫的名字。「伍浩官二世」，本名伍秉鑑，從十八世紀末到十九世紀初，主宰國際貿易市場三十餘年，成就與其同齡人拿破崙一世、威靈頓公爵一樣輝煌。作為中國古代資產最雄厚也最具影響力的商人，伍秉鑑的私人企業自然聞名遐邇。有些令人吃驚的是，這家企業至今依然存在，而且還生機勃勃。

名揚寰宇的怡和行，通常被認為是一家純正的英資企業，但它的歷史卻比這複雜得多。在它的簡介中，怡和行本名「查頓・馬地臣聯合公司」，始建於西元一八三二年七月一日。事實是，中國商人伍秉均（伍秉鑑的哥哥）早在西元一七九三年就組建了怡和行，當時「洋行」的意思不是「外資企業」，而是「外貿企業」。

清帝國在第一次鴉片戰爭戰敗後被迫簽署《南京條約》，怡和行被《南京條約》強行解散，該商號隨即被專門走私鴉片的「查頓・馬地臣聯合公司」據為己有。從此，只許由外國人開設的洋行就從「外貿企業」變成了「外資企業」。

與怡和行一同被《南京條約》明令解散的中國洋行，當時還有十餘家。在此之前，這些中國古代最大的民營企業主宰國際貿易市場長達近兩百年，並聯合組建了古代中國規模最大、管理制度最完善的商會組織：廣東十三行。在這段漫長的時間內，廣東十三行戰勝了所有與它們競爭的外國企業，把富可敵國的各個歐洲東印度公司掃進了歷史的垃圾堆。

最終，殘暴的戰爭和冷酷的行政命令才讓它走下商界的王座，告別歷史舞台。西元一八四二年，中國政府為了結束鴉片戰爭，順應英國侵略者的意圖，強行毀掉了自己最優秀的企業，並為此付出百年國恥的代價。只要仔細閱讀《南京條約》全文，就不難發現，英國處心積慮地發動這場毫無正當藉口的戰爭，一個主要目的就是毀掉資本雄厚、外貿經驗豐富、兩百年來令英國企業無可奈何的廣東十三行。

廣東十三行的規模之所以如此巨大，一方面得益於清朝中前期的外貿繁榮局面；另一方面也是由於十三行強大，普通小企業根本不足以與之抗衡。廣東十三行的貿易對手絕非等閒之輩，更不是中國本土的商幫。

鼎盛時期，它的力量遠遠超過當今世界上任何一家公司，就某些方面而言，甚至可能超過當今世界所有公司的總和。

作為一家公司，它不僅經常「守法」和「違法」，而且還有權立法、司法及執法，甚至擁有全球性的治外法權和刑事豁免權；它不僅納稅還收稅，並且是向地球上三分之一的人口收稅；它不僅頻繁與世界各國政府合作，而且在這些政府不聽話的時候，更頻繁顛覆它們；它不僅多次遭到世界各國武裝力量的攻擊，而且多次自費組建武裝力量攻擊世界各國！

當今世界上最強大的國家美國，總是為了同時與兩個三流國家作戰而焦頭爛額，如果這家公司的董事會聽說了，必定會對美國的實力嗤之以鼻，因為該公司經常同時在全球發動三、四場戰爭，戰爭對象還常常是當時的一流大國，例如法國、俄國、中國、印度、土耳其等，順便再收拾幾個二、三流國家，例如美國、西班牙、葡萄牙、荷蘭等。

實際上，它本身就堪稱是全球最強大的帝國之一，當這家公司的董事會做出決議的時候，從白金漢宮到紫禁城，地球上每一位帝王都要側耳傾聽。如果沒有這家公司，英語絕無可能成為當今世界上的第一語言。放眼全球，這家公司不怕任何帝王將相，只怕廣東十三行。

這家公司的全名，是「倫敦商人的東印度公司」，後來改為「東印度的英國商人貿易聯合公司」，俗稱「英國東印度公司」，英文縮寫為「BEIC」或「VEIC」。為了和其他歐洲國家建立的「東印度公司」相區別，它還有一個昵稱的名字「約翰公司」。

從十八世紀初到十九世紀初這一百年內，世界上很多人對這家公司竟然不敢直呼其名，而是小心翼翼地稱之為「The Company」（該公司）。清朝中國人，從皇帝到苦力，從聖旨到帳單，對它只有一個稱呼、兩個漢字：公司。換言之，對他們來說，地球上僅有一家真正的公司：英國東印度公司。如果西方人必須寫英國東印度公司的全名時，他們總要加上形容詞，最常見的是「榮耀的東印度公司（HEIC）」，彷彿是給予英國東印度公司以帝王那種「陛下」、「殿下」的地位，而這的確也符合實際。

在英國東印度公司直接統治的地區，很多人都以能在公司裡謀得一官半職為無上光榮，一些為公司工作的職員乾脆用「公司」作為自己的姓氏，也就是「孔帕尼」（Company），以顯示自己與英國東印度公司的特殊關係，提高自己的社會地位。

過去無比高貴的皇帝、沙皇、可汗、蘇丹、國王、埃米爾等，在蒸蒸日上的英國東印度公司面

英國東印度公司徽章

英國東印度公司公章

英國東印度公司別名「約翰公司」（John Company），英格蘭女王伊莉莎白一世授予該公司皇家特許狀。在西元一八五八年被解除行政權力為止前，它還獲得了協助統治和軍事職能。

前，都顯得軟弱無力，時代不同了，Company 高於一切，BEIC 高於一切，成為不容否認的事實。在廣闊的亞洲沿海地區，各族商人也許尚未掌握二十六個英文字母，但一定認得「BEIC」這個組合，蓋有這個印章的任何貨物，都享受免檢待遇。

英國東印度公司與英國政府平起平坐，甚至凌駕於英國政府之上的地位，是通過鐵血方式獲得的。以往，很多著作都把西元一六四〇年英國資產階級革命的導火線，說成是一六三八年蘇格蘭與英格蘭因宗教矛盾爆發的「主教戰爭」，實際上它在更早時期就已發端。類似「主教戰爭」這樣的事件，在歐洲歷史上層出不窮，但之前從未導致過資產階級革命。

英國資產階級革命之所以發生在西元一六四〇年，是因為在一六三五年，英國國王查理一世無法從一六〇〇年成立的英國東印度公司獲得令他滿意的經濟利益，於是轉而支持新建的「庫爾滕集團（Courteen Association）」，打破了英國東印度公司對英國與亞洲貿易的壟斷。

當時，查理一世不僅給庫爾滕集團頒發了亞洲貿易許可證，他還出資一萬英鎊（**按：這在當時是一筆鉅款，相當於英國政府一個月的收入，英國東印度公司的註冊資本也只有六萬八千三百七十三英鎊**），成為庫爾滕集團的大股東。次年，庫爾滕集團裝備了四艘武裝商船，由威德爾船長率領開往中國。

西元一六三七年六月，威德爾船隊抵達珠江口，因為澳門葡萄牙當局作梗，被明朝官員拒絕登船貿易。威德爾船長在中英兩國政府的壓力下鋌而走險，悍然攻陷虎門炮台，逼廣東當局就範。炮口下被迫進行的貿易規模並不大，這還是威德爾船長「胡蘿蔔加大棒」，透過賠償廣東軍民損失，並向明朝官員行賄後的結果。一六三八年年底威德爾船隊返回英國多佛港時，未能帶來任何利潤，庫爾滕集團派出的其他商船，甚至沒能成功到達中國和印度，讓查理一世蒙受了巨額經濟損失。

被送上斷頭台的查理一世

試圖打破東印度公司對華貿易壟斷的查理一世，在位期間捲入了與英格蘭議會的權力鬥爭，他試圖獲得王室的收入，而議會則試圖節制國王自以為的君權神授。他的很多臣民都反對他的行為，認為他是殘暴的獨裁者。尤其是他干擾英格蘭與蘇格蘭教會的活動，未徵得議會同意就任意向民眾徵稅。

被迫流亡的詹姆士二世

他是英國最後一位信奉天主教的君主。波尼戰役戰敗後，詹姆士流亡法國，有趣的是這位君主在流亡途中，念念不忘的卻是東印度公司發行的股票。

而對庫爾滕集團恨之入骨的英國東印度公司，則乘機資助蘇格蘭人，以「宗教爭端」為藉口起兵反抗英國統治，又煽動英國議會，拒絕撥款鎮壓蘇格蘭暴動，查理一世被迫解散議會，卻遭到反抗，西元一六四二年內戰爆發。起初查理一世的軍隊佔有絕對優勢，但他很快就軍費緊張，只好再次派威德爾去亞洲貿易。不料威德爾這次尚未到達印度就死了，多艘商船還遭遇風暴沉沒，庫爾滕集團因此破產，董事長彼得·庫爾滕逃往義大利。

查理一世的軍費徹底枯竭了，加上賣掉王后首飾的錢也不能買到足夠的火藥和馬匹。結果，從西元一六四四這年起，查理一世開始屢戰屢敗，很快被議會軍徹底擊垮。一六四九年，在英國東印度公司的操縱下，英國議會處死了查理一世，同時，將庫爾滕集團併入英國東印度公司。

英國東印度公司的代表船旗

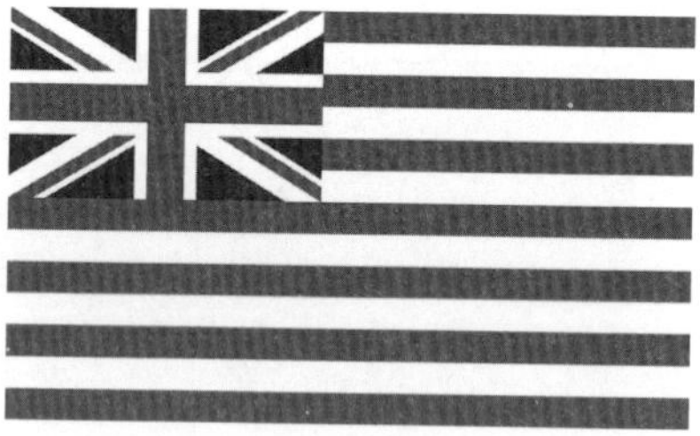

在美國獨立戰爭時期，東印度公司的旗幟與大聯邦旗(Grand Union Flag)旗幟幾乎相同。

歷史學家查爾斯·福斯特（Charles Fawcett）聲稱，東印度公司的標誌啟發了美國星條旗。

初款星條旗（西元一七七七年）

西元一七七七年六月十四日的大陸會議（Continental Congress）上，第一面「星條旗」正式亮相，原本「大聯邦旗」左上角的英國國旗換成藍底與 13 顆五角白星，以星星與條紋代表州數。西元一九八三年六月，雷根總統（Ronald Reagan）宣布六月十四日為「國旗日」（Flag Day），紀念國旗的誕生。

從此，英國東印度公司的業務開始爆發性增長。儘管查理一世的兒子查理二世和詹姆士二世兄弟捲土重來，但在西元一六八八年，英國東印度公司聯合荷蘭東印度公司，再度發動「光榮革命」，驅逐詹姆士二世，立荷蘭執政官威廉為英國國王。英國資產階級革命就這樣取得了徹底的勝利，英國東印度公司從此統治英國一百多年。

可笑的是，詹姆士二世逃亡時，寧可扔掉英格蘭傳國金璽，也不肯拋棄手提箱中的英國東印度公司股票，可見他對這家公司的重視。對英國來說，與亞洲（特別是對華）貿易就是如此重要，這是當時全球最賺錢的生意。如果威德爾在廣州能夠順利進行貿易，為查理一世帶回大筆利潤，英國資產階級革命很可能不會爆發；即便爆發，查理一世也能輕鬆鎮壓。

公司組織軍隊甚至長期擁有軍隊，在現代社會似乎難以想像，但是公司的英文「Company」，本意指的就是雇傭軍團，而在中世紀的歐洲，簽約幫別人打仗是筆很大、很成熟的生意，「Company」是先學會打仗，再學會做買賣的。整個近代西方經濟史，就是「Company」緩慢地「去軍事化」的歷史。

也就是說，東印度公司被歐洲列強組建初期，更像列強用於征戰的雇傭軍團，而不像現代的純商業公司。因此，歐洲各國東印度公司普遍軍事人才濟濟，而商業人才寥寥。誰要傷害了這些公司的利益，必將遭到公司冷酷的軍事打擊。

當然，也有成功反抗英國東印度公司的例子，例如透過「波士頓傾茶事件」，銷毀英國東印度公司從中國進口的茶葉，發動暴動，從英國獨立的美利堅合眾國。有意思的是，美國獨立戰爭開始時，北美十三州軍隊的國旗「大合眾國旗」（Grand Union Flag）其實就是英國東印度公司的船旗，英國國旗「米字旗」，配上十三道紅白相間的橫條。換句話說，美國雖然以反抗英國東印度公司起家，但起兵時卻打著英國東印度公司的旗號（按：二者唯一的重要區別是：英國東印度公司的船旗只許在印度洋和南海上使用，而「大合眾國旗」則沒有這個限制）！

美國獨立之後，英國東印度公司船旗上的英國國旗被撤掉，取而代之的是象徵北美十三州的十三顆星星，現代的美國國旗「星條旗」從此誕生。顯而易見，星條旗仍然是英國東印度公司船旗的「山寨版」，藍底長方塊，配上十三道紅白相間的橫條。

美國國旗抄襲英國東印度公司船旗的原因，不難想像。在美國獨立初期，當飄揚著星條旗的美國船隻在海洋上航行時，從遠處很容易被人誤以為是環球霸主，英國東印度公司的船隻，其他國家的軍艦和海盜會忌憚三分，此乃美國人的「狐假虎威」之計。

英國東印度公司在鼎盛時期，就是這樣不可一世，橫行全球。期間，只有一個組織令它忌憚，也就是中國的廣東十三行。在清朝中前期，廣東十三行透過英國東印度公司等中間商，在某種程度上來說統治著世界貿易，是古代海上絲綢之路最後的中國榮耀。

而廣東十三行為什麼能讓打遍全球無敵手的英國東印度公司如此忌憚？它又是怎樣發展起來的呢？或許就讓清朝傑出的文學家曹雪芹，來告訴我們背後的答案吧！

第一章

官制特許商：銀錢堆滿十三行

中國文化是獨特也是開放的。元明清時期成書的中國四大名著，就有不少涉及國際交往的內容，像是以玄奘西天取經為背景的《西遊記》；像是《三國演義》第一回中提及客商北上牧區買馬，歸途中送給劉備一千斤波斯進口的特產「鑌鐵」，劉備、關羽、張飛用它打造了雙股劍、青龍偃月刀、丈八點鋼矛等優質武器。

後來，曹操北伐、孫權和諸葛亮南征的篇章中，也曾提到一些外國事物。像是《水滸傳》中描述宋江征遼時，多次與「碧眼黃鬚」的番兵交手，還提及過「爪哇國」（其實「爪哇」是元朝才有的稱呼，宋朝稱該島為「闍婆」）等等。不過，涉及國際交往內容最多也最詳盡的，當數四大名著中成書最晚的《紅樓夢》。

所謂的「洋貨」，在榮國府裡可以說是司空見慣。例如賈寶玉隨身帶著「核桃大小的一個金錶」，常喝「西洋葡萄酒」，臥室內「什錦格子陳設的一艘西洋自行船」，還有一面穿衣鏡，「原是西洋機括，可以開合」。

又描述在晴雯生病時，賈寶玉便取來一個鼻煙盒，煙盒裡繪有「西洋琺瑯的黃髮赤身女子，兩肋又有肉翅，裡面盛著些真正汪恰洋煙」。賈寶玉還聲稱「索性盡用西洋藥治一治，只怕就好了」。於是派人向王熙鳳要來「西洋貼頭疼的膏子藥，叫作『依弗哪』……貼在兩太陽（穴）上。」

而王熙鳳總是穿著「洋縐」、「洋緞」，有時「手裡拿著西洋布手巾」；薛寶釵在踏雪尋梅時，身穿「洋線番羓絲」的衣服，給生病的林黛玉送去「一包子潔粉梅片雪花洋糖」。

薛寶琴則回憶：「我八歲時節，跟我父親到西海沿子上買洋貨，誰知有個真真國的女孩子，才十五歲，那臉面就和那西洋畫上的美人一樣，也披著黃頭髮、打著聯垂，滿頭戴的都是珊瑚、貓兒眼、祖母綠這些寶石，身上穿著金絲織的鎖子甲、洋錦襖袖；帶著倭刀，也是鑲金嵌寶的，實在畫兒上的也沒她好看。」

再又據王熙鳳口述：「那時我爺爺單管各國進貢朝賀的事，凡有外國人來，都是我們家養活。粵、閩、滇、浙所有的洋船貨物都是我們家的。」原來，王子騰的父親主管清朝的外貿，由此大發橫財並且羅致許多「洋玩意」。

而這只是曹雪芹的藝術想像嗎？事實上以王子騰為首的王家，在清朝歷史上是有原型的。正如賈寶玉的原型是曹雪芹本人一樣，主管清朝的外貿的王家，原型即曹雪芹的祖母李氏家族。李氏的父親李月桂有位堂兄，名叫李士楨，在西元一六八一到一六八七年間擔任廣東巡撫。曹雪芹的祖父曹寅供職江寧織造期間，李士楨的兒子李煦正出任蘇州織造，而這二人都曾兼任兩淮巡鹽御史且來往甚密。

明末清初，由於倭寇和鄭氏集團等海上反朝廷勢力經常攻擊東南沿海，朝廷長期實施「海禁」政策，不許境內的商船出海也不許外國商船靠岸，使沿海地區蒙受巨大的經濟損失。西元一六八三年，清朝水師攻佔台灣、消滅了鄭氏集團，李士楨等沿海各省官員便乘機請求清政府開放海禁。

康熙欣然批准，於西元一六八五年開放了四座外貿港口，即江蘇的雲台山（今連雲港，後因港口淤積改到松江）、浙江的寧波、福建的漳州（後改到泉州，又改到廈門）和廣東的澳門（明朝末年租借給葡萄牙人），並在每座外貿港口設立海關，即江海關、浙海關、閩海關和粵海關。

不過，在當時其實還有兩座較大的對外貿易窗口，就是浙江的乍浦（專門對日本貿易）和蒙古的恰克圖（專門對俄羅斯貿易），並有對朝鮮、琉球、廓爾喀（尼泊爾）等國的小型貿易口岸。

但它們沒有獨立的海關。江海關、浙海關的監督都由該省巡撫兼任，閩海關的監督由福州將軍兼任，只有廣東外貿因為數額巨大，設有專職的粵海關監督，全稱「督理廣東省沿海等處貿易稅務戶部分司」，直屬戶部。所以，外國商人通稱粵海關監督為「戶部」（按：有些資料翻譯為「河伯」是錯誤的。因「戶部」發音近似西方語系中的「河馬」，故有時受到西方人的調侃）。❶

粵海關雖在組織關係上直屬戶部，但與戶部的其他下屬單位不同。在清朝以前，戶部一直是中國中央政府主要的財政部門，但是明朝皇帝為了自己方便，建立「二十四衙門」，派宦官料理涉及宮廷的財政；清朝入關以後，在康熙元年廢除「二十四衙門」禁止宦官干政，另創建了一個全新的機構「內務府」，專管宮廷財政後勤事務，獨立於戶部實為「皇帝的小金庫」。

內務府的成員除少數滿洲貴族外，大部分都是「包衣」，也就是八旗貴族的漢族家奴，而

直通天子的內務府公文

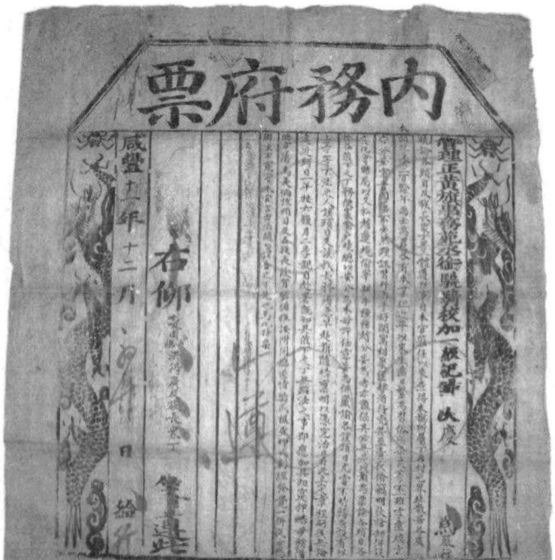

管理皇宮特供的內務府，是清朝油水最多的部門。皇室用不完的東西，內務府甚至有權可往外賣，通常價格不菲，有些御用物甚至成了被壟斷的珍稀品。

且只有上三旗的包衣才能進內務府當差。

滿八旗中的正黃、鑲黃和正白旗由清朝皇帝直接統領，號稱「上三旗」，上三旗的包衣實為清朝皇帝的私人奴隸。他們名義上由戶部任命，實際上，卻全都由皇帝在內務府裡「特簡」，有欽差的意涵。❷

所以，歷代粵海關監督除雍正至乾隆初年，不時由廣東地方官員兼任之外，大部分都由內務府的上三旗包衣擔任。

事實上還不僅粵海關。清朝的兩淮鹽政、長蘆鹽政、江寧織造、蘇州織造、杭州織造等十幾個重要的財稅職務，也都由內務府成員長期把持。而這當中最有名的例子，就是曹雪芹家族。

曹雪芹的曾祖父曹璽是首任江寧織造，祖父曹寅、父親曹顒、叔父曹頫，一連出任這個肥差達六十五年之久。與此同時，曹家的親戚李煦和孫文成，則分別擔任蘇州織造和杭州織造。當然，他們全都是內務府包衣。

曹寅和李煦還都兼任過兩淮巡鹽御史，至於孫文成，還擔任過一年粵海關監督，可謂做盡了清朝官場上的肥缺。❸

不過，清朝皇帝給內務府包衣安排這麼多肥缺是有特別用意的，一是身為皇帝的家奴，內務府包衣普遍有幾個顯著的特點，像是善於逢迎拍馬、忠誠、貪婪、吝嗇，喜愛附庸風雅且熱衷傳播小道消息，而皇帝對他們的家庭情況、特別是私人財產狀況，都非常熟悉。結合以上這些特點，這個群體特別適合替皇帝收稅及從事情報工作。例如曹寅和李煦就曾多次給康熙皇帝上密摺，彙報長江下游地區的情報。

其次，內務府包衣當然也會貪污，但與別的官員不同，皇帝對他們的家庭財政狀況瞭若指掌。奴才的錢當然就是主子的錢，內務府包衣在職期間，皇帝隨時可以要求他們拿出家產來充實皇帝的小金庫，而且，需要對進行大量的利益輸送，沒有法律限制也無須任何理由。

根據清宮檔案記載，粵海關每年向廣東十三行徵繳的稅收，其中百分之七十上繳戶部、百分之二十四上繳內務府，粵海關與廣東布政司則各得百分之三。

此外，粵海關每年要向皇帝呈送四次「正貢」；依次為慶祝春季的「年貢」、慶祝元宵節的「燈貢」；慶祝端午節的「端貢」，和慶祝皇帝生日的「萬歲貢」，以及多次「傳辦方物」（替皇室採購進口商品）。每年稅收超出定額的盈餘部分，也直接交內務府。

零零總總地加起來，在粵海關每年付給北京朝廷的錢財中，戶部和內務府大致各佔一半。所以粵海關號稱「天子南庫」，是清朝皇帝私人收入的主要來源之一。[4]

作為「天子南庫」，粵海關這個大肥缺自然就被內務府長期把持。例如首任粵海關監督宜爾格圖，他剛上任就聯合兩廣總督吳興祚、廣東巡撫李士楨上奏，以粵海關大關（總部）設在廣州城西南的五仙門，不便管理在澳門的貿易為由，請求在澳門之外，另於廣州城南的珠江河岸上開設外貿口岸。

這提案得到了康熙批准，廣東因此就有了廣州和澳門兩個通商口岸。很快地，外國商船便蜂擁而入珠江，廣州南郊的西關、黃埔一帶，跟著出現了龐大的商業區，規模甚至比廣州城內的商業區還大。

可沒過多久，廣州郊區的外貿活動就衰敗了下去。原來，外國商船前往廣州和澳門貿易，都要向廣東當局繳納「船鈔」（船隻進口測量、管理費用），不同的是到廣州貿易，貨稅（貨物進出口稅），要交給廣東當局，到澳門貿易，貨稅則要交給澳門葡萄牙當局（這是對澳門葡萄牙當局的優待措施）。

商人們比較後，發現去廣州做買賣比去澳門繳稅多，為了少繳稅，於是紛紛轉向澳門經商，結果肥了澳門的葡萄牙當局，卻讓清政府失去了大筆稅收。5 「天子南庫」一空，康熙皇帝就坐不住了，命令李士楨和宜爾格圖想辦法。西元一六八六年，兩廣總督吳興祚、廣東巡撫李士楨會同粵海關監督宜爾格圖，發佈了影響深遠的《分別住行貨稅》文告，規定將廣東商行（公司），劃分為洋貨行與金絲行兩種，洋貨行專營對外貿易，稅率較高，即「行」稅，赴海關納稅；金絲行專營國內貿易，稅率較低，即住稅在「稅課司」納稅。

《分別住行貨稅》文告解釋這樣的制度安排，是為了保護商業區分行稅和住稅，在財政上有固定營業場所的商人需要繳納許多稅，因此受到政府的偏愛，反之沒有固定營業場所的商人（例如走街串巷的貨郎）只在通過城門和關卡時才納稅，其他經營時間不納稅，通常不太受官員的青睞。

此外，有固定營業場所但經常進行遠距離運輸的商人，也常常受到主流社會的貶低。有趣的是專營國內貿易的金絲行雖然享有稅收優待，卻一直發展不起來，反倒是稅率高的洋貨行（簡稱「洋行」）把對外貿易做得風生水起。廣東巡撫李士楨在分設「洋貨行」與「金絲行」過程中，起了關鍵作用。

他曾多次表達「恤商」的想法，要求商稅徵收合理、整頓商業秩序，並致力改善商業環境，同時，要求要加強商路治安、保證商路暢通，且提出應傾聽商人意見。

李士楨似乎是清政府中罕見、走在時代尖端的「重商主義者」。但最主要的理由多半還是當時廣州外貿百廢待興，外國商船來得不多，以康熙為首的清朝皇室急於獲得鐘錶、玻璃鏡、葡萄酒等歐洲舶來品，更急於通過粵海關這個「天子南庫」斂財，說白了分設「洋貨行」與「金絲行」的真正目的，首重在於用稅收引導外貿流動方向。

外國商船如果從廣州報關納稅，其商品只需要通過洋貨行報「行稅」，就可以進入市場；但如果從澳門報關納稅，商品在向葡萄牙當局繳納貨稅之後，從澳門運到廣州或廣東其他地區，還需要通過金絲行，再到稅課司繳納國內貿易的「住稅」這樣一來，透過澳門的外貿需要重複徵稅，大部分商船自然就不再前往澳門，直奔廣州報關了。

這也導致廣東出現金絲行凋敝，洋貨行興旺的局面。李士楨圓滿完成康熙交付的任務，不但給戶部和內務府增加了收入，還給皇室採

粵海關砝碼

清朝始設負責對外貿易實務的行政官署，前身為市舶司，後為廣州海關。粵海關下轄數十個口岸，是清代前期及中期最大的海上對外貿易通道。
粵海關澳門關部行台設立後，澳門通往廣州的對外貿易運輸從陸路改為水路。為鼓勵外國商船來華進行貿易，粵海關監督赴澳門巡視時，還會親自上船丈量船舶，按地方政府的優惠政策減收貨稅。

辦了大量進口商品，但他本人極為貪婪，最終在頒佈《分別住行貨稅》文告的次年，被以「貪劣」罪名彈劾離職。❻

但沒過多久，李家的親戚孫文成便出任粵海關監督，李士楨的二弟李國屏，又在西元一七一〇到一七一三年間出任粵海關監督，繼續掌控清帝國的對外貿易。

可見以康熙皇帝為首的清朝皇室，離不開這幾個善於理財和經營外貿的包衣家族。❼《紅樓夢》中王家大量的「洋貨」、驚人的資產，就反映了其原型李士楨家族在廣東經營外貿的灰色收入。

李士楨等廣東官員個人的巨額財富，主要來自外貿商人的賄賂，而這種賄賂是制度本身決定的。清朝皇帝及高級官員多次強調開設洋貨行有很高門檻，洋商必須「身家殷實、資財素裕」，這樣才能保證中國外貿的信譽，和洋貨行的順利運行。

而怎樣才能證明自己「身家殷實、資財素裕」？最好的、事實上也是唯一的辦法，就是「孝敬」兩廣總督、廣東巡撫、廣州將軍等，擁有審批洋貨行許可證權的官員。

根據清宮檔案，這筆錢一開始是五萬兩白銀，後來一路飆升到二十萬兩白銀，而當時，廣州普通居民工作一年也掙不出二十兩白銀❽。

可以說，廣東洋商從一登場就獲得由制度決定的「原罪」，而與外國人頻繁地往來，又將為他們招致更多「罪名」。但即便如此，巨大的利潤依然吸引全國各地眾多的富商奔赴廣州，爭相報名開設洋貨行，使兩廣總督、廣東巡撫、粵海關監督等職，變成全國屈指可數的幾大肥缺。

當然從形式上看，清政府官收受的行賄大都不是透過明目張膽地勒索，而是以商人「自願捐獻」的形式支付的，美其名為「勸捐」。

其中，廣東洋商因為資產特別多，被「勸捐」的金額也就非常高，十九世紀初，被視為世界首富的伍秉鑑、伍紹榮父子，前後就一共向廣東官府「捐款」一千萬兩白銀以上，而這些錢大多並未被用在賑災和軍費上，實際上是進入了官員們的腰包。9

像這樣過度的財政負擔，是足以毀掉任何行業的，但卻沒有動搖到這些廣東洋商。因為他們佔據極其有利的商業位置，而且具備豐富的商業經驗和靈活的商業頭腦。

廣東洋商買賣的商品，可以在不同市場流通且各個市場價差極大。正如同東方的茶葉、絲綢和陶瓷在歐洲市場能賣出高價，歐洲的商品在亞洲的市場上，也賣得同樣昂貴。像是康熙皇帝常喝的葡萄酒；乾隆皇帝酷愛的鐘錶等等，在當時，都是奢侈品。

不過，從事外貿儘管在當時利潤豐厚，但不是什麼地方都適合發展。說起亞洲的外貿，一般人最先想到的不外乎應該是「絲綢之路」，而這個說法，首先是在

〈三列槳帆船〉，古希臘羅馬的主力船隻

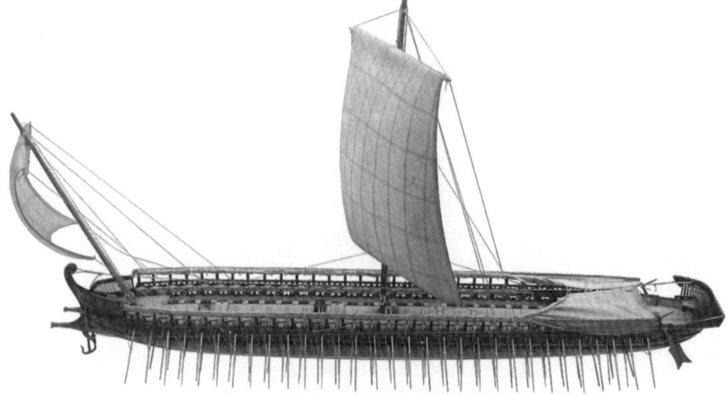

歐洲大航海時代的主力商船、軍艦

逆風中更利於海上作戰的英式改良艦，讓西班牙無敵艦隊數度敗北飲恨，失去海上霸權。（詳見彩圖及本書P56）

十九世紀末，由德國地質學家李希霍芬提出的，爾後迅速流傳。

李希霍芬所謂的「絲綢之路」，指的主要是從西安到撒馬爾罕的陸上絲綢之路。二十世紀，歷史學家和考古學家又發現了多條絲綢之路，其中包括北方的「草原絲綢之路」和南方的「海上絲綢之路」等……其中，從廣州等華南港口到印度洋的「海上絲綢之路」規模最大。

近年來，漁民經常在南海和台灣海峽打撈出為海上絲綢之路跑運輸的沉船，船上的商品數量之龐大，遠不是陸上絲綢之路能夠相比的。

廣州之所以能成為海上絲綢之路的起點，自然是因為這裡的環境非常有利於發展航海外貿。它位於珠江三角洲中心，交通便捷、適合水運而且處於季風帶，每年七、八月時，西南風會將東南亞和印度洋的帆船帶到珠江口，次年二、三月，東北風又會將帆船送回東南亞和印度洋。

在發動機尚未發明的時代，季風推動帆船自動航行可以大大減少運輸成本，因此備受商家的青睞。

早在西元一世紀，羅馬商人發現印度洋季風的運行規律，很快地，依靠風帆而非人力划槳的羅馬商船紛紛穿過紅海，出現在南亞和東南亞沿海，據說三國時期還抵達了長江流域，開闢出「海上絲綢之路」。吳大帝孫權，就專門接見過遠渡重洋的羅馬商人。⑩

從此以後，海上絲綢之路日益繁華，因其運輸成本優勢，貿易量遠遠超過陸上絲綢之路，成為世界上最繁忙的國際貿易路線。

元代東西方交流鼎盛，海上絲綢之路更是十非繁榮。有馬可．波羅乘季風、坐帆船從泉州前往波斯，元代航海家汪大淵也二次乘季風、坐帆船，周游東南亞、南亞各國直到東非和北非，甚至可能還去過澳大利亞，並在回國後撰寫了《島夷志略》一書。

明朝初年，鄭和多次率領艦隊沿著汪大淵已經探明的路線，乘季風周遊南海和印度洋沿岸。隨後，歐洲航海家瓦斯科．達．伽馬駕駛由維京帆船改進的克拉克帆船，乘季風穿越印度洋、抵達南亞，開啟了大航海時代（地理大發現時代）。

由於克拉克帆船完全依賴順風，而且前高後低、重心不穩，一遇逆風就很難操控，導致西班牙「無敵艦隊」在遠征英國慘敗，克拉克帆船因此逐漸被英國、荷蘭、法國等國改進的加利恩帆船取代，後者在逆風情況下仍能保持穩定行駛，給明清中國人留下了極深的印象。

然而，季風貿易的好處並不是只有廣州才有，澳門以及福建、浙江的沿海城市，都是季風貿易的受惠者。事實上作為通商口岸，廣州與它們相比，先天處於劣勢。據英國東印度公司分析，他們購買的茶葉，主要產於福建、浙江，絲綢主要產於浙江、江蘇，陶瓷主要產於江西。

十七世紀初荷蘭東印度公司士兵

當時東印度公司的僱員，多以德國人或斯堪的納維亞人為主。

令荷蘭人聞風喪膽的「烏鬼」

是鄭芝龍父子的外籍僱傭兵，圖中人身穿鎖子甲、腰配日本刀，形象生動。

明代菲律賓的生理人

歐洲人最早遇見的閩南人在菲律賓。「生理」原本是菲律賓土語，經過口耳相傳，台語也將生意人稱為「生理人」。圖中「生理人」衣著，呈現當時明代的衣裝。

因此，與福建、浙江的沿海城市相比，廣州離大宗出口商品主產區遠，不菲的運輸費用，降低了廣州市場的競爭力。確實，「四口通商」之初，外國商船主要前往福建、浙江的沿海城市，廣州和澳門的外貿規模有限。

直到西元一七一五年，一件突發事件改變了當時的外貿局面：廈門商人拒絕歸還英國「安妮」號商人支付的兩千六百兩白銀訂金，廈門官員袒護中國商人，派兵驅逐前來討帳的英國商船「安妮」號，導致嚴重衝突。

次年，英國東印度公司決定停止與福建、浙江口岸的貿易，將所有來華的商船都派往廣州。這個決定受到廣東當局的熱烈歡迎，也從此奠定了廣州第一大外貿港的地位。⑪

廈門驅逐英國商船當然不是什麼偶然事件，也不是某個官員的個人行為。兩年後，康熙皇帝下達《南洋禁航令》，禁止清船開入伶仃洋以南的南海，外國商船也不許帶清人出海，南洋清人必須回國，否則以叛亂分子論，以後永遠不許再回清國。也就是說，只許外國人來經商卻不許清商出國經商。

一部分清商被迫放棄他們在東南亞長期經營的資產，蒙受慘痛的經濟損失。到康熙末年，對外貿易的限制收得愈來愈緊，但是當福建、浙江的外貿口岸日漸蕭條，廣州卻一枝獨秀、後來居上。這是為什麼呢？

先從康熙皇帝之所以下達《南洋禁航令》的直接原因來看，西元一七一五年，康熙南巡江南時，得知東南沿海每年有上千條船駛往南洋，返回者不過半數，當即批示：「海外有呂宋、噶羅巴等處，常有漢人，此即海賊之藪也……數千人聚集海上，不可不加意防範！」⑫

既然如此，何以廣東能夠在康熙皇帝嚴控外貿期間獨善其身？原來，以康熙為首的清朝統治者，用禁海方式防範的「海賊」，指的主要是鄭成功集團。鄭成功的根據地在福建的金門、廈門等海島，此後又擴展到浙江舟山一帶，以此為基礎開展抗清鬥爭。但在福建、浙江民望極高的鄭成功，到了廣東卻缺乏群眾基礎，這讓康熙有理由相信廣東無須像福建、浙江那樣，嚴行禁海。

此外，明朝的「倭寇」流毒東南沿海百餘年。西元一六二四年，荷蘭東印度公司船隊在襲擊澳門和澎湖後，武裝佔領台灣；一六三七年，隸屬「庫爾滕集團」的英國威德爾商船隊，因為被明朝廣東政府拒絕登船貿易，悍然攻陷虎門炮台，直逼廣州城下；一六七〇年，英國東印度公司在多次試圖經澳門與中國大陸開展貿易失敗後，為了建立商館與國姓爺（鄭經）簽訂合約。⓭

鑑於這些情況，清政府儘管看到了外貿的好處，依舊對開放國門異常謹慎。於是，一個較為穩妥的折中方案由此產生，選在鄭氏集團影響力很大的浙江、福建，嚴格限制外貿，但對與鄭氏集團存在隔閡的廣東網開一面。

廣東因此成了康熙晚年唯一的外貿綠洲，迅速繁華起來。在廣東成為「外貿特區」之後，各地商人紛紛從安徽到福建，雲集珠江三角洲，希望在欣欣向榮的外貿生意中撈上一筆。

可是，他們並不都有做外貿生意的資格。

廣東耕地少、人口多，自古以來，大部分居民都依賴外貿和海上漁業維生，西漢初年的南越王墓，就出土了與西亞和希臘有關的文物。西元六六一年，唐高宗在廣州設立「市舶使」，派遣信任的宦官管理外貿。

彼時正值阿拉伯商人大量渡海來華，廣州聚集了二十萬人之多。到了西元九七一年，宋太祖又重新設立廣州市舶使，不用宦官改命地方官員兼任，商業秩序較唐朝有所改善，阿拉伯和東南亞商人再度雲集珠江口，東南外貿得以重新振興。

南宋時期，中央財政長期處於困難境地，但因為當時發生十字軍東征，大批穆斯林商人離開受戰火波及的中東，來到相對安寧的南亞、東南亞和東亞經商，市舶收入大幅增長，成為南宋經濟有力的支援。

不過，唐宋時期的「市舶使貿易」主要是政府採購，外國商品一到港口，便被官員按照政府擬定的價格收購，唐宋商品也由官員按照政府擬定的價格出售給外國商人，整個過程通常不許民間商人參與，只有當進口商品過多、超過政府消化能力時，才臨時允許民間商人買賣多餘的貨物。

此外，還有部分民間商人以「牙人」（仲介兼翻譯）或會計的身分，被市舶使雇傭，從中獲得穩定的收入。

到了北宋，為加強中央集權，於是將鹽業、採礦業和釀酒業等唐代開放民營的項目，全部收歸國有。宋太祖規定商人販賣鹽達到十斤、販賣堿或礬達到三斤、販賣酒達到三斗、釀酒曲達到十五斤者，一律處死。外貿也受到波及，鑌鐵、珊瑚、瑪瑙、乳香等進口商品，在北宋一直被嚴格限制為政府壟斷、經營的項目。[14]

南宋為了促進外貿，放寬有關的商業禁令，市舶收入從北宋時期的每年三、四十萬緡，猛增到每年一百五十萬緡以上，佔南宋國庫收入的五分之一左右。15

日益依賴市舶收入的南宋政府，還授予一些貿易額較高的商人官爵，大大提高了他們的社會地位，晉身為社會頂層的士人，不再屈居於「士農工商」的最底層。這些獲得官爵的外貿商人因此又被稱為「官商」。

元、明兩朝因襲了宋代的市舶司制度。鄭和下西洋，一度促進了明朝初期的外貿發展，但在西元一四二八年，明軍在交趾（今越南北部）遭受重大挫敗，明宣宗決定廢除交趾承宣佈政使司。越南從此獨立，明朝在東南亞的影響力也因此受到嚴重削弱。

為了挽回惡劣影響，鄭和第七次受命下西洋，卻在南印度最大的海港古里病逝。西元一四三四年，鄭和生前的副手王景弘，受命以正使身分率船隊出使東南亞，次年回國。一四三六年，剛剛登基的明英宗命王景弘停止採買營造，不再使洋。一一四四九年，明英宗北征瓦剌兵敗在土木堡被俘。從此，明帝國將全部國力用於西北邊防，完全停止了對海洋的主動經營。

明帝國放棄海洋，拱手讓出了外貿的主導權，陸續抵達東方的歐洲殖民者，輕易就獲得了東亞、東南亞海域的制海權，和外貿主導權。但他們還有一大群難纏的對手要應付。明帝國放棄了海洋，並不代表華人放棄了海洋。

第二章

教皇子午線：歐洲航海家與亞印海賊王

明朝末年，中國的外貿與歐洲殖民者的「地理大發現」進程密不可分。而這一切，都要從「十字軍東征」這段歷史講起。

西元一二九一年，十字軍在亞洲大陸的最後一個據點阿卡，被埃及軍隊攻佔，殘餘的十字軍，大多數在聖殿騎士團的率領下撤回了南歐。

西元一三〇七年，覬覦十字軍從東方帶回的財富的法國國王、急於擺脫巨額債務腓力四世，發動了所謂的「黑色星期五」事變，逮捕並燒死了聖殿騎士團的大部分成員，並迫使羅馬教皇宣佈解散聖殿騎士團。

當時，只有伊比利亞半島的聖殿騎士團獲得當地政府保護，後來這支騎士團被羅馬教廷改組，變成隸屬耶穌會的兩個組織，即西班牙的「蒙特薩騎士團」和葡萄牙的「基督騎士團」。

西元一三二〇年，葡萄牙王子恩里克（英語稱他為「亨利王子」），被封為第一任基督騎士團總團長，並將基督騎士團的徽章定為緋紅色十字架。而恩里克王子因此獲得聖殿騎士團龐大的資產。

率領基督騎士團的「航海家」

恩里克王子被認為是歐洲地理大發現的開啟者。對非洲十分著迷，最感興趣的是祭司王約翰的傳說和葡萄牙貿易的擴展。他也被認為是葡萄牙航海事業的贊助人和奠基人。

懸掛「基督騎士團船帆」的葡萄牙艦隊

航行與南太平與非洲的葡萄牙艦隊，將騎士團徽章「緋紅十字架」印在船帆上。（詳見本書 P66-P73）

葡萄牙航海家瓦斯科・達伽馬覲見古里國王

瓦斯科（圖左人物）被稱為「東方凱撒」、「海上雄獅」和「葡萄牙戰神」，是一位葡萄牙貴族，海軍將領，其軍事和政治活動，形成了在印度洋的葡萄牙殖民帝國。（關於瓦斯科的事蹟，詳見本書 P68-P73）

他強烈仇恨伊斯蘭教，並以十字軍繼承人自居。然而，當時的葡萄牙還是個人口只有一百萬，十分缺乏資源的小國，且距離中東聖地又太遠，恩里克王子於是決定另闢蹊徑。

他在入侵摩洛哥期間，曾從俘虜的口中聽說非洲腹地盛產黃金和象牙，又在古籍裡看過一些記載，像是古埃及人曾經環繞非洲航行、東方有強大的基督教國家等等，於是策劃派艦隊繞過非洲，打算聯合東方的基督教國家，攻打伊斯蘭教的心臟地帶。

靠著來自耶穌會和基督騎士團的龐大財產，作為第一任基督騎士團總團長的恩里克王子，很快便組建了幾支遠洋艦隊，打著緋紅色十字架的基督騎士團旗號，南下非洲海岸。

西元一四四五年，葡萄牙船隊抵達維德角，掠奪了大量黑奴和珍寶。

西元一四五三年，土耳其軍隊攻陷君士坦丁堡，拜占庭帝國滅亡。穿過黑海的「草原絲綢之路」完全落入了穆斯林之手，基督教世界與東方的貿易，從此完全被伊斯蘭世界壟斷。

西元一四六〇年，恩里克王子去世，死

統治印度、奪佔麻六甲的葡萄牙總督

圖為阿爾布爾克指揮葡萄牙海軍稱霸印度洋。（關於這位海上雄獅如何拓展東方貿易，詳見本書 P69）

後被譽為「航海家」。他培養出了大量航海人才，並在西非透過黃金、象牙和黑奴貿易賺了很多錢。他死後，葡萄牙一度放棄了勞民傷財的遠洋航行，但日益昂貴的胡椒等東方產品，又迫使他們重拾恩里克王子的計畫。

西元一四八一年，恩里克王子的侄子若昂二世登基以後，立即向西非再次派出艦隊，同時派遣眾多間諜渡過地中海，調查中東地區。

西元一四八八年，葡萄牙船隊抵達非洲最南端的好望角，因風暴折返。一四九二年，哥倫布發現美洲。同年，西班牙完成「收復失地運動」，將穆斯林全部逐出伊比利亞半島。

西元一四九三年，教皇亞歷山大六世劃定「教皇子午線」，規定線以西的未知土地和商業權益歸西班牙，以東歸葡萄牙，西班牙據此可以獨佔美洲，葡萄牙則獲得向亞洲擴張的授權。

西元一四九四年，西班牙對「教皇子午線」不滿，主動要求將其西移，以出讓巴西為代價，獲得介入遠東事務的入場券。

西元一四九七年，葡萄牙航海家瓦斯科·達伽馬率領船隊繞過非洲、進入印度洋，抵達南印度最大的海港古里（六十九年前，鄭和在此地去世）。一路上，葡萄牙艦隊不斷襲擊穆斯林船隻，古里等印度城邦由於袒護穆斯林商人，後來也遭到葡萄牙艦隊的攻擊。

西元一五〇七年，葡萄牙首任的印度總督阿爾梅達攻佔霍爾木茲城，控制了波斯灣海域。一五〇八年，阿爾梅達在第烏海戰中大勝埃及與印度的聯合艦隊，葡萄牙從此成為阿拉伯海的霸主。

西元一五一〇年，葡萄牙新任印度總督阿爾布克爾克，佔領了另一大南印度海港果阿，據此在南亞站穩了腳跟。同年年底，幾艘葡萄牙商船陸續抵達東南亞的咽喉：麻六甲。

當地的穆斯林蘇丹允許他們上岸貿易，但鑑於葡萄牙人在印度洋對穆斯林的種種暴行，蘇丹採納其首相的建議，決定襲擊葡萄牙商船。如果不是一位葡萄牙船長麥哲倫及時發現了陰謀，葡萄牙人險些遭到滅頂之災，但仍然有數十人被俘。

阿爾布克爾克總督聞訊，認為這是天賜的開戰藉口，立即率領艦隊撲向麻六甲，並聲稱：「透過

〈麥哲倫之死〉麥克坦島海灘上上演的殺戮

圖中呈現麥哲倫船隊與菲律賓土著的廝殺。（詳見本書 P71-P72）。麥哲倫死於與菲律賓當地部族的衝突中。雖然他沒有親自環球，但他船上餘下的水手卻在他死後繼續向西航行，回到歐洲。

佔領麻六甲，穆斯林永遠無法透過這條海峽、獲取他們必需的香料……我非常肯定，如果麻六甲失守，穆斯林遲早也會丟失開羅和麥加。」

西元一五一一年年初，葡萄牙海軍封鎖了麻六甲港。麻六甲蘇丹被迫處死首相，釋放葡萄牙俘虜，但阿爾布克爾克仍然拒絕停戰。蘇丹不斷向鄰國甚至名義上的宗主國明帝國求援，但沒有回音。由於當時麻六甲的多數居民都信仰印度教或佛教，並不支持穆斯林統治者，港口很快落入葡萄牙人之手。

當時麻六甲都城只有脆弱的木牆，但是港口和都城之間卻隔著一條河，葡萄牙人的海船由於吃水太深，幾次嘗試都沒開進河道，而河上唯一的橋樑又被蘇丹派重兵和戰象守衛著。

關鍵時刻，一位麻六甲的中國商人告訴阿爾布克爾克河流的潮水規律，還為葡萄牙軍隊提供了一條龐大的內河船隻，葡萄牙人這才得以乘漲潮渡過了河流。麻六甲都城的木牆迅速地被轟開，蘇丹及其親信連夜逃走。

同年八月二十四日，麻六甲落入葡萄牙人之手，從此成為葡萄牙人向東南亞和東亞擴張的戰略基地。

這是歐洲殖民者踏足東南亞的第一戰，但已感受到了華人的力量。沒有中國商人提供的資訊和內河船隻，葡萄牙人將無法順利攻佔麻六甲。麻六甲華人因此得到葡萄牙人的優待，葡萄牙人也隨之瞭解了從麻六甲前往中國的航線。

西元一五一三年，阿爾布克爾克總督進攻亞丁失利，葡萄牙人從紅海奇襲麥加的計畫破產，回師後便向中國派出船隻。

西元一五一四年，第一艘葡萄牙船隻抵達廣州，卻被禁止上岸貿易。一五一七年，麻六甲的葡萄牙當局派皮萊資使團訪華，抵達珠江口。由於葡萄牙在東南亞的擴張掠奪行為早已被報告給明朝，葡萄牙人發現，中國政府並不像南洋華人那樣歡迎自己。事實上，當時中國由於經常被倭寇騷擾，正在執行海禁，允許葡萄牙人上岸經商已經是廣東地方政府對他們的破例優待了。

西元一五一八年，麥哲倫在他的環球航行計畫被葡萄牙當局拒絕以後，尋求西班牙當局的支持，西班牙急欲打破「教皇子午線」的限制，參與亞洲貿易，欣然批准。

西元一五一九年，麥哲倫克服葡萄牙的阻撓，率領西班牙艦隊開始環球航行。同年，皮萊資使團透過賄賂宦官，獲得了進京覲見明武宗的許可。

西元一五二一年，西班牙征服中美霸主阿茲特克帝國。同年，麥哲倫穿越太平洋之後，為了獲得優惠的香料貿易合約而介入菲律賓內戰，結果

親切召見葡萄牙使團的明武宗朱厚照

明武宗積極學習他國文化，促進中外交流，體現出有為之君的素質，是一位功過參半的皇帝。（明武宗事蹟詳見詳見本書 P72）

被麥克坦島的土著殺死並吃掉。也就在這一年，皮萊資使團抵達北京，得到明武宗的多次召見。明武宗思想開明，對葡萄牙文化很感興趣，甚至親自學習葡萄牙語。

但是沒過多久，明武宗因郊遊時意外落水、感染肺炎，隨即駕崩，讓原本沒有希望繼承大統的嘉靖皇帝幸運登基，嘉靖立即在朝中進行大清洗，明武宗的寵臣紛紛遭到嚴懲，幾位支持明武宗召見葡萄牙使團的大臣，連同葡萄牙語翻譯很快被一同處死，皮萊資也被逮捕。

嘉靖皇帝命令皮萊資寫信給麻六甲的葡萄牙當局，讓葡萄牙人將麻六甲歸還給原蘇丹，在遭到拒絕以後，便派海道副使汪鋐驅逐廣東沿岸的葡萄牙人。起初，明軍戰敗。汪鋐認知到葡萄牙的「佛朗機」（鷹砲）對明軍火器有優勢，透過聯絡葡萄牙船上的華人水手，瞭解到「佛朗機」和克拉克帆船的性能，積極仿製，終於用火攻取得屯門之戰的勝利，繳獲了多門「佛朗機」，大大推動了明朝軍事科技的發展。

戰敗的葡萄牙人有的撤回麻六甲，有的轉往福建和浙江，後來，在寧波的雙嶼建立了新的貿易站。

西元一五二二年，葡萄牙佔領了雅加達。同年，麥哲倫艦隊的倖存水手駕船返回西班牙，完成了人類首次環球航行，也大大動搖了葡萄牙對東方貿易和殖民權益的壟斷。一五二四年，瓦斯科·達伽馬再度遠征印度，抵達古里之後病逝。

西元一五二九年，西班牙和葡萄牙簽訂《薩拉戈薩條約》，葡萄牙放棄大部分巴西的所有權，換得西班牙勢力暫時退出東南亞。

作為第一個進入亞洲的歐洲殖民強權，葡萄牙透過戰爭和貿易獲得了龐大的財富，甚至勝過西班牙對美洲的掠奪收穫。然而，地理大發現的本質，其實是十字軍東征的延續。

說穿了，西班牙和葡萄牙的遠洋艦隊，都是用耶穌會和聖殿騎士團的財富組建的，從一開始就要執行羅馬天主教廷的反伊斯蘭政策，並為已經衰微的十字軍運動尋找東方的基督教盟友，例如歐洲中世紀傳說的東方基督教統治者約翰王（按：早期葡萄牙殖民者一直以為印度教黑天大神「克里希那」就是耶穌基督，因此把印度教視為基督教的一支。其原型可能是親基督教的衣索比亞國王，或蒙古克烈部首領王罕）。

西班牙殖民者在美洲沒有遇到基督徒和穆斯林，但是葡萄牙人一進入印度洋，就發現到處都是基督徒和穆斯林。

事實上，瓦斯科．達伽馬能夠從東非抵達印度，主要就是依靠阿拉伯領航員馬吉德的幫助，他在西南亞也頻頻遇到來自地中海沿岸、熟悉葡萄牙人的阿拉伯商人。

瓦斯科．達伽馬等葡萄牙航海家，從羅馬教廷和葡萄牙王室得到的訓令，非常清楚，就是消滅沿途的伊斯蘭政權、尋找約翰王等東方基督教盟友，從穆斯林手中奪取香料之路和絲綢之路，毀滅其經濟基礎，在穆斯林陣線背後開闢第二戰場，最後從印度洋穿越紅海，撲向麥加、開羅和耶路撒冷，徹底剷除伊斯蘭教。

換句話說，由恩里克王子創建、瓦斯科．達伽馬等葡萄牙航海家率領的艦隊，不是商貿船隊，而是從聖殿騎士團發展而來的海上十字軍。結果，印度洋沿岸的每一個伊斯蘭國家，都遭到葡萄牙艦隊的攻擊，雙方完全無法和平相處。

戰爭給葡萄牙帶來了可觀的利潤，但也造成了嚴重的損耗。據不完全統計，在瓦斯科．達伽馬發現印度後的三十年內，共有超過八萬名葡萄牙人登上遠洋航船、前往東方，能夠返回故鄉的卻不到八千人。這樣的損失對當時只有一百萬人口的葡萄牙來說，簡直是無法恢復的慘痛損耗。

同樣難以恢復的，還有大航海對葡萄牙這個小國自然資源的消耗。建造遠洋帆船需要大量優質木材、金屬配件和帆布，而葡萄牙本土的森林和礦產都很有限，無法長期提供為在東方進行殖民統治和貿易壟斷而必需的船隻，大大限制了葡萄牙在東方的擴張。

在攻佔雅加達以後，葡萄牙在東方的殖民擴張已是強弩之末。即便明武宗沒有意外死亡，明帝國繼續執行對葡萄牙友好的外交政策，葡萄牙也很難在東亞有所作為。屯門之戰的失敗，對葡萄牙人來說是遲早的事情。到了簽訂《薩拉戈薩條約》的西元一五二九年，葡萄牙在東方的擴張已經陷於停滯狀態。❶

與海上霸主葡萄牙相反，明帝國從不鼓勵民眾參與外貿。明太祖朱元璋起兵之初，曾經遭到張士誠和方國珍等東南沿海勢力的強烈抵抗，朱元璋本人也不喜歡商業，一直嚴格地執行「重農抑商」政策。

西元一八三六年，明太祖朱元璋在審理胡惟庸案時，得知原丞相胡惟庸曾經勾結倭寇謀反，於是下令重啟元朝的海禁政策，沿海「片板不得下海」，遭到沿海民眾的激烈反抗。其後永樂帝雖然多次派鄭和等人下西洋，但都屬於官方「貢賜貿易」，老百姓仍然不許參與外貿。

明朝和葡萄牙面臨一樣的問題，長期維持龐大的艦隊，也消耗了明帝國大量的國力，僅僅是為了籌集建造船隻所需的高檔木材，就毀掉了中國近一半原始森林。民間因此怨聲載道，「貢賜貿易」又是虧本買賣，到了永樂末年，「鄭和下西洋」的行動已經淪為朝野千夫所指，待到了宣德年間終於被迫中止。

而葡萄牙的國運卻恰恰相反。海外擴張雖然也消耗巨大而且連年不止，但因為能賺大錢，因此可持續發展。

彼時屯門海戰剛結束，浙江就爆發了日本二使團的「爭貢之役」，由此開啟了倭寇侵華的漫長戰爭。嘉靖皇帝因此廢除閩、浙二處市舶司，只保留廣東市舶司，使所有貢賜貿易都在廣東進行。值此倭寇橫行時期，葡萄牙人與中國和日本商人都做生意，各國商船之間又不時發生流血衝突，再次引起了明朝政府的警惕。

西元一五四八年，明軍以葡萄牙人襲擊中國村莊為由攻破雙嶼，葡萄牙人從此在寧波消失了，可是真正的倭寇卻在首領汪直的率領下，以雙嶼為基地捲土重來，給明朝造成了更大的麻煩。

在這段期間，殘存的葡萄牙人退到福建的泉州和漳州，不久又遭到明軍的攻擊，餘部逃回廣東，來往於沿海島嶼，從事走私活動，很受當地中國民眾歡迎，甚至不少地方官員都包庇他們。

在這些官員看來，葡萄牙等國商船和中國沿海民眾進行的商業活動，雖然非法，但性質並不比中國內地盛行的私鹽貿易更糟糕，如果完全禁止，缺乏耕地、高度依賴貿易的東南沿海百姓，勢必大批餓死。所以，在不危害國防安全的前提下包庇這些走私活動，既可以獲得可觀的傭金提成，也能讓自己更受轄區民眾的歡迎。

西元一五三三年，明朝名將俞大猷在瀝港重創了汪直率領的倭寇主力，汪直逃回日本。明朝政府認為，倭寇之亂已經基本平息，而葡萄牙人同倭寇有根本區別，對國防構不成嚴重威脅，而且有益於經濟，還能幫助官兵消滅海盜，於是對其態度轉變。

十六世紀中葉，已經在走下坡路的東南亞葡萄牙人驚喜地發現，「有幾位中國很有勢力的商家，深悔不該阻止廣州與外國人通商，同時，廣州官府方面也正積極籌款、征剿廣東和廣西的海盜，對朝廷突然截斷各關稅之事，極表不滿……自從西元一五四四年起，去往中國的航船是極其平安而毫無危險的……以前中葡兩國失和時，葡萄牙船隻一看到護衛海岸的中國軍艦向它們撲過來，就立即起錨朝大洋深處逃去……。」[2]

西元一五三三年，葡萄牙人開始在澳門居住。西元一五五五年，一艘葡萄牙商船被允許「上廣州去過二次」，出售給中國商人四萬斤胡椒，並購買了大量中國商品。據這艘船上的葡萄牙傳教士巴萊多記載，當時廣州「商業的利源，是被原籍廣州、徽州、泉州三處的十三家商號壟斷著」，因此合稱「十三行」[3]。明末十三行的商人叫作「客綱」、「客紀」（原意是「旅店老闆」）[4]，在他們的推動下，明朝外貿發展很快，中葡關係日漸友好。

西元一五六三年，明朝政府正式允許葡萄牙人以租客的身分，在澳門永久定居，租金定為每年五百兩白銀。「行」這個漢字，本意是道路，與之相似的漢字是「列」。

先秦時期，「列」字首先被應用在商業上，當時中國城鎮的市場都是正方形的，周朝立法規定，每個市場面積約兩百六十四畝（漢朝將市場面積擴大到八百畝），四周築有圍牆，「因井田以為市，故俗曰『市井』」[5]。

先秦和秦漢時期，中國政府對商人的管制很嚴格，像是《管子．小匡》中就曾提到「處商必就市井」，說明當時的商人都要在主管部門登記「市籍」，從此便受到各種歧視，例如不得購買田地，不得穿絲綢衣服等。[6]

在當時的市場內，道路兩旁的商店的面積和經營內容也都由政府設計，商業區內的道路叫作

「行」和「列」，路邊的商鋪叫作「列肆」，設有「肆長」，「肆長各掌其肆之政令」。[7]

隋唐時期開始，中國政府又規定同一種類的商品必須固定在同一街區銷售，於是從事同一種類商品買賣的商人，通常都集中在同一條道路活動，所以叫「同行」，他們從事的買賣叫「行當」或「行業」。

直到如今，我們仍然可以在許多城市中看到以「行當」命名的地名，例如北京的「菜市口」、「燈市口」、「珠市口」、「米市大街」、「羊肉胡同」、「錢市胡同」、「養蜂夾道」等，現代則多冠以「XX一條街」之名。

當時每個「行」設有一位「行頭」，通常是該街道上規模最大的商鋪老闆，代表各商鋪與政府和其他商業機構交涉。大型的固定商鋪不再叫「肆」，而改叫「邸」。這種政府強制的同業集中貿易叫作「坊市制度」，屬於經濟學上的「集中市場制」。

它迫使相鄰的同業商家「完全競爭」，不斷展開價格戰，主要目的在達到減少商家欺詐消費者的現象，且能促進消費更便於政府統一管理，但同時也嚴重限制了商業的發展，特別是零售業很難在這種環境下做大、做強。

也因此在中國古代，從事普通的零售業很少能發家致富，大商人從事的多為長距離販運，因為賺取不同市場之間的差價在中國古代最為有利可圖。[8]

「坊市制度」在唐末五代時期衰敗，北宋初年被取消，市場的圍牆也被拆除，商業得以蓬勃發展。但是，正如「菜市口」不再賣菜、「米市大街」不再賣米，卻依然叫以前的名字一樣，隋唐時期開始流行的「行」並沒有消失。

神聖羅馬皇帝兼西班牙國王腓力二世

腓力二世是卡佩王朝第一位君主，在任早期主要與攝政的香檳家族進行抗衡，並達成使得法國走向集權的歷程。（腓力二世征服呂宋島的事蹟，見本書 P81）

小型商鋪不再叫「肆」，而叫作「館」；大型商鋪不再叫「邸」，而「行」。與古代的「肆」和「邸」相比，「行」不僅規模大，而且經營的商品種類更多，但通常都只做批發，不零售。如果有需要自行零售的商品，「行」會另開幾家零售連鎖店。總體而言，明末興起的廣東十三行，屬於綜合經營、長距離批發、自由選址的大型外貿企業，代表了當時中國最先進的商業組織形式和貿易思想。

長期執行海禁政策的明朝政府，之所以允許廣東十三行這樣的外貿企業出現，前提是倭寇被擊敗，中國沿海國防安全有保障。葡萄牙人開始被允許在廣東經商、在澳門居住的同時，各路倭寇也陸續被明軍殲滅。

應福建巡撫塗澤民「請開市舶，易私販為公販」的請求，新登基的明穆宗於西元一五六七年宣佈廢除海禁政策，並在廣東之外，再開放福建漳州府月港（今福建海澄），允許民間資本自由參與外貿，只是不許同日本人來往，史稱「隆慶開關」。

「隆慶開關」之所以能夠實施，主要是因為中國沿海的倭寇主力被殲滅，日本幕府將軍足利義輝於西元一五六五年遇刺，織田信長、武田信玄等日本軍閥爭霸戰爭激烈，之前構成倭寇精銳部隊的日本浪人紛紛參軍，很少再出洋當海盜，葡萄牙又日漸衰落，完全停止了在東方的擴張，明朝的海疆國防態勢大為好轉，朝野一致認為可以放心做外貿了。

對明朝來說，更為重要的是在這時結束了與蒙古的百年戰爭，明蒙貿易也繁榮起來。可惜明穆宗君臣營造的天下太平時代並沒有持續多久。葡萄牙人剛剛在澳門落腳沒幾年，就收到了令他們最為擔心的消息。

西班牙第一位駐菲律賓總督黎牙實比

西班牙人在西元一五七〇年佔了呂宋（菲律賓）後，就進一步想要佔領北方的台灣，一方面保護在呂宋的既得利益，另一方面又可擴大利益，因此西班牙國王在一五九六年訓令總督達斯馬里（Dasmarinas）設法佔領台灣。但此時日本與西班牙的關係互相交惡，不斷有謠言說日本人很可能會先佔台灣，再攻取西班牙人的呂宋。（詳見本書 P84)

強大的鄰居西班牙見葡萄牙日益衰落，於是悍然撕毀《薩拉戈薩條約》，於西元一五六四年大舉越過「教皇子午線」，攻入菲律賓群島（菲律賓國名，就來自當時在位的西班牙國王腓力二世），葡萄牙除了抗議之外，根本不敢抵抗。從此，中國人稱菲律賓為「小呂宋」，稱西班牙為「大呂宋」。

與葡萄牙依靠華人的幫助佔領麻六甲一樣，西班牙能夠佔領菲律賓群島，也離不開華人的支持。自從鄭和下西洋，菲律賓就開始與明帝國保持密切商業往來，被西班牙佔領後，這種商業往來並未停止，反而因西班牙人帶來大量美洲白銀、農產品和歐洲工藝品而更加繁盛，旅居菲律賓經商的華人漸漸發展到上萬人的規模，以至於西班牙語稱中國人為生理（按：華南方言，「買賣人」的意思。）

起初，菲律賓華人與西班牙人關係友好，西班牙人認為華人比菲律賓土著聰明能幹，一些華人還成為政府官員。不過，雙邊關係很快就因華人數量激增，以及西班牙船隻與中國船隻相互海盜掠奪等事件，開始惡化。

讀者大可無須為當時西班牙商船竟會被中國洗劫驚訝，洗劫商船可不是歐洲人的專利。早在唐朝就有「風塵三俠」的傳說，主人公虯髯客就是一位典型的海賊王。

他本來想在隋末大亂中奪取中國皇位，後來見李世民是天命所歸，便將全部家產送給李靖、紅拂女夫婦，讓他們去輔佐李世民統一天下，自己率領「海船千艘，甲兵十萬，入扶餘國，殺其主自立」。[9]

宋朝時，蘇門答臘島上的三佛齊國，靠著在麻六甲海峽從事海盜活動富強起來。[10]到了明朝初年，爪哇島的滿者伯夷王國在驅逐元軍以後，日益強大，渡海攻滅三佛齊國，但並未對當地進行有效統治，廣東華僑梁道明、陳祖義於是各自在當地建國，仍稱三佛齊，據說都從事海盜活動，對過往船隻徵收保護費，不交保護費就予以武裝洗劫。

明成祖登基後，明朝水師在南海抓獲了梁道明的兒子，明成祖乘機派官員到三佛齊招安。梁道明為了救兒子，隨明朝使者返回中國，這才引起了鄭和下西洋。梁道明走後，他的助手施進卿與陳祖義在三佛齊展開爭戰，互相指責對方為海盜。後來，施進卿爭取到鄭和的支持，消滅了陳祖義，成為三佛齊國王。施進卿家族的統治並不受當地民眾歡迎，又因為從事海盜活動而在南洋四面樹敵，只是因為鄭和艦隊每過幾年就駛來給它撐腰才得以維持。鄭和下西洋一結束，滿者伯夷就再次入侵三佛齊。⓫最終，三佛齊在西元一四七〇年被麻六甲吞併，而麻六甲又在一五一一年被葡萄牙征服。

南洋華人經常被視為海盜並非沒有原因：在那個大航海時代，為了能夠安全遠渡重洋到達目的地，各國商船都配備了武器。可以說，大部分外洋商船都從事過海盜行動，只不過有些海盜行動僅限於搶對方幾桶淡水，有些則是計畫縝密的攻城掠地。

西元一五七一年，西班牙殖民官員黎牙實比率領兩百五十名西班牙人和六百名土著抵達馬尼拉灣，驅逐了當地的穆斯林統治者，在這裡建造起西班牙在菲律賓群島的首府馬尼拉市。

西班牙人原本屬意菲律賓群島中部的宿霧島，因為那裡被其他島嶼環繞，不容易遭到颱風破壞，島上的土著也溫順友好，很快都受洗為天主教徒。黎牙實比之所以後來放棄宿霧，選擇定都於馬尼拉，就是因為發現這裡有較多的中國人出沒，更方便同中國人做生意。

林鳳率領日本海盜征服馬尼拉

林鳳是台灣海峽上的海盜集團首領。大約自萬曆元年（西元一五七三年，明末海寇肆虐及侵海史，詳見本書 P85-P88）起林鳳勢力逐漸坐大，後來並打倒林道乾，併吞其部眾與船隻。其船隊經常騷擾福建及廣東海面，官兵乃協力會剿。

事實上，當時西班牙政府已經擬定了入侵中國的計畫，責成黎牙實比從菲律賓就近探聽中國的資訊。然而，亞洲遠比西班牙人設想的難以控制，僅僅征服菲律賓群島就耗盡了黎牙實比的私人財富，馬尼拉政權又不受呂宋島上的中國和日本海盜歡迎，麻六甲、香料群島和澳門的葡萄牙人也很快得到消息，西班牙殖民者於是遭到經濟封鎖。

次年，第一位菲律賓總督竟然因為貧困破產而死於憂慮和疾病。儘管如此，黎牙實比臨終前估計怎麼也不會想到，自己苦心建造的馬尼拉市即將成為中國海賊王的獵物。

黎牙實比為了亞洲的巨大財富而來，抵達亞洲並建立殖民地以後卻破產而死，絕不只是因為倒楣。葡萄牙人坐船沿著非洲海岸線駛往亞洲，穿過阿拉伯海便可直抵亞洲最富庶的地區，一路上都可以輕易獲得補給，鄭和下西洋也選擇沿海岸線航行。只有這樣，龐大的艦隊才能隨時獲得淡水和新鮮食物，特別是水果和蔬菜。

然而，西班牙人從拉丁美洲啟程前往東亞和東南亞，需要橫穿整個太平洋（由於天氣和海流的原因，沿著阿拉斯加和日本的海岸航線在當時極其危險），黎牙實比的艦隊從墨西哥出發，花了三個多月才找到第一座像樣的海島。因此，抵達亞洲的葡萄牙人總是精神飽滿，殺氣騰騰；抵達亞洲的西班牙人則往往精疲力竭，營養不良，還經常因為缺乏維生素而患上致命的壞血病。

由於無法解決後勤問題，西班牙的國力雖然遠勝於葡萄牙，但在亞洲的存在感卻一直不強，很難集結超過一千人的殖民部隊。因此，西班牙雖有雄心壯志，卻始終無法推進入侵中國和日本的宏大計畫，反而備受南海的中國海盜和日本海盜折磨。

在大航海時代，精明的中國海商獲取南洋資訊的效率十分驚人。西班牙人佔領呂宋島，建立馬尼拉城的消息很快透過呂宋島上的中國海盜，傳到了中國沿海地區。

當時正逢明穆宗駕崩、萬曆皇帝登基，潮州的海盜首領林鳳，於西元一五七三年在澄海大破明軍，招來了當朝最高執政官的注意。新官上任三把火，內閣首輔張居正嚴令各路明軍，立即會剿海盜，林鳳次年就接連在廣東和福建多地被擊敗，被迫渡海前往台灣島。

台灣最早的漢語名稱是「大灣」，因為在清朝以前，台灣島西南海岸（也就是今台南市西部）存在一個龐大的海灣，是絕好的避風港，直到清朝才逐漸淤塞，形成了現在台灣島西部平滑的海岸線，台西南地區也因此失去了海港的商業價值。

在閩南語中，「大灣」與「太灣」發音相似，民間又寫作「大員」「台員」「大宛」等，至明朝末年官方統一固定為「台灣」，正式定名。⓬

因為明朝中前期嚴格執行海禁，百姓「片板不得下海」，對海峽對面的這座大島毫無興趣。鄭和下西洋時曾經在台灣登陸，遭到高山族原住民驅逐，從此再也不去。明朝時，官方地圖還經常標錯台灣的地理位置。

倭寇戰爭後期，愈來愈多的中國和日本海盜被迫逃離中國大陸沿海地區，來到台灣島避難，華人多數住在正對台灣海峽的台南「大灣」附近，日本人則多數聚集在靠近釣魚島和琉球的台灣北部，另一海灣「雞籠」（今台灣基隆）附近。林鳳選擇在雞籠登陸，因為他的部下有很多日本人。

毫無疑問，十六世紀的東海和南海是屬於海盜的。從長崎到新加坡，幾乎每一座島嶼都曾經灑下中日僑民的鮮血，他們大多因在家鄉無法謀生而下海，許多都有商幫背景，常年在海船上出生入死，鍛鍊得極為堅韌強悍。

這些僑民幾乎全是男人，極少有女人（作為南洋華僑主力，福建人傳統上禁止女人上船），這使他們在海外遇到很多困難：要嘛選擇與當地人通婚，要嘛選擇盡可能快地賺到錢，然後返回故鄉蓋房子、娶媳婦。大部分明清時期的海外華人選擇了後一條道路，這使他們難以融入當地社會，還不時涉及非法活動，與其他民族發生衝突。

在十三至十八世紀的東南亞，毫無疑問，海外華人是最令人生畏的政治、經濟、軍事集團之一。

隨著葡萄牙人攻佔麻六甲，南海的大門被歐洲殖民者打開了。然而，與在大西洋和印度洋上的所向披靡不同，歐洲殖民者在南海卻舉步維艱。和這片海域的傳統支配性力量中日海盜相比，歐洲殖民者雖然有船堅砲利的技術優勢，但是優勢有限，難以抵銷絕對人數劣勢，所以反倒經常成為中日海盜的獵物，小則丟船虧本，大則失城喪命。尤其當中日海盜合作時，歐洲殖民者的劣勢更加明顯。

在雞籠養精蓄銳的林鳳，就是這樣一位能將中國海盜和日本海盜團結在一起的人才。抵達台灣島以後，他發現另一支龐大的中國海盜早已捷足先登，其首領林道乾並不歡迎自己。由於雙方的衝突時斷時續，林鳳深感台灣不是久居之地。就在此時，首任西班牙駐菲律賓總督黎牙實比死於貧困，部下生活困窘的消息，肯定透過南洋華人傳到了林鳳耳中，他迅速制定了一個宏大的冒險計畫。

西元一五七四年十一月，林鳳率領兩千名步兵、兩千名水手、一千五百名婦女和兒童及大量牲畜和種子，分乘六十二艘戰艦，從台灣撲向呂宋島。罕見地攜帶大批婦女兒童同行，說明這位中國海盜頭目準備在南洋建立一個獨立的、可持續發展的王國。

當時，第二任西班牙駐菲律賓總督拉維薩雷斯似乎對北方的威脅已經有所察覺，在呂宋島北方小島伊祿古島上屯集重兵（其實還不到一百人）。林鳳首先攻擊伊祿古島，沒有打下來，但是抓到一名西班牙俘虜，供出首府馬尼拉的城牆尚未建成，目前防務空虛，林鳳便決定直撲馬尼拉。

日本人莊公自告奮勇，擔任林鳳的先鋒官，率領六百名火槍手和弓箭手在馬尼拉郊區登陸，並立即將毫無準備的西班牙軍隊司令戈伊特殺死在其農場。拉維薩雷斯總督這才清醒過來，急忙集合士兵和火砲在馬尼拉街道擊退了莊公的突擊隊。與此同時，林鳳的艦隊進入馬尼拉灣並殲滅了西班牙艦隊，但因逆風無法靠岸，次日才登陸並向馬尼拉主城區發動總攻，但伊祿古島等地的西班牙援軍也已趕到。

在莊公的指揮下，林鳳的軍隊幾乎攻入西班牙總督府，但是因為火力差距較大而損失慘重，並導致半個馬尼拉城都燃燒起火。

林鳳認為繼續進攻得不償失，婦孺又急需安置，於是決定撤到北方的玳瑁港，在那裡建立了南洋第一座華人城市，自稱國王，周圍的一些土著部落都來依附。這是一個錯誤的決定，拉維薩雷斯總督很快調集了幾百名西班牙人和幾千名土著，由將領薩爾希多指揮，將林鳳包圍在這座新城市。

正在西班牙軍隊圍攻林鳳海盜集團第四個月時，一群訪客突然不期而至。中國海盜能去的地方，明朝水師當然也能去。福建水師把總王望高率領兩艘戰艦抵達馬尼拉灣，偵察林鳳海盜集團的去向，經薩爾希多麾下的華人林必秀介紹，得以與拉維薩雷斯總督會面。

拉維薩雷斯總督承諾將殲滅林鳳海盜集團，並將所有海盜屍體和俘虜交給明朝，王望高則承諾將幫助西班牙人在中國大陸通商、傳教，並獲得封賞。

王望高成功將西班牙使團帶回了廈門，但在再次啟程前往呂宋島途中，得知林鳳在聽說明朝艦隊趕來的消息以後，連夜挖掘了一條運河，帶著一半部下突圍逃跑了，其餘海盜投降。拉維薩雷斯總督因此被免職。新任總督桑德與王望高發生爭吵，雙方不歡而散，但對西班牙討伐林鳳海盜集團的戰功，萬曆皇帝和張居正還是進行了表彰。

林鳳撤到台灣南部的魍港（今嘉義），又被高山族土著打得慘敗，後來繼續騷擾廣東、福建沿海地區，但勢力已遠不如前，後來不知所終。[13]

透過審訊被俘的林鳳部下，西班牙人得知，海盜的據點「東番（台灣）是一個周長三百三十四公里的大島，島上住著和菲律賓島民相似的土著」。

西元一五八四年，西班牙船隻首次駛抵台灣，認為這是以前葡萄牙水手曾經記載過的「福爾摩沙島」，意思是「美麗島」[14]。林鳳襲擊馬尼拉灣（按：西班牙人稱之為「紅海之戰」，因為戰死者的鮮血染紅了馬尼拉灣）後，西班牙人認識到，中國和日本的軍事實力比他們估計的更為強大，從此就放棄了征服東亞的計畫，滿足於在中國和日本貿易和傳教，並且不停地襲擊東南亞的葡萄牙殖民地。

西元一五九二年，西班牙駐菲律賓總督戈麥斯・達斯馬里納斯（按：Gomez Dasmarinas，明朝人稱他為「郎雷敝里系勝」）在遠征摩鹿加群島途中，被潘和五等數名華人水手砍死在船上，西班牙旗艦被劫走。

其兒子路易士．達斯馬里納斯（按：Luis Dasmarinas，明朝人稱他為「郎雷貓吝」）繼任菲律賓總督，誤以為兇手返回了中國，向明朝當局索要潘和五不獲，認為是明朝當局故意包庇兇犯，甚至可能借機佔領菲律賓，於是大規模驅逐華人作為報復，還在柬埔寨等南海沿岸地區襲擊中國商船，同時重用日本僑民以取代華僑。

事實證明，路易士．達斯馬里納斯因父親遇害而遷怒於整個華人社會的做法，是極不明智的。事實上，潘和五等兇手帶著船上的財物逃到安南（今越南），明朝官員主動對此案進行了調查和通緝。

與中方的合作態度相反的，日本人豐臣秀吉於西元一五九一年統一日本後野心膨脹，想要征服整個亞洲，除了籌備入侵朝鮮之外，還向琉球、台灣、呂宋等「南蠻」島嶼派出使節，指責他們「不庭之罪彌天」，要求各島主「匍匐膝行」來臣服自己。

如果不是豐臣秀吉的軍隊在朝鮮受挫，西班牙人極有可能被日軍逐出菲律賓群島。豐臣秀吉還因為討厭天主教傳教士，迫害了日本的西班牙僑民。這樣，西班牙的菲律賓殖民地在短短幾年內就與中國、日本同時交惡，外貿大幅縮水，導致菲律賓發生經濟危機，很多西班牙人返回墨西哥。十一年後，路易士．達斯馬里納斯也將死於華人之手，正應了「君子報仇，十年不晚」的中國古語。15

西元一六〇二年，愛錢如命的萬曆皇帝發現中國市場上出現了愈來愈多的西班牙白銀，聽信菲律賓華裔商人張嶷說辭，以為這是因為呂宋島上有巨型金銀礦，於是派官員到馬尼拉，建議雙方聯合開礦，進一步擴大白銀產能。當時正值西班牙陷入荷蘭獨立戰爭泥潭，無敵艦隊第五次遠征英國失敗的關鍵時期，西班牙人極為敏感，西班牙駐菲律賓總督佩德羅・布拉沃・德・庫尼亞（Pedro Bravode Acuna）懷疑，這是菲律賓華人與明朝政府裡應外合，襲取菲律賓群島的陰謀，嚴詞拒絕。

明朝使者剛離去，馬尼拉城就發生大火，隨即，有一群華人衝入退休總督路易士・佩雷斯・達斯馬里納斯的莊園，將他和城中的數百西班牙人斬殺，在馬尼拉街頭懸首示眾，史稱「生理暴動」。庫尼亞總督匆忙調集軍隊，逮捕當時的菲律賓華僑首領、泉州商人李旦，並聯合日本僑民和菲律賓土著攻擊華人。日本僑民表現得尤為兇殘，在西班牙當局下令停火之後仍然繼續屠殺華人，庫尼亞總督不得不調兵攻擊日本僑民，最終才結束殺戮。

在這場衝突中，前後約有兩萬五千名華人喪生，史稱「第一次菲律賓屠華事件」。萬曆皇帝得知事情的嚴重性後，將張嶷斬首送到馬尼拉，向西班牙謝罪，這才平息了事態。

菲律賓與明朝中國的貿易從此陷入停滯，儘管後來雙方政府努力修復關係，但直到明朝滅亡都沒有恢復西元一六〇二年之前的盛況。

在傳統史書上，歐洲殖民者似乎在東方殖民地為所欲為，掠走了大部分財富；然而，事實上，歐洲殖民者在東亞和東南亞的幾乎每一次行為，都少不了華人的參與。

有時，華人為歐洲殖民者提供必要物資和情報；有時，華人為歐洲殖民者駕駛船隻，衝鋒陷陣；更多的時候，華人受雇於歐洲殖民者，承包當地的種植園和礦山，開設商店和旅館，還經常充當「包稅員」，代表殖民當局向當地土著收稅。

結果，這些殖民地的財富大部分都落入了華人之手，並且大多被他們以白銀的形式帶回了中

西班牙無敵艦隊

西元一五八八年，將國力推向巔峰的西班牙國王腓力二世，展現他意欲摧毀英格蘭的企圖。當西班牙無敵艦隊揚帆啟航，摧枯拉朽的逆風正吹向英格蘭。

國大陸，再加上他們把從殖民者處購買的地瓜、玉米、辣椒、花生、馬鈴薯、南瓜、番茄、向日葵、煙草等高產美洲作物在家鄉推廣種植，導致明朝後期市場上流通的白銀和農業產量猛增，人口也在幾十年內翻了一倍。

縱覽南洋各島的歷史，不難發現，每當歐洲殖民者在某一島嶼站住腳以後，當地華人數量就會猛增，只要歐洲殖民者不主動屠殺或驅逐華人，這一趨勢就無法停止；而在歐洲人沒有進行殖民的島嶼，即便早已有華人出沒，華人的數量也都非常稀少。只有從國際貿易的角度思考，才能明白其中的奧秘。

作為被海洋包圍的孤立陸地，海島經濟最大的特點就是物資匱乏，雖然往往有一些絕無僅有的土特產，但數量總是不多而且當地人口稀少，對外界的購買力也有限。

針對海島經濟體，中國唯一可持續的貿易模式就是賠本賺吆喝的「貢賜貿易」。如果開展正常的市場貿易，這些海島上有限且難以再生的資源，很快就會被中國商人全部用船運走。

舉例來說，東南亞某座海島的主要特產是天堂鳥，而島上的天堂鳥總數只有一千隻，每年只能產卵三百顆，成功繁殖出兩百隻幼鳥，如果島民每年賣給中國商人十隻天堂鳥，就要每年至少為此殺死和捕捉二十隻天堂鳥，毀掉三十顆鳥蛋，並造成二十隻天堂鳥幼鳥餓死，用不了幾十年，天堂鳥就會在這座海島上滅絕。

當貿易額持續下降時，商業嗅覺敏感的華人「生理」自然就會離去。但是，當歐洲殖民者佔據這座海島時，它的商業價值就會發生質變：從一個微不足道的小經濟體，變成了中國與西方兩大經濟體的貿易中轉站。現在，這個島嶼的歐洲統治者可以向中國商人出售歐洲的工藝品和美洲的土特產，中國商人也可以在此向歐洲人出售絲綢、陶瓷、茶葉等中國商品。

從國際貿易的角度看，這些東南亞海島的歐洲殖民地做的事並不新鮮，海外華人對此十分適應，因為在東亞早有類似的先例。

比如長期實行海禁的明朝年間，琉球王國就敏銳地發現了這一商機，集舉國之力，把自己包裝成明朝「最為恭順的附庸國」，將這個並沒有多少土特產的群島，打造成中國、日本、東南亞和歐洲各國的貿易中轉站，利用「貢賜貿易」突破明朝海禁壁壘，將外國商品以「貢品」形式賣到中國，再將中國的「賞賜」拉回琉球賣給其他國家，從中大發橫財。

十六世紀，獨佔了明朝「朝貢」次數一半的琉球王國，甚至可能是世界上人均GDP最高的國家，因此大大啟發了來琉球做生意的各國海商。

隨著歐洲航海者東來，將東南亞各海島和半島佔為殖民地，並與華人密切交往，「琉球模式」遍地開花。

久而久之，歐洲殖民者清楚，沒有華人出沒的島嶼不適合停泊船隻、建立市場，因為華人有最強的購買力，給歐洲和美洲的商品出的

荷蘭東印度公司徽章

其標誌以V串聯O和C，成立近兩百年間，總共向海外出一千七百七十二艘船，約有一百萬人次的歐洲人搭乘四七八九航次的船班從荷蘭前往亞洲地區。平均每個海外據點有二萬五千名員工、一萬二千名船員。

價最高，並能賣給西方人最需要的絲綢、瓷器等東方商品；南洋華人也清楚，沒有歐洲殖民地的島嶼根本沒有國際商業價值，因為東南亞海島上的土特產從數量和品質上都達不到建立大規模外貿的要求。

既然雙方相互需要，於是一拍即合，開始在南洋密切合作，整個過程與當地土著沒什麼關係。每次歐洲殖民者與華人發生流血衝突後，雙方的有識之士都追悔莫及。

西元一六〇二年的「第一次菲律賓屠華事件」，就是這樣一次導致中國和西班牙兩敗俱傷的愚蠢衝突。

西元一六〇一年，明朝中國剛剛完成輝煌的「萬曆三大征」，進一步鞏固了自己的東亞和東北亞霸主地位。但到了一六〇四和一六〇六年，緬甸兩次大舉侵華，明軍居然不敢抵抗，半個雲南都被緬軍蹂躪，若非緬甸發生內戰，西南局勢不堪設想。

明軍不抵抗的主要原因無他，軍費匱乏。從西元一六〇二年起，中國經濟江河日下，無論怎麼改革都沒有起色。究其原因，明朝經濟是銀本位，但中國當時白銀產量較少，主要依賴日本和美洲白銀輸入。

西元一六〇一年，德川家康統一日本，建立德川幕府，逐漸限制外貿，日本乃至於全世界最大的銀礦石見銀山（大森銀山）在一六〇二年之後產量逐漸枯竭；同時，一六〇二年的「第一次菲律賓屠華事件」，又使美洲白銀透過菲律賓輸入中國的管道突然斷裂。

於是自西元一六〇二年之後，中國市場上的白銀由逐年增加轉為漸漸減少，陷入通貨緊縮，加上明朝政府不敢放棄銀本位，經濟只能每況愈下。

〈朱印船〉明代領有航海許可證的特許商船

朱印船為十七世紀前期日本江戶幕府時代，自政府得到海外貿易特許的船隻。之所以稱為朱印船，是因為這些船隻都有來自幕府簽發的「朱印狀」（海外渡航許可証）。朱印狀是一種類似許可證的證件，上面詳細記載貿易核可項目與核發日期等資料。

放眼明朝版圖，明末唯一的經濟亮點在東北：明朝中期由於人口爆炸，出現了「中醫熱」，以李時珍為代表的明朝中醫，將人參和鹿茸推上了中藥的神壇，造成這兩種藥材價格暴漲，而二者的主產地都在東北。

明朝處於「小冰河期」（與東南亞火山群頻繁活躍有關），氣溫比現代低，當時還沒有發明羽絨服，因此民眾對毛皮的需求量極大，毛皮價格暴漲，加上鄭和下西洋和倭寇戰爭需要建造大量船隻，華北、華東和華南的原始森林被砍伐殆盡，大象和犀牛等野生動物紛紛在中國境內絕跡，只有東北的原始森林保存較好，野獸眾多成為主要的毛皮產地。⑯

於是，東北的土著女真人就成為這些事變的主要受益者，很快富強了起來。還是在西元一六〇一年，打了十八年仗還沒有統一半數女真部落的建州酋長努爾哈赤，親自來到北京覲見萬曆皇帝，表現得極為恭順。但是沒過幾年，他就發現明朝大勢已去，於是自行其是。

與急速衰落的明帝國相比，腓力二世的西班牙也好不到哪裡去。吞併葡萄牙使西班牙的領土遍佈全球六大洲，成為真正的「日不落帝國」，但過度擴張的帝國內部隱患叢生，其中最大的危機，就是西元一五六八年爆發的荷蘭獨立戰爭。

起初，西班牙軍隊可以輕鬆鎮壓抵抗者，於西元一五八五年收復布魯塞爾。隨後，英法兩國與荷蘭結盟，西班牙開始遇到麻煩。腓力二世調集重兵攻擊法國，於一五九一年佔領巴黎，同時調集龐大的「無敵艦隊」入侵英國。

從西元一五八八年到一六〇一年，無敵艦隊五次入侵英國，全部失敗，雖然腓力二世及其繼承人一次又一次重建並改進無敵艦隊，西班牙軍隊也沒能登上不列顛島。在陸地上，戰爭進入慘烈的拉鋸戰階段，在一六〇一年至一六〇四年的奧斯坦德之圍中，西班牙投入了八萬軍隊，英荷聯軍也先後投入了五萬人，最後雙方倖存的將士都不到一萬人。

西元一六〇四年，西班牙被迫與英國停戰，一六〇九年與荷蘭停戰。從此，荷蘭迅速崛起為「海上馬車夫」，這個新教國家不受羅馬天主教廷的束縛，自由地在全球與西班牙和葡萄牙爭奪殖民地，從而宣告「教皇子午線」失效。

萬曆皇帝和腓力二世曾經分別是明朝和哈布斯堡王朝最為成功的君主，繼承並發展了極為成熟的經濟體和極為強悍的戰爭機器，在政治、軍事上取得傲人的成就。然而，西元一六〇二年的「第一次菲律賓屠華事件」，卻將明帝國和西班牙帝國拉入經濟危機的泥潭，從此屢戰屢敗。

可以肯定的是，如果腓力二世將無敵艦隊派到東亞來攻打明朝，兩個帝國一定會垮得更快、更慘。伴隨著明朝和哈布斯堡王朝的衰落，滿蒙聯盟與英荷聯盟迅速崛起。

西元一五七八年，以印度洋主宰自居的葡萄牙國王塞巴斯蒂昂一世，率軍渡過直布羅陀海峽，試圖一舉征服宿敵摩洛哥。然而，地中海的穆斯林比印度洋的穆斯林能征善戰。葡萄牙軍隊遭遇慘敗，塞巴斯蒂昂一世陣亡，沒有留下王位繼承人，西班牙乘機入侵，葡萄牙從此失去了對外擴張的能力。

對葡萄牙來說，更糟的是由於被西班牙脅迫加入對英戰爭，它最大的商船「上帝之母」號，於一五九二年被英國海軍俘虜，英國人在船上發現了葡萄牙航海家精心繪製的印度洋航海圖，並將其翻譯出來，與盟友荷蘭分享。幾乎在轉瞬之間，葡萄牙曾經看似無比強大的東方帝國就淪為了待宰羔羊。[17]

西元一五九九年，第一艘荷蘭遠洋帆船抵達爪哇海，荷蘭人隨即就在東印度群島上的安汶島

西元一六二六到一六四二年間的台灣島態勢

西元一六二六到一六四二年間，西班牙人與荷蘭人分據兩地，開始了統轄北部台灣的時代。

站住了腳跟。西元一六〇〇年，英國東印度公司（BEIC）成立；一六〇二年，荷蘭東印度公司（VOC）成立。作為「海上馬車夫」，新生的荷蘭聯省共和國很清楚如何有效地打擊自己的死敵西班牙。

很快，荷蘭與英國的艦隊就布滿了大西洋和印度洋，目的是完全奪取西班牙和葡萄牙的亞洲殖民地，從而摧毀兩國的經濟。在實力佔據絕對優勢的敵人面前，葡萄牙的東方殖民地一個接一個被攻佔。如果國力更強的西班牙能夠組織有效的抵抗，英荷聯盟在海外的擴張原本不會這麼快；但是，此時偏偏發生了「第一次菲律賓屠華事件」，導致西班牙的海外殖民地紛紛陷入經濟危機，無力抵抗咄咄逼人的英荷聯盟。

西元一六〇三年，荷蘭東印度公司的第一支遠洋艦隊在新加坡海岸洗劫了葡萄牙商船，隨即在爪哇島上建立了遠東根據地巴達維亞（今印尼首都雅加達）。如果不是後來英國東印度公司與荷蘭東印度公司在東南亞為了商業利益展開競爭，直至反目成仇，導致了一六二〇年的「安汶大屠殺」，西班牙與葡萄牙勢力可能會被全部趕出東南亞。

這一切，都源於西元一六〇一年時馬尼拉那幾位野心勃勃的華裔商人（或海盜）頭目，以及幾位過於固執和敏感的西班牙殖民官員。如果他們能夠大事化小，小事化了，或是在事後及時採取補救措施，從馬尼拉到廈門和廣州的這條當時地球上最重要的貿易航線就不會被切斷。一六〇四年，第一艘荷蘭商船抵達澎湖，向島上的明朝官員請求貿易。

萬曆皇帝朱批：「紅毛番無因忽來，狡偽叵測，著嚴行駁回。」西元一六二二年，荷蘭東印度公司派司令雷爾松率領十三艘蓋倫船和一千多人前往中國談判通商，計畫如果不能獲准，就進行掠奪以收回航行成本。

雷爾松談判不成以後突襲澳門，企圖消滅這裡的葡萄牙人，從而打開對華貿易的大門。儘管此時澳門最好的大砲都被孫承宗調到遼西，去抵禦後金去了（後來被袁崇煥安在寧遠城牆上），但因為葡萄牙守軍早有準備，登陸的荷蘭人遭到了慘敗。

惱怒的雷爾松於是大肆劫掠廣東、福建沿海，然後前往澎湖，在那裡建造城堡。明朝水師很快聞訊而至，以十倍兵力包圍了荷蘭人。

荷蘭人已經在澳門之戰中精銳盡失，不敢再戰。明朝水師憂慮荷蘭人「船堅砲利」會作困獸之鬥，也無意強攻。雙方對峙了好幾個月，不斷談判，都沒有達成一致。正在此時，「第一次菲律賓屠華事件」的當事人卻主動找上門來。

菲律賓華商兼海盜領袖、泉州商人李旦，在事發後被西班牙當局關押了幾年，本來可能處死，但他設法越獄並坐船一路跑到了日本。當時，日本德川幕府正在閉關鎖國，嚴格限制歐洲商船入境，但對中國商人並無限制。

李旦得以順利入境，定居在長崎平戶，逐漸重新建立起一支船隊，橫行於東海和南海，來往於中國大陸、澳門、台灣、琉球、越南各地。

西元一六〇九年，日軍入侵琉球；一六一五年，德川家康命令長崎駐軍大舉攻打台灣，因遇颱風潰退。在這些事件中，李旦的船隊可能都有參與。一六一七年起，德川幕府進一步限制外貿，商船必須獲得「異國渡海朱印狀」才能出海，故稱「朱印船」。由於當時日本缺乏建造大型商船的技術，所以大部分朱印船都是中國船，其中多半被李旦控制著。

西元一六二二年六月，荷蘭船隊攻打澳門，雖然被擊退，但澳門附近的中國海商頗為驚恐，澳門大商人黃程看到李旦的朱印船路過，便派外甥鄭芝龍（葡萄牙名尼古拉，商名鄭一官）隨李旦去越南做生意。

李旦見鄭芝龍聰明能幹，和自己又是老鄉還都是天主教徒，非常寵愛，收為義子（盛傳二人是同性戀關係，這在當時的福建海員中很常見）。西元一六二三年，李旦帶著鄭芝龍返回平戶，隨即介紹鄭芝龍迎娶平戶藩家臣之女，田川松。

從澳門前往日本途中，李旦和鄭芝龍得知荷蘭艦隊撤離澳門之後，已經轉往澎湖（李旦有可能長期跟隨荷蘭艦隊行動）。在日本逗留沒幾個月，李旦就帶著新婚不久的鄭芝龍渡海南下、前往澎湖，此時田川松已經懷孕，次年便在鄭芝龍不在家的情況下，生下長子田川福松，鄭芝龍得知後另給長子起漢名叫鄭森，即後來的「國姓爺」鄭成功（朱成功）。

抵達澎湖時，李旦看到荷蘭人已經被明朝水師包圍，雙方均無意作戰，但又無意退讓。李旦的朱印船隊到來，令雙方都頗為緊張，擔心李旦會加入敵對的一方來攻擊自己，因此都竭力拉攏。

李旦於是展現出自己的國際視野和人脈，探聽出明朝的底線為「紅毛……速離澎湖……歸海外別港以候，但不系我汛守之地，聽其擇便拋泊」，於是透過葡萄牙語通事（翻譯）鄭芝龍，極力建議荷蘭人前往台灣島。

經鄭芝龍的反復溝通，明荷雙方都對李旦的這一建議表示滿意，李旦於是化名顏思齊（大概是因為此時他的名聲太壞）（按：一說顏思齊是李旦的助手，然而二人事蹟過於一致），帶著雷爾松前往「東番大員」港停泊，從此開始了荷蘭對台灣島的殖民統治。

荷蘭東印度公司與李旦海盜集團佔領台灣西南部以後，有明確的分工：荷蘭人在大員（台南）建造城堡，彈壓高山族土著；李旦海盜集團在魍港建立基地，洗劫福建、廣東沿海。

這時因為李旦生病，鄭芝龍極受重視，很快就不再只擔任翻譯，而被提拔為海軍將領。荷蘭官員寫道：「經過雷爾松司令的批准，我們每天都期望能夠在這裡集中二、三十艘中國帆船，通事一官（鄭芝龍）被派往北方，去截擊並俘獲一些船隻。」

鄭芝龍襲擊的主要對象，是福建的中國商船，還幾次挫敗明朝水師。透過這些劫掠活動，鄭芝龍身邊很快雲集了一批海盜精英，包括李旦之子李國助、劉香、甘輝、洪旭、鍾斌、李魁奇、施大瑄（施琅之父）、郭懷一、何斌等人，加上鄭芝龍總共十八人，號稱「十八芝」。

期間，鄭芝龍還多次往返日本，田川松又生一子，即鄭成功的弟弟，田川七左衛門。

就在鄭芝龍借助荷蘭東印度公司台灣殖民地的海盜事業，開始興旺發達之際，他的上司李旦（顏思齊）卻在西元一六二五年秋季病死（按：如果李旦和顏思齊是兩個人，那他們就是在很短時間內相繼病死的。）鄭芝龍被海盜推舉為新的領導人，李旦之子李國助表示反對，擅自以首領身分在台灣收稅，遭到荷蘭東印度公司反對，於是帶領一些人返回日本，後來還在日本、荷蘭等國起訴鄭芝龍霸佔李旦遺產，「十八芝」因此分裂。

鄭芝龍以新任海盜首領的身分與荷蘭東印度公司簽署了新的合作協定，約定鄭芝龍船隊可以懸掛荷蘭東印度公司的船旗，所有利潤雙方平分。然而在與荷蘭東印度公司愉快正合作時，台灣海峽突然出現了一支敵對艦隊。

西班牙帝國畢竟是瘦死的駱駝比馬大，無法放任荷蘭在東南亞為所欲為，得知荷蘭聯手中國

荷蘭人向鄭成功投降

鄭荷之戰荷蘭降書是鄭成功攻臺之役結束後，鄭軍與荷蘭東印度公司投降意向文書往來。這項外交文書之往返本於侵略者立場，文書往返內容雖然敗方有顏面撤退、有尊嚴地向勝者爭取合理生存權益，而侵略方以勝者為王驅離敗者的作法，用各自表述條文，交換文書往來視為予以同意，達成遵守雙方佔領交接前的協定。這之中可以看到雙方在談判期間，注重撤離交接的過程，尊嚴名譽、資產負債清算、個人資產保護、換俘、互押人質、賠償細目、敗方基本生活權的保障等等都做了很清楚的規範，但卻無明確土地割讓範圍之內容。

海盜佔領台灣後忍無可忍，派出艦隊前往討伐。

西元一六二六年春季，兩軍在台灣近海對峙，西班牙人見荷蘭人與鄭芝龍海盜集團人多勢眾，於是決定避實就虛，轉而揚帆北上，佔領了雞籠，從此開始了對台灣島北部的殖民統治。西班牙艦隊剛走，鄭芝龍的部下許心素就投靠明朝，當上了廈門水師把總，並壟斷了中國和荷蘭的絲綢貿易，令鄭芝龍頗為眼紅。

西元一六二七年，一批在台灣定居的日本僑民看到，荷蘭與西班牙割據台灣南北兩端，與中國海盜和原住民形成四股勢力爭霸台灣島的格局，認為有機可乘，便勾結一個賣國求榮的高山族酋長，扮成「台灣使團」，到日本向德川幕府「獻土歸附」。沒想到德川幕府不肯發兵，這個偽使團被迫返回台灣，結果一登陸就被荷蘭人逮捕。

可是接下來發生了令人跌破眼鏡的事情：荷蘭東印度公司駐台灣總督納茨，由於大意竟在審訊這些偽使團成員時，被日本僑民領袖濱田彌兵衛劫持，史稱「濱田彌兵衛的逆襲」，「逆襲」一詞從此在日本走紅。

結果，荷蘭東印度公司被迫允許濱田彌兵衛一夥坐船去日本，還與他們互換人質，納茨總督也被罷免。經此事變，荷蘭在台灣的統治嚴重動搖，荷蘭軍隊隨即被高山族土著在麻豆溪戰役中打得慘敗。

從此，鄭芝龍深感不能吊死在荷蘭這一棵樹上，於是離開台灣前往福建，將在台灣南部佔有的土地等財富，都委託給荷蘭東印度公司臨時管理，這便是未來鄭成功「收復台灣」的理論依據。

西元一六二八年，鄭芝龍襲擊廈門，殺死老部下許心素並招納漳、泉災民數萬人，「人給銀三兩，三人給牛一頭」，去台灣開拓農田，令明朝政府十分棘手。

崇禎皇帝剛登基就招撫鄭芝龍，任命他為「海防遊擊將軍」。由於升官，鄭芝龍將妻子田川氏和長子鄭成功，從日本接到泉州家中居住。然而，「十八芝」中的劉香拒絕降明，返回台灣繼續與荷蘭人合作。

不久，另一位「十八芝」成員李魁奇叛變，襲擊了鄭芝龍，造成了巨大傷亡。西元一六三〇年，鄭芝龍聯合新任荷蘭駐台灣總督普特曼斯夾擊李魁奇，將其殺死，事後鄭芝龍與荷蘭東印度公司都受到明朝的表彰。

然而，雙方的蜜月沒有持續多久。

與西班牙、葡萄牙這些老牌的殖民國家相比，荷蘭嚴重缺乏海外殖民地，本國的人口和自然資源都很少。儘管商業經濟和手工業發達，荷蘭依然無法避免西班牙和葡萄牙面臨的困境，甚至更加嚴重：由於缺乏殖民地提供補給，抵達東方的荷蘭人往往精疲力竭、體弱多病；隨著殖民活動的發展，荷蘭逐漸無力提供荷蘭東印度公司需要的船隻，也無法提供足夠的人員，只能從中歐和北歐大量雇人。

很快地，荷蘭東印度公司派往東方的雇員就不再以荷蘭人為主，而是以德國人和斯堪的納維亞人為主了。結果，荷蘭東印度公司變成了一支多國部隊，雇員對荷蘭沒有國家認同感，都想著在殖民地儘快發一筆財就回家。軍隊素質參差不齊，軍紀渙散，缺乏配合意識，稱其為烏合之眾也不為過。

正是由於這些原因，荷蘭東印度公司在佔領爪哇島和台灣島等有限的幾處島嶼以後，很快就停止了在海外的擴張，這又導致公司收入減少，陷入惡性循環。

西元一六三三年，荷蘭東印度公司由於經濟壓力過大，決定用武力迫使明朝政府開放通商口岸，普特曼斯總督奉命與劉香一同進軍中國大陸。

七月，荷蘭艦隊襲擊了廈門港內的明朝水師，擊沉了幾十艘鄭芝龍新造的軍艦，明朝於是向荷蘭宣戰。鄭芝龍緊急備戰，除趕造軍艦以外，還特意把女兒嫁給澳門葡萄牙人，借機在澳門購買軍火，同時，在澳門收編了一批善於使火繩槍的黑人奴隸，因為他知道這些黑人奴隸曾經在一六二二年的葡荷澳門之戰中重創荷蘭軍隊，令荷蘭人聞風喪膽。從此，這批「烏鬼」就成為鄭芝龍、鄭成功父子的私人衛隊。（關於烏鬼形象，詳見本書 P57）

十月，以鄭芝龍為先鋒的明朝水師在金門附近的料羅灣用火攻擊敗了荷蘭艦隊，荷蘭東印度公司同意撤回全部要求，並停止與劉香的合作，鄭芝龍則承諾恢復戰前的貿易，但東海和南海的商船從此以後不得懸掛荷蘭船旗，「凡海舶不得鄭氏令旗者，不能來往，每舶例入三千金，歲入千萬計，以此富敵國」，荷蘭商人甚至稱鄭芝龍為「我們荷蘭人的父親」。

鄭芝龍因此很快成為世界首富，而普特曼斯總督只得返回台灣島，專心鎮壓高山族土著，並於西元一六四二年將西班牙殖民者趕出雞籠，獨霸了台灣島。與此同時，荷蘭東印度公司從葡萄牙人手中奪得麻六甲，為澳門之戰報了仇。於是，西班牙和葡萄牙與中國的海上貿易線路被荷蘭人掐斷。⑱

荷蘭東印度公司於西元一六四一年佔領麻六甲，一六四二年佔領台灣北部，對世界主要國家都造成了深遠影響。

十七世紀初，歐洲自荷蘭獨立之後的一連串小戰爭終於演變為各個國家紛紛加入的大戰，史稱「三十年戰爭」。戰爭初期，由西班牙領導的神聖羅馬帝國軍隊在陸地和海洋上佔有絕對優勢，一度包圍巴黎，並擊斃盟軍統帥、「北方雄獅」瑞典國王古斯塔夫二世。

但西元一六三八年後，形勢逐漸開始對西班牙不利，由於軍費枯竭，神聖羅馬帝國軍隊在陸地和海洋屢戰屢敗，大半個德國都被盟軍佔領。西班牙被迫求和，於一六四八年簽署了奠定近現代國際法的《威斯特伐利亞和約》，正式承認荷蘭與瑞士獨立，法國、瑞典與普魯士獲得了大片德國領土，荷蘭獲得了大片海外殖民地，神聖羅馬帝國遭到肢解，西班牙從此淪為二流國家，其屬國葡萄牙更是無力再在世界舞台上扮演重要角色。

英國國王查理一世雖然也曾參戰，但是時而加入神聖羅馬帝國一方，時而加入同盟國一方，結果都遭失敗，不得不早早退出戰爭，同時還與老盟友荷蘭逐漸交惡。

同時，由於查理一世派遣「庫爾滕集團」到中國要求通商的行動沒有成功，加之荷蘭東印度公司佔領了台灣和麻六甲，英國幾乎被排擠出東方貿易市場，只是由於蒙兀兒帝國的特殊優待，英國東印度公司才得以在印度沿海保留了幾個商站。英國國內經濟危機嚴重，民眾對查理一世日益不滿，最終引爆了英國資產階級革命。

由於西班牙、葡萄牙、日本停止了向中國輸入白銀和高產美洲作物，崇禎年間，明朝經濟完全崩潰，中國東南沿海的大批民眾不顧禁令逃往菲律賓謀生，總數達到三萬三千人之多，引起菲律賓當局的高度恐慌，於西元西元一六三九年發動了「第二次菲律賓屠華事件」，約一萬九千萬名華僑遇害，進一步摧毀了明朝和西班牙的經濟。[19]

隨著清軍入關和南明潰敗，東亞局勢發生劇變，鄭芝龍降清後，他的大部分部下都跟隨其長子鄭成功繼續抗清。但在南京城下戰敗以後，鄭成功集團在大陸的生存空間被日益壓縮。

由於軍費緊張，鄭成功不斷提高外貿稅率，甚至頻繁向台灣華人徵稅，聲稱這是當年鄭芝龍固有的權利，引起荷蘭東印度公司極大不滿。當時，台灣漢族的主要領袖是「十八芝」成員郭懷一與何斌。

西元一六五二年，郭懷一組織台灣漢族發動抗荷暴動，遭到血腥鎮壓，郭懷一被高山族土著射殺，三千多名漢人遇難。領導鎮壓的荷蘭駐台灣總督花碧，和曾經盛讚漢族是「福爾摩沙島上唯一釀蜜的蜂種，沒有他們，（荷蘭東印度）公司將無法在此生存」，但他指揮的屠殺使台灣經濟崩潰，也引來鄭成功的惡感，鄭成功一度命令台灣漢族全部返回福建，使得荷蘭東印度公司一整年顆粒無收。

荷蘭東印度公司被迫將花碧和革職查辦，而用瑞典人揆一取代。揆一派「十八芝」成員何斌去廈門與鄭成功反復談判，最後何斌瞞著揆一，承諾每年自費向鄭成功繳納「銀五千兩、箭杆十萬支、硫黃千擔」，鄭成功才解除禁航令，允許漢族前往台灣。

然而，日久天長，何斌再也無力支付自己許諾的巨額貢品，只好在他承包的外貿稅收裡上下其手，拆東牆補西牆，結果被荷蘭當局發現，懷疑他貪污。何斌發現自己即將被軟禁，便設法逃離台灣，到廈門去找已經對反清複明感到絕望的鄭成功，勸他佔領台灣。

鄭成功於是在西元一六六一年率領大軍渡過台灣海峽，本希望給荷蘭東印度公司保留一座城堡用於通商，或允許荷蘭人轉往澎湖，但遭到揆一總督拒絕，於是雙方交戰。荷蘭人雖然船堅砲利，但在兵力和將士素質上都遠不如鄭軍，抵抗八個月之後被迫投降。

很多人都以為鄭成功在生前就已經完全統治了台灣全島，但事實並不如此。鄭成功去世時，僅僅佔領了台灣島西部和南部地區，約全島面積的三分之一。鄭成功死後，荷蘭人捲土重來，佔領雞籠，鄭成功的繼承人鄭經多次派軍隊討伐，損失慘重也沒能取勝。

不過，鄭經在陸地上長期封鎖雞籠，阻止荷蘭人獲得台灣當時的主要產品——大米和鹿皮，並嚴禁華人進出雞籠，導致荷蘭東印度公司在台灣北部的統治無利可圖。

西元一六六八年，入不敷出的荷蘭人被迫放棄了雞籠這一沒有經濟價值的據點，炸毀城堡離去，鄭氏王朝終於成為台灣全島的主人。[20]

荷蘭東印度公司失去台灣，並不是因為揆一總督指揮不力，而是因為這個歐洲殖民政權沒有搞好與華人的關係。鎮壓郭懷一暴動以後，台灣經濟每年都出現赤字，長期缺乏經費導致荷蘭駐軍武備廢弛，士兵健康狀況惡化。

同樣，鄭成功父子佔領台灣以後，由於同荷蘭人的關係一直無法修復，與菲律賓西班牙政權也長期敵對，在大陸統治已經鞏固的清朝又厲行海禁，導致外貿長期萎靡，進而瓦解了鄭氏王朝的軍事力量。

雖然鄭經後來與英國東印度公司通商，但規模一直不大。三藩之亂期間，鄭經雖然一再受到邀請，卻始終無力派大軍西征，僅佔領了海峽西岸的幾座沿海城市。康熙皇帝平定三藩之亂後，派鄭成功舊部施琅攻打澎湖，鄭氏王朝主將劉國軒起初取勝，但因為部隊長期缺餉，多數士兵一個月沒吃過飽飯，而在接下來的戰鬥中慘敗。主力軍被殲滅的鄭氏王朝只得向清朝投降，清朝前期的禁海令也因此被解除，中國外貿很快就重新快速發展。

明末清初，一些東南地方割據政權為了更快斂財，將外貿收歸國有，於是出現了一些由王室直接委派的「王商」；其他向政府申請外貿特許經營權的民間商人被叫作「攬頭」，他們開的外貿企業以仲介公司（牙人）的性質註冊，因此叫作「牙行」。王商由於出身貴族世家，缺乏商業經驗和技巧，清朝初年又受到三藩之亂的打擊，很快就沒落了。

所以，清朝初年的外貿企業幾乎都是「牙行」。西元一六八六年廣東洋貨行成立時，由於外貿特許執照的門檻太高，商戶數量僅有幾家，卻仍然按照明朝末年牙行的傳統，被稱為「十三行」，後來數目不斷變化，多的時候有二、三十家，少的時候只有四家，但「十三行」的名稱因約成俗，始終未變，這就是清朝享譽世界的「廣東十三行」。

由於當時的西方語言不區分「廣東」和「廣州」，有些材料也稱之為「廣州十三行」，其實十三行全都建在廣州城外，其活動範圍不限於廣州附近，而是遍佈珠江三角，所以應該叫作「廣東十三行」。廣東十三行因為王商的沒落而興起，但很快又將遭到另一批商人的有力挑戰。

第三章

天子南庫：「皇商」的失敗與「公行」的興起

西元一六八六年，廣東十三行成立前後的世界局勢正在發生劇變。在南亞，蒙兀兒帝國的皇帝奧朗則布統治著地球上GDP最高的經濟體，但他已年華老去，多個子孫正為了爭奪皇位繼承權展開激烈的鬥爭，蒙兀兒帝國境內，不時爆發激烈的衝突。

此時，印度中南部的馬拉地人和西北部的阿富汗人看到有可乘之機，紛紛起兵造反，跨洋而來的歐洲人也開始小心翼翼地在印度海岸上建立殖民地。奧朗則布善待路易十四派來的法國使團，允許法國東印度公司在德干建立商行。但是奧朗則布拒絕了法國的對手英國，拒絕了來自英國咄咄逼人的貿易條約。

於是在西元一六八六年，英國東印度公司的總經理希爾德向蒙兀兒帝國宣戰，史稱「希爾德戰爭」。事實證明，英國東印度公司高估了自己，也低估了蒙兀兒帝國。戰爭之初，英國艦隊成功洗劫了印度沿海地區，但是很快就被印度陸軍趕到沼澤地裡，隨即又在海上慘敗給印度海軍大將辛蒂．葉爾孤白。

戰事一直持續到西元一六九〇年，被封鎖在孟買的英國人投降。希爾德總經理被迫派使者去朝覲奧朗則布皇帝，並向他下跪求饒，這才保住英國東印度公司在南亞僅有的、一點商業利益。

在中東，數百年來所向披靡的鄂圖曼土耳其大軍，則於西元一六八三年被奧地利、波蘭聯軍擊潰在維也納城下，隨即接連丟掉了匈牙利、克羅埃西亞和塞爾維亞，被迫放棄了征服波斯和非洲的計畫，集中力量防守巴爾幹半島。但是，鄂圖曼土耳其帝國的實力仍然強悍，在南亞和東南亞維持著很強的影響力。

蘇丹以全體穆斯林的哈里發之名，不斷支援這些地區的穆斯林政權，抵抗歐洲殖民者，同時還支持信仰印度教的馬拉地人，對抗信仰伊斯蘭教的蒙兀兒帝國。

馬拉地人從鄂圖曼土耳其帝國獲得大量歐洲生產的軍事裝備，和新式戰術支援，給蒙兀兒帝國造成了巨大的麻煩，歐洲殖民者在南亞和東南亞的擴張，因此舉步維艱。

在俄羅斯，彼得大帝於西元一六八九年登基，雷厲風行地推行西方化改革，並為打通出海口執行擴張政策，卻遭遇一位強悍的對手：瑞典國王查理十二世。

後者於西元一七〇〇年，對俄國和波蘭發動了「大北方戰爭」，裝備落後的俄軍節節敗退，直到一七〇九年才扭轉戰局。接下來，俄軍又擊退了瑞典和土耳其的聯合反撲，最終打通了波羅的海的出海口聖彼德堡，並遷都到這座全新的都市。

挑起「大北方戰爭」的瑞典戰神與俄國沙皇

查理十二世發起大北方戰爭，讓瑞典一舉奪得了波羅的海的霸權。

推動沙俄近代化的彼得大帝（大北方戰爭的始末與影響，請見本書P118-P116）

威廉三世
（荷蘭執政者親王）

太陽王〈路易十四〉

曾與康熙帝有過書信交流的法國太陽王。

在西歐，曾經的世界殖民霸主、「海上馬車夫」荷蘭，自西元一六六二年被鄭成功趕出台灣，緊接著又在一六六四年被英國趕出北美以後，便停止了擴張。（按：荷蘭殖民地「新阿姆斯特丹」，從此被英國人改名「紐約」（新約克），「華爾街」之名，就來自荷蘭人建造的新阿姆斯特丹城牆）

但透過西元一六八八年的「光榮革命」，荷蘭執政者威廉親王兼任成為英國國王，即威廉三世，荷蘭與英國於是實現和解，走上了經濟一體化之路。英國從此成為荷蘭的盟友及法國的敵人。王權被進一步削弱，大大提升了商人的地位。

西元一七〇一年爆發的「西班牙王位繼承戰爭」，對歐洲大部分地區造成了災難性的影響，主戰場西班牙、義大利和德國遭到的破壞尤為嚴重，結果卻沒有明顯的勝利者。

西班牙從此退出一流國家的行列，法國則失去了他們的「太陽王」路易十四，各國為支付浩繁的軍費大批發行債券和股票，養肥了猶太財團。

廣東十三行建立之初，面對如此複雜的國際局勢，生意勢必難做。蒙兀兒帝國與鄂圖曼土耳其帝國的衰落，使亞洲大部分商路都變得不再安全，歐洲客戶之間的常年戰爭，又使得市場需求萎靡，而且行情隨著戰局的發展，不時出現戲劇性的驟變，難以掌握。

但「危機」一詞表示「危險」和「機遇」。這個危機四伏的世界格局，也給廣東十三行提供了極為難得的發展機遇。在印度蒙兀兒帝國與鄂圖曼土耳其帝國相繼衰落，而歐洲各地又一片戰火綿延之時，清國進入了和平時期。

特別是西元一六九七年，準葛爾可汗葛爾丹兵敗自殺以後，清國大部分地區連續半個世紀沒有戰亂，民眾安居樂業。俗語說「和氣生財」，和平是財富之母，清國經過幾十年和平發展，G

DP總量開始超過印度、躍居世界首位，並在接下來的一百多年內，不斷擴大與世界其他地區的差距，後來竟獨佔全球GDP的三分之一，許多重要商品產量均居世界首位。

此時的大清是世界的貿易中心，令全球各經濟體馬首是瞻，使清朝的外貿商人在談判中處於一個非常有利的地位。上文說過，清朝前期除了東南沿海的廣州等通商口岸之外，還有一條與西方貿易的重要通道，也就是和俄羅斯進行陸上貿易的恰克圖。

作為東南沿海通商口岸的主要競爭者，恰克圖的貿易市場一度相當熱絡，俄國商人於此購買超過本國需求的大量東方商品，再轉手賣給土耳其、波蘭、瑞典等西方鄰國謀利。晉商也因此發家致富。

但彼得大帝登基以後推行西方化改革，對東方商品的需求大幅減少，緊接著大北方戰爭爆發，又使俄羅斯與瑞典、土耳其、波蘭等西方鄰國結為仇敵，再無生意可做，恰克圖的貿易市場也由此而衰敗。

西元一七二一年各方停戰，清政府在六年後與沙俄簽訂《恰克圖條約》，使北方陸路外貿逐漸恢復元氣。十八世紀初，由於中俄陸路外貿的衰落，加強了東南沿海通商口岸的重要性，而受益最大的正是廣東十三行。

康熙年間的詩人屈大均，曾經寫過一首《廣州竹枝詞》，詩中描繪：「洋船爭出是官商，十字門開向二洋，五絲八絲廣緞好，銀錢鋪滿十三行。❶」說明當時廣州外貿的繁榮局面。

在台灣鄭氏王朝覆滅、康熙皇帝結束海禁開關以後，清朝外貿很快就繁榮起來。彼時西方國家商船初次抵達廣州，得知兩廣總督、廣州將軍和廣東巡撫都有權頒發洋貨行許可證，由此產生了「總督商人」、「將軍商人」和「撫院商人」三種洋商（外貿商人）。再加上清初平南王尚可喜家族委任的王商，共有四種擁有政府官方外貿許可證的合法商人，統稱為「官商」。

這些官商不但資本較為雄厚，且在官場上又各有後台、長袖善舞，雖然一開始並不都熟悉外貿，但因為信用優良，資金和貨物都有保障，外國商人與他們做交易比較放心。❷結果，廣州的絕大部分進出口貿易，都被以十三行為代表的官商壟斷。廣東十三行創造的巨大獲利，當然逃不過紫禁城主人那雙貪婪的眼睛❸。西元一七〇一年左右，原本應當擔任裁判監督工作的粵海關，看到外貿實在太有利可圖，在頂頭上司內務府的指使下，也開始頒發自己的洋貨行許可證，並委派了幾名直接「通天」的皇商，凌駕於各派官商之上，意圖壟斷外貿。

根據筆者考據、推敲後，「皇商」這個詞彙其實最早是在《紅樓夢》第四回中出現過。書中透過薛蟠這個人物形容：

> 「這薛公子學名薛蟠……雖是皇商，一應經濟世事全然不知，不過賴祖父舊日的情分，戶部掛虛名，支領錢糧，其餘事體，自有夥計老家人等措辦。」

同一回，還提及薛蟠「現領內府帑銀行商」。根據書中的描述，可見皇商的正式頭銜是「內府帑銀行商」，名義上直屬戶部，實際上則由內務府差遣，其原始資本是來自向內務府申請的貸款「帑銀」，故稱「皇商」。

現實也的確是如此。清初出現在廣東等外貿港口的「皇商」，確實是由內務府派遣來的，因此獲得海關的特殊待遇。可見《紅樓夢》作者對清朝初年外貿情況之瞭解。

借助高層背景，皇商在廣東外貿市場上本來暢行無阻。但是他們要走自己的路，讓別人無路可走，這就引發了公憤。西元一七〇二年，來華從事貿易的外國商人突然發現廣州興起一個新怪物，名叫「皇商」。

「他付給朝廷四萬兩千兩白銀，獲得對歐洲人貿易的獨佔權。❹廈門的情況甚至比廣州還要糟，因為『太爺』（皇帝兒子派的商人）去年曾經到過此處，今年他到此處已幾天；此人從皇帝的兒子處，獲得承包對英國貿易的特權，他向城中商人索取百分之幾的費用，才允許他們和外國人貿易。」❺

不過，最壞的情況出現在寧波。因為「皇帝的次子（太子胤礽）從北京派他的商人來此，此人具有對英國貿易的特許權，並要求所有官員協助他；該商人到來後不久，四皇子（未來的雍正皇帝）所派、另一位具有同樣權利的商人，也抵達了。❻」

由於寧波有兩位皇儲委任的皇商競爭，市場活動完全無法正常開展。於是，英國東印度公司認定「廣州比廈門好，而以上兩處則比舟山好」❼、「雖然要經過許多勒索、高價、惱人的阻撓而產生的憤恨，大班卻一致表示寧願選擇廣州。❽」

在各個通商口岸，這類皇商被指定為唯一經紀人，所有外國人都必須透過他們購買茶和絲，也必須透過他們出售當時存在需求的少數外國產品。這只是在貿易方面採取的第一步管理方法，與費用卻是無關的。

這樣建立起來的壟斷是外商們反對的……[9]然而，像這種由皇商或官商壟斷某些貿易的制度，雖然令初次來華展開貿易的外國商人感到稀奇，但在中國卻久已有之。

早在周朝，政府就經常介入糧食、絲綢、魚、鹽、鐵等大宗商品的貿易，漢武帝更設置了鹽鐵丞，嚴禁百姓私鑄鐵器、煮鹽，「除故鹽、鐵家富者為吏，吏益多賈人矣」。[10]諸如此類被官府壟斷的商品，往往都是在經濟、國防安全特別重要的商品，除了鹽、鐵之外，其他像是馬匹、銅等產品，歷朝歷代也經常禁止百姓自行銷售。

譬如宋朝政府還壟斷了酒、堿、硝石、硫黃等商品；元朝開始，朝廷又壟斷茶葉等暢銷物。清朝初年，來華的外國商人主要購買的茶和絲，均屬清政府壟斷，而他們在華銷售的葡萄酒、鐘錶、玻璃、鼻煙等「洋貨」，也被列入官府壟斷商品名單，只許皇商或官商經營。

久而久之，中國的外銷產品因與進口商品走同一銷售管道，也被稱為「洋貨」，例如景德鎮的外銷瓷器就被一度稱為「洋瓷」。由於洋貨的品質要求嚴格，所以逐漸在民間成為高級商品的代名詞。

因此，即便同樣是官方特許的洋貨經營企業，「皇商」和「官商」之間的競爭也十分激烈。對皇商被指定為唯一經紀人，官商們極為不滿，西元一七〇二年，皇商首次開展壟斷業務時，廣州的官商「黎安官」就對英國「大班」（按：歐洲商船上主管貿易的主任經理，分大班、二班、三班等，後來「大班」逐漸演化成漢語裡的「老闆」，至今「大班」在粵語裡仍有富豪、高檔的意思）說：「此皇商過去是廣州的鹽商，因為透漏朝廷鹽稅曾被逐出省外，但並未沒收他的全部財產。」

他設法覲見皇太子，據說用了四萬兩千兩白銀，取得包攬廣州所有對歐洲貿易的特權，排除其他商人。如事先沒有取得允許，任何人都被禁止干預他，但皇帝是不知道這件事的。

這位皇商一無貨物、二無資金，三無貸款信用。他是海關監督的公開敵手，因為不能對他進行像對其他商人那樣的額外徵稅，他只按照皇帝定的稅率交關稅。⓫

西元一七〇二年，清朝皇太子是康熙皇帝的次子愛新覺羅．允礽，當時的內務府總管，是允礽乳母的丈夫凌普。早在西元一六九七年，就有人向康熙皇帝告發「太子暱比匪人，素行遂變。上還京師，錄太子左右用事者，置於法」。⓬看來允礽卻並未因此收斂，反而結黨營私、干預朝政，甚至瞞著康熙皇帝，指使內務府和粵海關設立「皇商」以謀私利。

令人吃驚的是多位皇子都參與其中，使東南沿海外貿陷入一片混亂。皇子們私設皇商的行為，破壞了國家的原有經濟秩序，也觸犯了兩廣總督、廣州將軍、廣東巡撫及其所屬的「總督商人」、「將軍商人」、「撫院商人」和「王商」等官商的根本權利，並使海關稅收減少，可謂四面樹敵。

外國來華商人對皇商壟斷外貿同樣不滿。

「因為他並不是廣州的大商家之一，非經過很多耽擱不能供應外商一宗貨物；同時，這也是那些被排斥於這一有利可圖的貿易之外的，其他廣州商人所反對的，並且官吏們如財政官和地方官，也一致反對，因為這種壟斷雖沒有損害到他們對於船舶的管轄，卻干犯他們對於產品貿易徵稅的完整權力。」⓭

總之，皇商在對外貿易中表現得很不稱職，遠遠遜色於對外貿易經驗豐富的官商，因此引起多方反感。

也許是察覺到了危險，幾位皇子（包括未來的雍正皇帝）很快都停止對皇商的支持，只有皇太子允礽和內務府總管凌普依然不收斂、不收手。但是在各方勢力的聯合抵制下，他們最終也妥協了。

西元一七〇三年，康熙派得寵的內務府官員孫文成出任粵海關監督。當時，孫文成正由於皇商制度遭到強烈抵制，導致「上季沒有船隻到來，經皇上考慮，准他延長任期三個月」。

在不利的外貿局勢下，孫文成的態度有所緩和。十三行商人和幾位外商乘機「往見海關監督」，明確地說皇商成功一定會損害他們和他本人，請求幫助他們去打敗他。

結果，「舊任海關監督（孫文成）不出一個月內，就要將他的官印交出。第一步，他把全體商人叫到面前坦率地斥責皇商，因為他沒有資金去供應船貨……由於妥善的應付和海關監督的幫助，雖然商人們被迫付給他一筆款項，但我們本季的貿易不致受到太大損害」。[14]

最終在各方的配合下，孫文成透過犧牲皇商的利益，趕在卸任前夕簽下了幾筆外貿大單，基本上完成了當年的關稅任務。儘管皇商在孫文成離職後兩天，立即向新任粵海關監督安泰告狀，但已經無力回天。

孫文成返回北京後，因為打壓皇商受到部分貴族的排擠，但他的工作畢竟令清朝政府受益，因此很快在同為包衣的好友，也就是江寧織造曹寅舉薦下，出任杭州織造。

康熙皇帝還特別在聖旨中指出：「三處織造，視同一體、須要和氣。若有一人行事不端，兩個人說他改過便罷；若不悛改，就會參他……[15]」從此，便有了江寧織造、蘇州織造、杭州織造並稱的「江南三織造」。

孫文成在擔任粵海關監督期間，差點因「皇商事件」造成外貿停滯，和巨大虧空，後來順應潮流處理皇商才挽回局面，與曹寅、李煦並列為「江南三織造」，又相互結成姻親，成為《紅樓夢》中四大家族的原型。

正因為這段歷史，曹雪芹才會對短暫的皇商制度如此熟悉，並安排反面人物薛蟠擔任皇商。決定歷史潮流的往往不是個人意志，而是自然規律。違背經濟規律的皇商制度，儘管有諸多清朝貴族大力支持，仍然回天乏力。

據英國東印度公司檔案記載：「兩年之後（西元一七〇四年），『皇商』發現他自己不得不允許其他商人分潤他的壟斷，但是他卻要求對每艘商船徵收一筆五千兩銀子的款額，作為這種讓步的代價，這筆款項自然是貿易上的一種負擔，並且是直接取償於外商的。」16

這對皇太子允礽無疑是沉重的經濟打擊。正所謂經濟基礎決定上層建築，他的政治地位也跟著急劇下降。西元一七〇八年，康熙皇帝詔令廢黜皇太子並將凌普革職、抄家並斥責兩人：

「允礽不法祖德、不遵朕訓，暴戾淫亂，朕包容二十年矣。乃其惡愈張、僇辱廷臣，專擅威權，鳩聚黨與，窺肆惡虐，伺朕躬起居動作。平郡王訥爾素、貝勒海善、公普奇遭其毆撻，大臣官員亦罹其毒……朕以其賦性奢侈，用凌普為內務府總管，以為允礽乳母之夫，便其徵索。凌普更為貪婪，包衣下人無不怨憾。17」

在這份冠冕堂皇的詔書中，康熙皇帝不打自招，承認自己明知皇太子秉性奢侈，還故意任命其乳母的丈夫（當時叫「奶公」，等於乾爹）、著名貪官凌普擔任內務府總管，藉此可以更容易盤剝勒索，並前後包容達二十年之久。可見這些貪官的總後台，正是康熙皇帝，反映出康熙對皇子們的縱容。

西元一七〇四年，被迫放棄外貿市場壟斷權後，本來就不擅長從事外貿的皇商受到沉重打擊，允礽和凌普在一七〇八年倒台，更令皇商一蹶不振。即便如此，康熙皇帝似乎還不準備徹底放棄對他和內務府有利的皇商制度。

西元一七一〇年，康熙任命內務府會計司員外郎、李士楨的二弟李國屏為粵海關監督，試圖找到一條皇商與官商並存的路線。然而，李士楨家族一直都是廣東十三行的積極支持者，李國屏也不例外。

由於他未能挽救皇商，一年後便被調離粵海關改任武英殿總監造。李國屏剛走，就在西元一七一五年，英國東印度公司大班和新任粵海關監督哈爾金，達成了外貿新約，第一條內容便是：「外國商人有與任何人做不受限制的貿易的自由。⑱」

從此，皇商黯然退出歷史舞台。康熙皇帝既然是皇商的大後台，皇商制度的失敗自然令他痛心疾首。在利潤豐厚的東南沿海外貿市場，有中央背景的皇商居然被以廣東十三行為代表的官商給徹底逼走！這對一直忌憚南方漢人的清朝政權來說，可不是什麼好消息。

報復隨之而來。就在西元一七一五年，英國東印度公司與粵海關達成外貿新約，皇商徹底退出外貿市場之際，廈門爆發「安妮號」武裝衝突，英國東印度公司被迫停止與福建、浙江口岸的貿易，將所有來華的商船都派往廣州。

兩年後，康熙皇帝下達《南洋禁航令》，只許外國人來華經商，卻不許中國商人出國經商，南洋華人必須回國，否則以叛亂分子論，不許再回中國。

顯而易見，康熙皇帝想透過這兩項行動，將「四口通商」改為「一口通商」，把外國商人全部限制在與鄭成功集團有仇、政治上對清朝可靠的廣東，進行貿易。

經過與鄭成功集團長達幾十年的戰爭，康熙皇帝一直對福建、浙江不放心，因此多次南巡，並派曹雪芹家族等親信長期偵探東南地區的社會消息。透過《南洋禁航令》，他掐斷了東南沿海居民出國的通道，同時，這也是他對官商排擠皇商的報復。

但是，康熙皇帝沒有想到在發佈《南洋禁航令》以後，中國的外貿卻比以往更加繁榮。西元一七一三年西班牙王位繼承戰爭結束，歐洲經濟開始復甦，廣州的外貿訂單隨之迅速增長，貿易量很快超過了以往「四口通商」的總和。

出於安全考慮，清朝政府禁止奇裝異服、文化多與中國傳統習俗抵觸的外國人進入廣州城。廣州洋貨行的行商們為了接待交易夥伴，於是選在廣州城南的珠江北岸，陸續建造了一批富麗堂皇的歐式多層建築。

從西到東分別是：丹麥館、西班牙館、法國館、美國館、寶順館、帝國館、舊英國館、混合館、新英國館、荷蘭館、小溪館，再加上夾在其中的章官行與瑞行，合稱「十三行夷館」。

顧名思義，從從館名可知各館是為招待不同國家的商人而建，也做了不同風格的裝修，但後來有些國家的經貿沒落，其館不免門可羅雀，其他國家的商人只好入住，導致居民與館名不符，最後這些館名形同虛設。

十三行夷館位於廣州城南的珠江北岸，南側有一片正對珠江的廣場，北側為十三行街，再北為公行會所。十三行夷館是中國最早的聯排別墅，定位是涉外賓館，產權屬於廣東十三行的行商，外國商人住在裡面需要繳納租金，每個貿易季度租金四百到一千兩白銀不等。[19]

十三行夷館剛蓋好時頗為轟動，是廣東民眾的日常談資，其繁盛的景象還有詩為證：「廣州城郭天下雄，島夷鱗次居其中。香珠銀錢堆滿市，火布羽緞哆哪絨。碧眼番官佔樓住，紅毛鬼子經年寓。濠畔街連西角樓，洋貨如山紛雜處。[20]」

確實十三行夷館這批歐式建築大有來頭，可以上溯到十二世紀，由德國城邦建立的商業聯合會「漢薩同盟」。「漢薩」一詞，在中世紀德語裡就是「會館」的意思。

百舸爭流的十三行夷館

「十三行」之名是沿襲明代的舊稱。十三行以同文行、廣利行、怡和行、義成行最為著名，其貿易對象包括外洋、本港和海南三部分內容，經營出海貿易的稱為海南行。

約莫在十三到十五世紀左右，漢薩同盟在歐洲各國建立了上百個商站，其中，以駐倫敦商站「鋼院」最為著名。隸屬漢薩同盟的商人們（見 P8 彩頁），擁有德國城邦政府的特許經營權，被稱為「merchant」，也被視為高級的官方批發商。後來，廣東人將這個詞翻譯成「馬佔」。

當時漢薩同盟的商站通常是三層樓房（上下兩層加一層閣樓），供商人辦公和居住，另外還附有院子和庫房，以便存放牲畜、車輛和貨物等等。各商站駐有商業代表，通常由聲譽良好的已婚商人擔任，婦女嚴禁進入商站，且晝夜都有武裝人員看守，以防匪徒襲擊。

如果將漢薩同盟的商站建築、內部規定，與十三行夷館建築、粵海關的「禁令」相比，會發現它們之間存在著高度的相似性。這肯定不是巧合。漢薩同盟活躍於中國明朝，即歐洲大航海時代的初期。當時，漢薩同盟的商站建築、內部規定都代表了歐洲商界的主流規範，自然而然被歐洲殖民者推廣到世界各地。

儘管如此，漢薩同盟並不是一個帝國主義性質的軍事強權。它的建築規章，都是在商業活動中千錘百鍊而成的，在當時的社會環境下很合理，也能夠有效地保障商業秩序，推動貿易發展。舉例來說，禁止婦女進入商站看似不夠人性，但在當時的社會環境下，一旦允許婦女進入商站，大部分商站都會很快變成妓院，令正派商人避之唯恐不及。同樣深受漢薩同盟影響的沙皇俄國（按：沙皇俄國是莫斯科大公伊凡三世，征服漢薩同盟在東歐的主要商業中心諾夫哥羅德以後，利用搶到的漢薩同盟巨額財富建立起來的），也一直嚴禁晉商攜帶女眷進入旅館。後來的研究者，看到清政府嚴禁婦女進入十三行夷館，往往覺得這是封建、落後的規定，殊不知這是源於漢薩同盟的國際慣例。

在中國歷史上，多次發生這種事情：中國人好不容易理解並接受了國際慣例，過了不久，國際慣例卻發生了翻天覆地的變化，令中國人十分被動。

自從葡萄牙人進入印度洋之後，東非、南亞、東南亞、東亞的很多沿海港口都建立起了類似漢薩同盟商站的建築群，以供越洋而來的歐洲人居住，其中，當數廣州城外的十三行夷館的規模最大，很可能是十三行商人仿效東南亞的歐洲殖民地商館建造的。

西元一七二〇年，十三行夷館剛剛建成，十三行商人卻收到了一個令他們深感恐懼的消息：「廈門的老安官確已從北京出來，並做了皇子的商人，帶有大量資金收購茶葉和瓷器！㉑」千夫所指、好不容易才消滅的皇商制度又要復活了！原來允礽和凌普倒台以後，康熙皇帝派當時自己最為寵愛、也最有希望成為皇儲的皇八子，愛新覺羅．允禩去抄凌普的家，滿以為可以大撈一筆。不料允禩與凌普也有舊交，抄家時馬馬虎虎，所獲財物數量有限。康熙皇帝大怒，下聖旨痛批允禩：

「凌普貪婪巨富，眾皆知之，所查未盡，如此欺罔，朕必斬爾等之首！八阿哥到處妄博虛名，人皆稱之。朕何為者？是又出一皇太子矣！如有一人稱道汝好，朕即斬之！」

從此允禩失寵。甚至皇十四子允禵出面為允禩辯護，都當場惹怒康熙皇帝，幾乎被殺。㉒眼看宮廷內鬥即將失控，康熙皇帝被迫再次立允礽為皇太子，但是不久後又將其廢黜囚禁。

於是，康熙皇帝的威信大跌，眾皇子紛紛拉幫結派。北京日益升級的權力鬥爭，深深地影響了整個中國官場，特別是直屬戶部和內務府的粵海關，以及受粵海關管轄的十三行。

在這個情況下，幾位大膽的皇子又盯上了外貿這塊大肥肉，準備派自己熟悉的商人，去中國沿海僅有的開放口岸廣東，壟斷當地外貿。

十三行商人所謂「廈門的老安官」，即上文提到過的黎安官。此人在清朝外貿中資格極老，僅次於廣州的王商洪順官等第一批外貿商人。早在西元一七〇一年，黎安官就曾在廈門賣給英國商船「會場」號、「坎特伯雷」號和「奧朗則布」號一批生絲、黃金、白銅、明礬和水銀，同時購入英國毛紡織品。

由於貿易量超出了預算，粵海關又不許雙方直接用銀錢交割（為了防止中國白銀外流），雙方都欠了對方的貨款，並寫了欠條。[23]為了解決關稅糾紛，黎安官專程從廈門前往寧波，試圖說服浙江政府重新開關。

在此期間，廈門的另一個商人田官獲得了皇商的許可證，並立即推動了一項令外國商人憤恨的改革。新皇商的第一件工作是將廈門的商人組成一起，由幾個人緊密合作：

「這個有害的方法是從來沒有採用過的，是由皇子指派的商人建立起來的，他把所有一切掌握在他的手裡……商人們經提督和海關監督認可後，只准八人或十人可以購買我們的貨物或出售中國貨，其他人等一律不准。這樣迫使商人沒有貿易的自由，對我們（英國東印度公司）非常不利，因為這一小群人可以強迫我們接受他們的價錢，而同時（已有很多例子）其他人願意付給我們更多，卻不能隨便來買，中國貨也是如此。[24]」

英國人原本因黎安官欠他們的貨款一年多沒還清，於流通往來的文件中稱其為「下賤的壞蛋」。碰到這種情況卻又不免感嘆：

「安官知道你會付出多少口岸費用，買你的船貨和賣給你中國貨，一個下午就可以解決，而現在卻需要花三個月或四個月的工夫。因為田官為了取得皇商資格耗費了鉅資，現在『缺少本錢做生意』，一方面，他覺得自己比其他商人的信用壞，另一方面公司有命令不許借出現款，於是他就想盡各種方法來騷擾英國人，威脅他們把錢借出來……[25]」

黎安官發現寧波和廈門的外貿環境都很惡劣，於是又轉往廣州，申請外貿執照，開辦了十三行中最早知名的「資元行」。開業後他改變經營策略，自己建造船隊，開到東南亞的歐洲殖民地去做生意。

不過事實上，黎安官並不是個膽大包天的獨行俠。據檔案紀載：「西元一六七四年之後，許多中國商人出現在巴達維亞（荷屬爪哇），用極其低廉的價格出售他們的商品，因此（荷蘭東印度）公司前往中國就變得多餘了。一七〇〇年前後，這一帆船貿易十分興盛……一七一〇年之後，歐洲市場上對於茶葉的需求量暴增……競爭對手在廣州買到高品質的茶葉，次等的才被運往巴達維亞……[26]」

可見，購置船隊去南洋做買賣的十三行商人，並不止黎安官一位。可是天有不測風雲，人有旦夕禍福。西元一七〇四年，一位叫漢密爾頓的英國船長，自稱在廣州受到黎安官的欺詐，為了報復，他在馬來西亞的柔佛海峽上，襲擊了一艘資元行的商船，並將船和貨都就地賣掉，獲得贓款六千銀圓。

黎安官因此遭受了一萬一千銀圓的巨額經濟損失，但他聯合其他幾位廣州商人，利用豐富的貿易經驗、商品資源和官場關係，軟硬兼施，迫使英國東印度公司賠償了損失。

英國東印度公司的大班感嘆：「黎安官和他的合夥人勢力強大，沒有他們就難以做任何買賣，結果他們就不像從前那樣謙卑。但是以中國人的標準而言，他們是極其守信的人；假如他們願意，他們可以使船隻不受海關監督。今年，他們勇敢地向那個叫『皇商』的新怪物進行攻擊……雖然商人被迫付給他一筆款項，但我們本季的貿易因此不致受到太大損害[27]。」

事實教育了以黎安官為代表的中國外貿商人，在擁有紫禁城背景的皇商和亦商亦盜、富可敵國的歐洲東印度公司面前，他們這些缺乏武力後盾、原始資本也十分有限的中國商人，不能相互拆台。只要團結一心，他們就既有辦法將擾亂秩序的皇商趕出市場，也有辦法迫使歐洲東印度公司遵守他們的規矩。

皇商田官雖然在廈門失敗了，但他興辦商會的改革措施卻啟發了黎安官。在黎安官多次去過的寧波，也存在類似的組織：「所有中國行會的組織力量，過去和現代都是很大的，而寧波的商業行會更是全國中最強的……英國貿易者處於不利地位[28]。」

其實，十八世紀初，亞洲的英國商人在各方面都處於不利地位。當時，是西班牙王位繼承戰爭時期，英國聯合荷蘭、普魯士和葡萄牙，進攻由西班牙領導的神聖羅馬帝國和法國，並佔領直布羅陀至今。

西元一七〇三年，第一次爪哇戰爭爆發，荷蘭東印度公司大大擴展了它在東南亞的勢力。為了阻止英國和荷蘭控制歐亞貿易，神聖羅馬帝國在其領土比利時，建立了奧斯坦德東印度公司，並派遣大量商船來亞洲。

這嚴重擾亂了亞洲的國際貿易秩序。恐慌的英國東印度公司董事會，於是命令在華商船搶購所有能找到的茶葉，甚至包括較劣等的貨色。

第一次爪哇戰爭和西班牙王位繼承戰爭期間，因為歐洲各國的這種相互競爭，廣東十三行的商人們大發橫財，但很快就因奧斯坦德東印度公司的資金鏈斷裂，陷入壞帳泥潭而導致多家行商破產㉙。

戰後，來華的外國商船迅速增加，看到外貿有利可圖而十三行官商衰落，許多不屬於十三行的「行外商人」紛紛違規，與外國商人開展貿易，因為法不責眾，令十三行損失了很多訂單。就在此時，黎安官於西元一七二〇年從北京返回廣州，在十三行公所向公眾宣佈不會再有皇商了，從今以後，廣東十三行要聯合起來，共同控制中國外貿。

他的提議廣受歡迎。當年耶誕節（十二月二十五日），乘著歐洲商人停業休假之際，以黎安官為首的十六家主要十三行行商（如前文所說，「十三行」並非固定的十三家外貿商行，實際家數往往高於十六）經兩廣總督楊宗仁、粵海關監督傅德批准，聚集在關帝廟前，宰雞歃血盟誓宣佈建立商會：廣州公行。

廣州公行的章程共有十三條，如今僅存英文本，內容大致如下：

1. 中國和外國商人全都食毛踐土，理應共同報答皇恩。
2. 為了劃清公私利益，現特制定此行規以便日後共同遵守。
3. 中國和外國商人相互平等。如果外國商人賤買貴賣，那麼中國商人勢必虧損，而且容易產生魚目混珠的弊端，因此，各行商必須與來廣州的外國商人在公行聚首，公開議定買賣貨物的價格，私自議價交易者應當受到懲罰。
4. 外省或外地商人來廣州與外國商人交易時，本公行應協助其定價，以求合理的利潤，私自議價交易者應當受到懲罰。
5. 貨物價格談妥之後，本公行商人必須保證貨物品質優良，倘若有以次充好、欺瞞外國商人者，應當受到懲罰。
6. 為防止走私，所有入港貿易的外國船隻都必須登記註冊，故意規避登記註冊或手續不清者應當受到懲罰。
7. 允許普通商家與外國商人直接交易扇子、漆器、刺繡、書畫等手工製品。
8. 允許普通商家與外國商人直接交易須專家鑑定的收藏級別瓷器。但無論交易盈虧，均需向本公行繳納交易額的百分之三十，作為手續費。
9. 綠茶必須從實登記淨重，違者應當受到懲罰。
10. 外國商船卸貨及簽訂裝貨合約時，均需繳納定金，裝貨後再繳齊餘款，違者應當受到懲罰。
11. 外國商人指名要求與某位當地行商交易時，只允許該行商購買該外國商船的一半貨物，其餘一半要由本公行商人共同分攤購買，違者應當受到懲罰。

12. 行商中對公行承擔責任最重、繳納會費最多的頭等行，可以在外貿中佔一股，次一等的二等行可以佔半股，規模較小的三等行佔四分之一股。

13. 創始會員中，頭等行共五家，二等行共五家，三等行共六家，日後有申請加入本公行者，應當繳納會費紋銀一千兩，才可以註冊為三等行[30]。

縱觀廣州公行的章程，與此前清朝官府頒佈的洋貨行制度相去甚遠，很多內容卻跟漢薩同盟的規章相似。參考之前的中國外貿史，可以推斷廣州公行章程，源於皇商田官在廈門組織的外貿商會章程，而廈門外貿商會章程，又參考了寧波外貿商會章程。

也就是說，廣州公行章程很可能是明末清初的中國東南沿海商人，在與來華的歐洲商人交流過程中，不斷修改的結果，因此，既包含了寧波等地中國商會的「土規矩」，也包含了漢薩同盟等歐洲中世紀商業組織的「洋規矩」。

廣州公行章程顯示十三行商人極重視信譽，決心杜絕外貿中的欺詐現象，而且，希望交易流程盡可能透明化和公平化。他們有清晰的股份制意識，也將公有財產和私有財產分得很清楚。

他們希望壟斷大部分重要商品，但並不壟斷所有對外貿易，而且很在乎自己「莊家」的地位（這可能是從短命的皇商借鑑來的），願意消除相互競爭，並渴望控制主要外貿商品的定價權。

不過，無論制定章程的本意有多好，執行起來卻往往是另外一回事。廣東十三行打算通過公行成為外貿規則的制定者，卻沒掌握相應的政治資源，無形中，把自己置於同當年皇商一樣四面樹敵的困境。

畢竟，當生意做大到一定程度以後，就很難與政治脫離關係。表面上看，公行這個商會組織的成立，有助於加強外貿商人在與政府官員談判時的地位。實際上，政府官員利用自己掌握的政治、法律和軍事資源，依然在與商人的博弈中佔據絕對優勢，雙方根本不能展開平等對話。除非商人願意捐錢買個紅頂子，進入官員集團，而十三行商人大都確實是這樣做的。就這樣，公行在建立以後，幾乎立即就變成了一種廣州當局的「編外衙門」，反過來幫政府官員壓制行外商人。

在公行建立次年（西元一七二一年）來廣州貿易的外國商人發現，被排斥於公行之外的商人，對新成立的公行怨聲載道，宣稱公行的後台是粵海關監督和廣州將軍，現在他們賣瓷器給外國商人需向公行繳納交易額的百分之二十，賣茶葉更需要繳納交易額的百分之四十，導致貿易無利可圖，甚至虧損。

以「金少」為首的這些外行商人，慫恿外國商人與他們聯名，向兩廣總督石琳抗議，最終，廣州當局批准「金少」等二位外行商人首領加入公行，用分化瓦解之計結束了這場風波。

看來，這些公行的反對者不滿的並不是壟斷的特權本身，而是自己無法分享這種壟斷特權的不利處境[31]。

總之，廣州公行成立以後承受著國內外的許多壓力。英國東印度公司大班，「曾經提出抗議並且拒絕進行貿易，直到總督允許廢除這種壟斷為止。結果它是被廢除了，但不久又恢復原狀」[32]。

英國東印度公司並不吝惜對其合作者的嘉獎。破壞公行、獲准加入十三行的「金少」，在西元一七一六年只能偷偷賣給外國商人一點瓷器[33]，卻在公行解散後的一七二一至一七二二年貿易季度，以「廣順行」老闆「陳壽官」的身分，包攬了全部中英貿易，總額高達七十多萬兩白銀。

英國東印度公司大班，在日誌中得意揚揚地說：「我們只和壽官簽訂合約。而且有充分理由，使大清官員對於他們壟斷茶葉及售給歐洲人其他貨物的後果感到恐慌。總之，我們獲得出乎意料的成功[34]。」

得意的英國東印度公司當時未必知道，自己的計策之所以暢行無阻，是因為中國政壇發生了巨變。西元一七二二年，康熙皇帝駕崩，原本並不被人看好的皇四子愛新覺羅・胤禛，繼承了清朝皇位（即雍正皇帝）。失敗的皇位競爭者允禩，被改名為侮辱性的「阿其那」，在歷經幾個月的囚禁後神秘死去，與其過從甚密的官員也相繼遭到牽連。

再加上雍正皇帝本人曾支持「皇商」制度，因此，反對皇商制度的李士禎家族，必然要為此付出代價。果然次年正月，雍正皇帝便急不可耐地將時任蘇州織造的李煦革職抄家；四年後（西元一七二七年），時任江寧織造的曹頫，也遭遇了同樣的命運，其兒子曹雪芹等家人被押解到北京。

曹雪芹在《紅樓夢》中多次提及外貿甚至還提及薛蟠擔任皇商，說明他很清楚「江南三織造」家族的財富，有相當部分來自外貿。康熙晚年，這場圍繞東南沿海地區外貿進行的經濟鬥爭，對曹家的命運造成了直接影響。

所謂一朝天子一朝臣，皇位的變更導致各地方官員人心惶惶，紛紛把主要精力放在如何巴結新皇帝上，管理能力下降，無法再有效支持廣州公行，反公行的勢力得以為所欲為。

結果十分驚人。西元一七二三年年初，廣東十三行「差不多全部商人破產，可以簽訂合約的不超過兩人或三人」。由於對廣州外貿市場失去信心，陳壽官（金少）回到家鄉廈門，造了一所大夷館請英國東印度公司來廈門貿易，但遭到拒絕[35]。

西元一七二四年，「除壽官外，所有商人都欠了亞美尼亞人（客居印度西部的西亞商人，專長放高利貸）很多債，都是不能信賴並與之訂約的[36]」。

黎安官、林官等老一輩十三行商人從此退出外貿舞台，取而代之的，是陳壽官及其合作人譚康官等一批新商人。有趣的是，陳壽官和黎安官一樣來自福建，只有譚康官來自廣東順德。

從此，福建籍商人長期當起廣東外貿市場的領頭羊。這是為什麼呢？

與明末清初主要來自安徽、江蘇和浙江等地的老一代官商不同，新一代洋商的祖籍多為福建，這是有原因的。明朝主要的出口商品是絲綢，其次則為瓷器和金屬（主要是水銀和銅）。嘉靖年間來華的歐洲傳教士，注意到中國人有飲茶的風俗，而在此之前，用開水泡茶在中國並不普遍，以至於宋元時期來華的馬可．波羅等西方人都對此一無所知。

清朝初年，歐洲逐漸興起飲茶之風，西元一六六二年，葡萄牙凱薩琳公主嫁給英國國王查理二世，將她對茶葉的嗜好帶入英國。

但是查理二世生性保守，於西元一六七五和一六七六年兩度下旨，取締咖啡館和茶館，結果受到公眾抵制而失敗。自此之後，飲茶在英國變得更為流行，但因為英國東印度公司壟斷茶葉銷售管道，政府又收取高昂的茶稅，因此，普通英國家庭是消費不起茶葉的。直到英國取得西班牙王位繼承戰爭的勝利之後，國內經濟繁榮，茶葉才開始普及[37]。

西元一七〇三年，由於生絲和銅的價格被英國東印度公司「認為高得厲害」，決定「主要裝載茶葉和瓷器往英國」，茶葉首次在大宗貿易中得到重視。[38]一七〇五年年初，離開廣州的「肯特」號，採購了價值十二萬七千兩白銀的中國商品，其中包括價值八萬兩白銀的絲綢、兩萬三千兩白銀的水銀和銅、一萬四千兩白銀的茶葉和三千五百兩白銀的瓷器[39]。

到了西元一七一五年，情況就變成了「茶葉和生絲各半」，而且出現了很多公司職員私自採購「大量茶葉帶回本國」銷售的違規事件，可見茶葉已成為最受英國市場青睞的中國商品[40]。

到了西元一七一八年，「茶葉已經開始替代絲成為貿易中的主要貨品，但茶葉是由安徽、江西及湖南等省運來的，所以要訂長期的特別合約」[41]。

由安徽、江西及湖南等省運來的茶葉當然是綠茶，但是綠茶價格昂貴，又容易在漫長的航海運輸過程中受潮黴變，是高成本、高風險的商品。不久，歐洲商人得知，中國還有一種發酵茶「紅茶」，以及另一種半發酵的「烏龍茶」，與未經發酵的綠茶相比，它們不易黴變，而且價格便宜。

西元一七二二年抵達中國的英國商船「艾美利亞號」和「賴爾號」，就向陳壽官採購了兩千擔綠茶（兩百五十擔白毫茶、兩百五十擔瓜片茶和一千五百擔松蘿茶）、兩千擔紅茶（武夷茶）和五百擔烏龍茶；同行的「沃比爾」號則完全沒買綠茶，只收購了一千擔紅茶[42]。

經過各國東印度公司的大力宣傳，紅茶逐漸得到了歐洲消費者的認可。到了西元一七五〇年，紅茶在中英貿易中的地位已經不可動搖，超過綠茶和絲綢，成為第一大宗商品。安徽、江蘇和浙江作為綠茶和絲綢的主產地，外貿市場上的重要性自然會下降，紅茶和烏龍茶的主產地福建則明顯提升。

福建商人擁有紅茶的整個上下游產業鏈，可以向歐洲商人及時提供最受西方市場歡迎、價格也合理的產品，於是順理成章，將來自長江下游的老一代官商淘汰出市場。

十八世紀初，茶葉成為國際貿易的第一大宗商品，創造了高利潤，同時還意外地製造了另一個財富神話。要想在海上運輸茶葉，最重要的莫過於防潮，而當時歐洲人發現，錫紙既輕便又柔軟還防潮，最適合用來當茶葉的內包裝。

現代的錫紙，大部分是用鋁箔貼在紙上製成的，但十八世紀的錫紙，確實是純粹的錫箔，而世界上最大的錫礦就位於「海上絲綢之路」的地理中心：馬來半島。

當時，馬來半島的南部沿海地區，已經被荷蘭東印度公司從葡萄牙人手中奪取，錫礦所在的馬來半島中北部，則被柔佛、彭亨等幾個馬來人的蘇丹國佔有。因為茶葉貿易興旺，錫紙貿易也一同興旺起來，這些擁有大錫礦的馬來蘇丹國，得以用錫交換英國東印度公司的大量先進軍火，使荷蘭東印度公司不敢再向馬來半島內陸肆意擴張。

於是，在小小的馬來半島，馬來蘇丹國、荷蘭東印度公司、英國東印度公司形成三足鼎立之勢，相互制約，誰都難以打破這種平衡，從而保證了「海上絲綢之路」的百年暢通。

馬來華人在這三股勢力中縱橫捭闔充當黏合劑的角色，同時，也承包了大量生意。如今，很多馬來西亞華僑富商，都可以將本家族的發跡史追溯到那個年代，而這其實都要感謝廣東十三行主導的國際茶葉貿易。

西班牙王位繼承戰爭和大北方戰爭結束以後，中國的外貿規模歷經幾度沉浮，發展得愈來愈大，帶動了愈來愈多的人加入，其中既有巧立名目索取灰色收入的官吏，也有來自新奇國度的異域商人。

第四章

控股公司：潘振承的外交思路與奇幻漂流

西元一七四五年九月十二日，瑞典西南部大港哥德堡的碼頭上人頭鑽動，眾多官員、商人、搬運工和船員家屬，都急切地等著以這座港口命名的商船靠岸，給他們帶來遠東的巨額財富。

他們已經等了太久，「哥德堡號」在西元一七四三年三月十四日就從哥德堡港出航，本來計畫在次年夏天回到瑞典，沒想到當年十月，在越南海域遭遇反常的強烈東北風，儘管那時的帆船有能力在逆風中航行一段距離，畢竟還不能像後來的蒸汽或燃油動力輪船一樣，完全顧及風向的影響。

結果，「哥德堡」號無法抵達近在咫尺的廣州，反而被刮到南方的爪哇，多名瑞典船員因為不習慣爪哇的悶熱天氣而喪生。直到次年夏季，「哥德堡」號才揚帆抵達廣州。

儘管比預定時間延遲了一年多，「哥德堡」號還是滿載了從廣東十三行購買的中國產品，回到了瑞典。西元一七四五年九月十二日，哥德堡碼頭上的民眾，已經望見這艘排水量一千兩百五十噸的大帆船，出現在一千公尺外的海面上，甚至還能透過海霧，模模糊糊地看到船頭上的船員們正激動地向他們招手。

突然，船停住了！爾後開始側翻並下沉。樂極生悲，「哥德堡」號在大洋上航行過幾十萬公尺後，竟然在距母港一千公尺外觸礁、沉沒了。碼頭上的民眾連忙登上各自的小船前去搶救，由於水很淺，船員都安然無恙，可船上的貨物卻大多被海水泡濕，或是在沉船的過程中被壓碎了。

最終，僅有三十噸茶葉、八十匹絲綢和幾箱部分完整的瓷器，被打撈出來，只佔全船貨物的三分之一左右。

但船東卻驚喜地發現僅出售這三分之一商品的所得，就足以彌補此次倒楣至極的航行全部成本，而且還盈利百分之十四！與廣東十三行的貿易，就是這樣有利可圖。

想要瞭解「哥德堡」號傳奇背後的歷史真相，我們還要回溯到西元一七〇〇到一七二一年的大北方戰爭。在這場戰爭爆發之前，俄羅斯透過恰克圖進口中國的茶葉、絲綢、瓷器等商品，再轉手將其中大部分賣給瑞典等歐洲鄰國，從中賺取巨額差價。為此，瑞典也成立了「瑞典東方公司」，與俄羅斯、波蘭和土耳其等國家展開貿易。

由於大北方戰爭的爆發，俄羅斯自西元一七〇〇年開始停止向瑞典出口商品，瑞典不得不以更高的價格，從英國、荷蘭等國進口中國商品，又試圖通過挪威、土耳其等國打開新的東方航道，但均未成功。

久而久之，高昂的東方商品物價令瑞典國民不堪重負、怨聲載道。瑞典國王查理十二世號稱軍事天才，即使遠征莫斯科失利，在波爾塔瓦決戰中慘敗給俄國沙皇彼得大帝，仍然拒絕和談，繼續他的征伐政策。❶

查理十二世的妹夫腓特烈，是個陰險的德國貴族。他

野心勃勃的烏爾莉卡女王

她透過外交渠道與瑞典的老對手英格蘭結成同盟，幫助丈夫腓特烈一世繼任為瑞典國王，並讓俄國藉《尼斯塔德條約》得到了波羅的海的出口。（事蹟詳見本書 P142）

看到瑞典民眾對查理十二世的不滿情緒，便在征戰挪威期間從背後開槍、射殺了查理十二世，擁立自己的妻子、查理十二世的妹妹烏爾莉卡為瑞典女王，一年後又說服妻子讓位給自己，就此篡奪了瑞典王位。

腓特烈即位之後為了鞏固自己並不牢固的統治，連忙向彼得大帝求和，以割讓大片瑞典領土給俄國為代價，結束了大北方戰爭。雖然極力要掩飾自己賣國求榮的罪惡，腓特烈大力發展經濟，但是俄國對瑞典仍然極不信任，拒絕與其通商。

一開始，查理十二世生前曾經考慮透過北冰洋到中國和日本通商，但是由於北冰洋長年冰封，這一計畫僅在地圖上可行。其後，查理十二世還曾經試圖收編一支印度洋海盜，但是在他遇刺以後，雙方就停止了合作，使瑞典在國際貿易中更加孤立。

就在此時，一名原英國東印度公司職員、曾經在廣州與十三行做過買賣的蘇格蘭商人坎貝爾，主動找上門來，並提出一個從倫敦股市融資，幫助瑞典開闢海上對華貿易的方案。

原來，自從英國資產階級革命以來，英國東印度公司長期壟斷英國與亞洲的全部貿易，令許多英國東印度公司之外的英國商人、特別是蘇格蘭商人極為不滿。然而，英國東印度公司實際上控制著英國政府，這些英國的自由商人無奈中只得將目光轉向外國政府，試圖「曲線發財」，組成一家由他們參股的外國東印度公司來展開利潤豐厚的對華貿易。

自古以「北歐海盜」聞名的瑞典造船業發達，具備展開遠洋航運的條件，又深陷經濟危機，所以就成了他們的潛在客戶。西元一七二〇到一七二三年，主營拉美外貿的「南海公司」發生危機，導致了人類歷史上的第一次大股災：「南海泡沫」破裂，一七二七年神聖羅馬帝國又停止了奧斯坦德公司的業務，使坎貝爾等外貿商人背上了巨額債務，被迫緊急尋找新的發財途徑。

瑞典沒有海外殖民地，對大英帝國構不成威脅，因此英國政府對本國自由商人與瑞典的合作，睜一隻眼閉一隻眼。雙方一拍即合，西元一七三一年年初，瑞典議會批准將一直沒有開展業務的瑞典東方公司，重新改組為「瑞典東印度公司（SOIC）」，由與腓特烈一世關係密切的德裔商人科尼希，擔任法人代表，坎貝爾和一名法國葡萄酒商人參股，授權該公司建造遠洋船隊，去遙遠的東方與廣東十三行展開貿易。

很多瑞典人擔心，在沒有海外殖民地和東方貿易經驗的情況下，投入鉅資建立東印度公司，會導致瑞典國有財產流失。為了安撫民眾的情緒，腓特烈一世命令公司的這三位外籍董事，都加入瑞典國籍，而且為了鼓勵外國人購買瑞典東印度公司股票，還立法規定，任何購買瑞典東印度公司股票的人，均可加入瑞典國籍。

與葡萄牙、西班牙、荷蘭等在中國捷足先登的老牌遠洋貿易強國相比，瑞典森林和鐵礦資源豐富，造船業也算發達，但嚴重缺乏具備遠航亞洲經驗的商人和水手，這些職務於是都被坎貝爾等英國商人承包下來，腓特烈國王還封坎貝爾為爵士兼瑞典駐華大使。

西元一七三一年六月十四日，第一艘瑞典東印度公司自主設計並建造的遠洋商船，在瑞典西南部大港哥德堡下水，順理成章被命名為「瑞典國王：瑞典東印度公司的創始人科林．坎貝爾腓特烈」號，由坎貝爾擔任大班，他的英國同胞格雷厄姆擔任二班，莫福德擔任三班。

在瑞典政府看來，這艘排水量五百噸的大帆船，承載著國家經濟復甦的神聖使命。特別有趣的是為了隱匿主要來自英國的、自由商人投資者身分，使他們不致暴露身分而遭到英國東印度公司的報復，瑞典東印度公司在每次航行後，都要公開焚毀帳冊。[2]

「瑞典國王腓特烈號」，於西元一七三二年二月離開哥德堡，首先航行到西班牙港口加的斯，賣了船上的木材和金屬，換得廣東市場上的硬通貨，西班牙銀圓，再經過半年的航行，八月乘著西南季風抵達珠江口。廣東人看到瑞典國旗以藍色為主，就稱瑞典為「藍旗國」。令廣東十三行商人吃驚的是，國是新的國，船是新的船，可是船上的商人卻盡是老相識。

起初，瑞典東印度公司曾經僱過幾艘外國商船去東方貿易，但都在途中被荷蘭、法國等國艦隊抓獲。這一次，詭計多端的坎貝爾為了安全起見，一進入印度洋，就在船上掛起英國東印度公司船旗，偽裝成英國東印度公司的商船，並且只僱傭有在各國東印度公司工作經驗的員工，這才躲過各國艦隊的層層攔截。等進入南海以後，再改掛瑞典東印度公司船旗。[3]

只是這個為了繞開英國東印度公司對華貿易壟斷，而臨時拼湊的草台班子內部並不團結，大班坎貝爾和二班格雷厄姆、三班莫福德之間矛盾重重，他們分別和自己偏好的行商談生意，結果深深陷入了廣東十三行的內訌中。

原來，廣州公行解散之後，廣順行老闆陳壽官及其合夥人譚康官，受到英國東印度公司青睞，成為十三行中最有實力的商人。但人怕出名豬怕壯，這些富起來的商人，被清政府要求承擔更多的義務。

因此，粵海關在十三行商人中選出六名資產最多的擔任總商，作為十三行的代表向政府負責，陳壽官和譚康官都名列其中。西元一七二八到一七二九年，粵海關強行推出百分之十的外貿附加稅（即「加一徵收」），譚康官當眾表示抗議，結果惹怒官員、被捕入獄。

譚康官出獄後不久，外國商人聽說要繳納百分之十的外貿附加稅，群情激憤，竟有十一位外商持劍衝入總督衙門，向兩廣總督兼粵海關監督孔毓珣請願。見外商不好說話，孔毓珣和廣東巡撫楊文乾於是轉而向行商收取這筆費用，導致茶葉價格大幅上漲。同時，粵海關又要求總商重組公行，導致中外關係進一步惡化。❹

次年，陳壽官的老對頭（孚德行老闆陳芳官）和譚康官，突然聯名給英國東印度公司董事會寫信，舉報英國東印度公司原管理部主任法扎克利，為了獲得回扣，在西元一七二九年向陳壽官購買高於市場價的茶葉，使英國東印度公司蒙受經濟損失。董事會信以為真，指示大班今後不得再與陳壽官做生意。

陳壽官聞訊，向粵海關監督祖秉圭告狀。祖秉圭於是吊銷了孚德行的營業執照，並查封其資產，逼得陳芳官連夜逃離廣州。譚康官與陳芳官合作的秘密暴露，從此與陳壽官反目成仇，二人分道揚鑣。譚康官另建立了隆興行。❺

西元一七三〇年時，英國東印度公司大班的日誌稱「譚康官為人忠實可信」，但是與「有能力和才幹，但經常是苛刻的」的陳壽官相比，商業才能欠佳，另一位主要行商陳汀官「有人懷疑他負債甚巨，我們擔心這是真的」。❻

陳壽官、陳芳官、陳汀官不僅都姓陳，而且都來自福建，這當然不是偶然的。隨著歐洲人對福建紅茶和烏龍茶的喜愛日甚一日，雍正時期，福建籍商人在廣東十三行內的比重愈來愈大，連雍正皇帝本人都被震撼。

西元一七三二年，有十八艘外國商船抵達廣州，數量多於以往，而粵海關卻只向戶部和內務府上繳了二十四萬八千兩白銀的稅款，雍正皇帝對此相當震怒，下令調查粵海關，結果得知「洋行共有十七家，惟閩人陳汀官、陳壽官、黎關官三行，任其壟斷、霸佔生理。內有六行，係陳汀官等親族所開，現在共有九行。其餘賣貨行店尚有數十家，倘非鑽營汀官等門下，絲毫不能銷售。（外商）凡賣貨物與洋商，必先盡九家賣完，方准別家交易。若非（粵海關）監督縱容，伊等豈敢強霸？❼」

也就是說，西元一七三二年，廣州共有十七家辦理外貿牌照的洋行，其中至少九家的老闆，都是福建人，顯然有壟斷市場的跡象。清朝政府費盡心機把外貿市場從福建遷到廣東，可最後這個市場還是落入了福建商人之手。

雍正皇帝對此忍無可忍，認定粵海關監督祖秉圭管理不力。正在此時，逃離廣州的陳芳官，從祖秉圭的下屬處弄到了粵海關貪腐記錄的內部帳冊，交給廣東巡撫鄂彌達。祖秉圭聞訊後上表控告鄂彌達包庇陳芳官，釀成巨案。

最終，雍正皇帝下旨將祖秉圭和主要行商全部逮捕審訊，後來祖秉圭和陳芳官被判死刑，而陳壽官、譚康官等人則經過一段鐵窗生涯後，被釋放了。❽

第一艘瑞典來華商船「瑞典國王腓特烈」號抵達廣州時，正是譚康官與陳壽官分家，陳芳官狀告祖秉圭之際。此時行商之間的矛盾極為尖銳，鬥爭極為激烈。入港時，坎貝爾憑六年前來廣州的老經驗，以為陳壽官是英國東印度公司的「御用行商」，不敢和英國東印度公司搶生意，選擇了規模較小的崇義行擔任「瑞典國王腓特烈」號的保商（按：負責代理外國商船報關納稅，並為外國商人和船員提供食宿的行商），老闆是陳汀官。

後來，坎貝爾認為崇義行的商品不能完全滿足自己的需求，又得知英國東印度公司已經停止與陳壽官來往，就立即跑到廣順行大做生意。同時，三班莫福德又跑到如升行向老闆陳葵官訂貨，坎貝爾因為同莫福德關係不好，撕毀了這一合約。

莫福德大為丟臉，為了報復，就挑撥坎貝爾和陳汀官之間的關係，竟使雙方後來竟鬧到對簿公堂的地步。❾

此時的廣東十三行已經分為兩個敵對陣營：陳壽官、陳汀官、陳葵官、黎關官、張族官等為一派，支持粵海關監督祖秉圭；譚康官與陳芳官等為另一派，反對祖秉圭。

「瑞典國王腓特烈」號與陳汀官、陳葵官交惡，等於得罪了祖秉圭；他們又不與譚康官、陳芳官一派做生意，結果在廣州四面樹敵，以至於回國時頗受冷遇，只有一位小行商來送行。❿十三行商人甚至懷疑這個「藍旗國」根本就不存在，是狡猾的英國商人為了逃稅，而捏造出來的。

此外，「瑞典國王腓特烈」號遇上的倒楣事還不止於此：駛出南海時，坎貝爾疏忽大意，忘了把瑞典東印度公司船旗換成英國東印度公司船旗，結果在麻六甲海峽被荷蘭東印度公司艦隊攔截。儘管坎貝爾出示了各種證件，荷蘭人還是不相信世界上有一家瑞典東印度公司，於是把「瑞典國王腓特烈」號當作走私船，帶到巴達維亞，好在經過審訊以後終於化險為夷。「瑞典國王腓特烈」號順利返回哥德堡，賣出帶來的中國貨後獲得了高達百分之七十五的利潤。

受此這次成功的激勵，瑞典東印度公司建造了更大的商船，排水量達一千兩百五十噸的「哥德堡」號。（現停泊於奧斯陸的哥德堡號，見本書 P149）

「哥德堡」號於西元一七三九年一月離開波羅的海，展開第一次中國之旅，當年秋季順利抵達了珠江口。受「瑞典國王腓特烈」號惡劣行徑的影響，陳汀官拒絕再擔任「藍旗國」船隻的保商，陳壽官等主要行商也未表現出興趣。

陳芳官被逮捕後，譚康官逐漸淡出市場（陳芳官被捕前，曾擔任譚康官的帳房），臨退休前，他以行賄三萬兩白銀為代價，向新登基的乾隆皇帝爭取到了取消百分之十外貿附加稅的優惠政策，但又增加了每條船一千九百五十兩白銀的「規費」。11

再加上此時熟悉廣東外貿市場的大班坎貝爾等人已經退休，新一批瑞典商人對中國市場的行情，與粵海關繁瑣的報關納稅手續，都不熟悉。看來，「哥德堡」號的第一次中國之旅，註定不會順利。

然而令瑞典東印度公司雇員們也沒想到的是，他們在廣州得到了無微不至的照顧，生意做得異常成功，次年六月就滿載著中國商品返回哥德堡，賣出後獲得了超過百分之百的利潤。原因無他，他們在廣州有貴人相助。

如此慷慨幫助瑞典東印度公司的貴人，是當時廣東十三行的年輕商人，後來以商名「潘啟」或「潘啟官」廣為人知的潘振承。

西元一七一四年，潘振承出生於福建省泉州同安縣（今同安區）一個漁民家庭。同安縣依山面海，土地貧瘠、資源匱乏，民眾主要以漁業和商業為生。潘振承是農民潘鄉的長子，自幼生活貧困，父母還給他生了四個弟弟和多個姐妹，家庭經濟壓力愈來愈大。

西元一七二七年，雍正皇帝開放海禁，次年，年僅十四歲的潘振承就帶著三弟潘振聯出外打工。後來，潘振承的次子潘有為寫詩解釋說，當時潘振承「家無宿春升斗儲，風飧露寢為饑軀」，小小年紀出外打工糊口，實為饑餓所迫。[12]

潘振承、潘振聯兄弟進入社會後，找到的第一份工作，就是把一批武夷山紅茶，從福建運往當時中國最大的外貿口岸廣州，交給廣東十三行。他們順利完成了這個任務，因此得到了如升行老闆陳葵官的賞識，被聘用為洋行雇員。

陳葵官是早期廣東十三行中的一位特殊人物，因為他有科舉功名（可能是舉人），文化水準較高，與官府的關係一直都不錯。[13]

西元一七二七年，陳葵官正式成為官商，開設「如升行」[14]，英國東印度公司稱他「往常對我們一直都很好」。[15]如上文所說，早期的歐洲工業革命產品品質低劣，在中國市場上並不受歡迎，當英國絨布滯銷時，陳葵官主動提出用茶葉收購，從而贏得了英國東印度公司的感激。[16]

剛入行，就能遇上這樣一位擅長人際往來的儒商，並成為其早期創業骨幹，實在是潘氏兄弟之幸。

停泊在奧斯陸的哥德堡號

沿著古代哥德堡一號路徑，從海上絲綢之路到廣州，共航行兩百五十五天。

潘氏兄弟進入如升行時，廣州的外貿市場正如雍正皇帝在西元一七三二年，對廣東外貿市場的調查結果顯示的那樣，已經基本被福建商人壟斷，而且洋行數量大幅增長，已經超過了「十三行」的傳統數目，有外貿牌照的就多達十七家，還有數十家行外企業參與外貿。

陳芳官被捕以後，他的孚德行倒閉，連帶與孚德行關係密切的豐恒行、寶豐行、鼎豐行和茂德行等幾家商號，也都一同關門歇業，幾乎佔了「十三行」的三分之一。

但是由於做外貿有利可圖，它們騰出來的特許經銷商名額，很快就被行外商人分搶一空。市場飽和、競爭激烈且供過於求，導致商品大量積壓在庫房裡，經常賣不出去，加上廣州氣候濕熱，日子久了難免變質腐爛，造成巨額虧損。

不過，這點麻煩難不倒廣東十三行的商人們。外國的商船不來，咱們的商船能不能出去，那把中國商品直接運到交易夥伴的家門口銷售呢？畢竟，早在半個世紀前，就有很多中國商人這樣做過，黎安官、譚康官等行商都有海外貿易經歷。

一天，陳葵官把年僅二十出頭的潘振承叫去，交給他一個特殊的任務，帶商船出海，到國外推銷中國商品。第一次出國經商，陳葵官替潘振承選擇了離廣州最近的海外商港：菲律賓首都馬尼拉。

潘振承曾經三次到馬尼拉經商，獲利豐厚，後來，潘家子弟多次前往菲律賓做買賣，有的一次就能賺幾千兩白銀，有的則「販貨南洋，歸帆遇風，全船不幸」。[17]

潘振承是幸運的。他一次也沒有遇到颱風，成功賺了大錢，因此深受陳葵官賞識，被「委託全權」，成為如升行的「總帳房」。但儘管財運亨通，從馬尼拉回到廣州的潘振承卻並不快樂，因為他在菲律賓經商期間，瞭解到一些令他憤懣的事情。

經過明末的兩次菲律賓屠華事件之後，西班牙駐菲律賓當局立法規定，長期旅居菲律賓的華僑數目，不得超過六千人，而且必須皈依天主教。

西元一六六二年，鄭成功佔領台灣以後，威脅攻打菲律賓，結果又導致了一次規模較小的菲律賓屠華事件，數百人遇難。[18]即便如此，明末清初戰亂期間前往菲律賓的華人，依然連年不絕，只是在清朝政府頒佈《遷海令》以後，這股浪潮才得到短暫遏制。

不過由於雙方貿易依存度太大，中國很需要西班牙的白銀，西班牙則需要中國的絲綢、瓷器和水銀（用於生產白銀），雙邊貿易從未完全停止，並因廣東十三行的興起而再度繁盛。

西元一七三五年左右，抵達菲律賓的潘振承很快就感受到了西班牙駐菲律賓當局對華人的敵意，並瞭解到兩次恐怖的「菲律賓屠華事件」，從此將對西班牙的深仇大恨牢記在心。

在廣州和馬尼拉期間，潘振承不間斷地主動學習外語，靠著年紀輕、頭腦靈活，他掌握了西班牙語、葡萄牙語和英語三門歐洲語言。雖然發音還帶點閩南話的口音，卻已經是當時中國屈指可數的優秀翻譯。與當時大部分只能聽說外語，不能讀寫外文的翻譯不同，潘振承既說外語，還能用鵝毛筆寫出一手很漂亮的花體拉丁字。

克服了語言障礙，給潘振承從事外貿帶來巨大的優勢，也使他能夠比大多數人更準確地理解國際形勢和中外關係。西班牙日不落帝國的確是在走下坡路，但瘦死的駱駝比馬大，其依然控制著地球上的大部分銀礦；康乾之治時期的中國固然繁榮昌盛，經濟活動卻嚴重依賴白銀，而雲南等省的銀礦已經枯竭。所以，中國對西班牙白銀的需求只會愈來愈大。

一旦與西班牙的貿易中斷，中國必然會重新陷入明末通貨緊縮的泥潭。有鑑於此，一切針對西班牙的商業抵制行為不論初衷如何，都是註定要失敗的。所以，潘振承一輩子都不排斥同西班牙人做生意，而且每天都接觸西班牙銀幣。作為一個商人，不進行商業抵制又如何教訓對方呢？潘振承給出的方法，是不抵制西班牙，但培養西班牙的對手。

經過多年的情報搜集，潘振承瞭解歐洲列強分為天主教和新教（基督教）兩個敵對陣營。天主教陣營的代表是西班牙、葡萄牙和法國，與它們長期對立的新教國家主要有三個，即脫離西班牙獨立的荷蘭、擊敗西班牙無敵艦隊的英國，以及多年與西班牙爭奪中歐統治權的瑞典，這三個國家，構成了反西班牙的軸心。

在這三個國家中，荷蘭自西元一六二〇年以來長期侵佔中國領土，併吞並了爪哇等東南亞的原中國朝貢國，對東方各民族血債累累，而且近年來屢次敗給英國和法國，國力虛弱；英國自「光榮革命」以來國力日增，於西元一七〇四年攻佔西班牙主要港口直布羅陀，奠定了其世界第一海軍強國的位置，雖然在亞洲的主要勢力範圍還侷限於印度，但仍值得中國警惕；瑞典先是在三十年戰爭中，與西班牙領導的神聖羅馬帝國打成平手，後在大北方戰爭敗給彼得大帝的沙皇俄國，國力削弱，又沒有任何海外殖民地，找不到經濟增長點。

本著敵人的敵人就是朋友這一原則，在潘振承看來，作為西班牙和俄羅斯的敵人，中國和瑞典是天然盟友，對英國應當優待，對荷蘭則應當提防。

其實，瑞典人手上也不乾淨。西元一六六二年，被鄭成功趕出台灣島的荷蘭駐台灣末代總督揆一，原名弗雷德里克·庫伊特（Frederick Coyett），其實是個瑞典人，而且生於瑞典首都斯德哥爾摩。

年輕時，他隨父母移居荷蘭，成年後在荷蘭東印度公司謀得一職，不料鬼使神差地被派到東南亞，還當上了台灣總督。儘管被鄭成功打敗投降，但揆一仍獲准帶走他在台灣搜刮的大批財寶回國，他的庫伊特家族，因此成為荷蘭的名門望族。限於資訊侷限，潘振承並不知道揆一的來歷，在他眼裡，瑞典是沒有原罪的國家。

以上便是潘振承基本的外交思路，歷史也給了他實踐這一外交思路的機會。自從西元一七三二年的祖秉圭案之後，陳壽官、譚康官等老一輩行商，逐漸退出外貿第一線。對於這一代行商，外商評價甚高：「本世紀（十八世紀）初期的商人，只是一些小商販也不太老實，不習慣於大量交易。當時來廣州的商人主要是從福建、大部分是從泉州來的，安官（一七〇三年在廈門，一七一五年在廣州）可作為其中顯著的例子。」

「這以後，我們看到一種在確立之前早已顯露趨勢的新現象，即我們已經發現高級商人，他們善於經營，堅持要獲得好的價錢，但當價錢已到達極限時，他們立即讓步，尊重他們的對手大班，而大班亦尊重他們。在談判期間，雙方不斷衝突，但在整個過程中又是非常要好的朋友。[19]」

在這批「高級商人」之中，廣順行老闆陳壽官無疑是最為突出的一位：他打破了公行對外貿的壟斷，儘管屢次遭到逮捕，還數次被自己的合夥人與帳房出賣，受到粵海關和英國東印度公司的制裁，卻一直沒有破產，也沒有喪失過信用，在外貿市場上活躍達四十餘年之久。

他是一位精細、苛刻的商人，出售的商品雖然沒有價格優勢，卻一直品質優良，而且善於把握市場動向、緊追時尚。因此，即便在英國東印度公司明令禁止與陳壽官交易期間，許多大班仍然堅持和他做買賣。

他們為自己的行為辯解道：「壽官的紡織品太好了，如果不特別重視，這對他是不公允的，而且他還費了很多心血按照歐洲式樣製成，我們一定要把它們妥善保護，不致受汙損。我們又向他訂購了生絲，真的，我們很難找到一個像他那樣能夠按照公司的指令，去完成困難任務的人。[20]」這成為日後所有成功的十三行商人共同遵循的行事作風。

就在西元一七三九年年底，陳壽官把「歐洲式樣」的特製紡織品賣給英國東印度公司時，廣東十三行被歐洲商船帶來的兩個大新聞震撼：一是在當年三月二十二日，波斯國王納迪爾沙率軍攻陷印度蒙兀兒帝國首都德里，大肆擄掠，雖然很快就撤走了，但在明末清初曾經雄踞世界第一大經濟體寶座的蒙兀兒帝國，從此一蹶不振，在其沿海活動的歐洲列強和周邊國家聞訊後都蠢蠢欲動；二是「藍旗國」並非子虛烏有，而且又派了一艘大商船來華，也就是「哥德堡」號。

鑑於第一艘瑞典來華商船「瑞典國王腓特烈」號在廣東鬧出的亂子，與「哥德堡」號做生意的風險顯而易見。不過，潘振承力勸老闆陳葵官主動承攬了這一單業務，自己跑上跑下，熱情接待、多方打點，盡可能地讓來華的瑞典客戶此行利潤最大化。

這看似荒謬的行為，在當時沒少遭同行冷嘲熱諷，潘振承卻胸有成竹。果然，僅兩年後「哥德堡」號再度出現在珠江口，還帶來了另兩艘瑞典商船，並指名要和陳葵官的如升行做生意，讓其他貨物滯銷的洋行嫉妒得眼紅。

「哥德堡」號頭兩次來華期間，正趕上廣州外貿市場的低潮，這主要是國際因素導致的：西元一七三九年，英國和西班牙之間爆發了「詹金斯耳朵戰爭」，不久法國與西班牙結盟參戰，戰

十八世紀華裔商人主要定居的荷蘭城〈巴達維亞〉

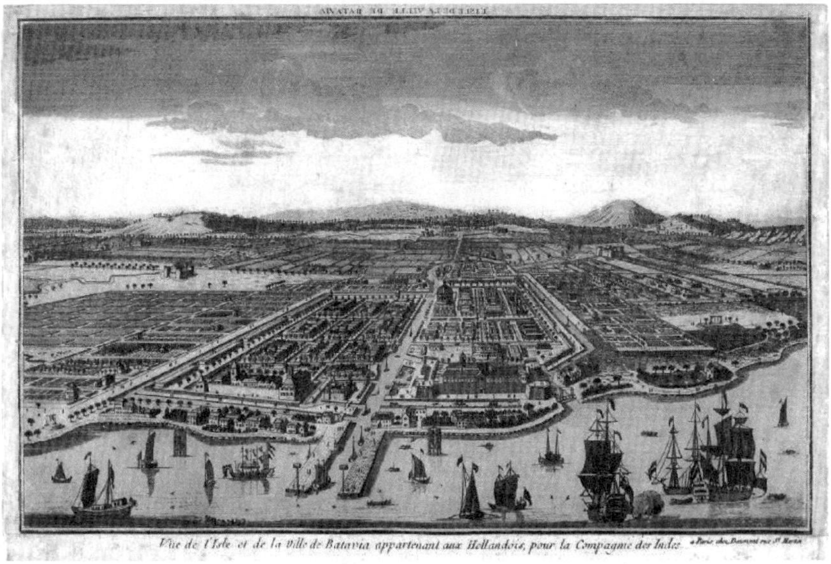

西元一六一九年，荷蘭東印度公司築起了一座以高牆護衛的城市，即巴達維亞（Batavia），在當地長期從事與中國胡椒貿易的華商，被吸引到巴達維亞，他們充當了荷蘭人的承包商和包稅人，負責從中國招募建城的勞工和手藝人，並且還為巴達維亞的房屋和城牆建設提供磚瓦和木料。（其詳細介紹，見本書 P158）

〈法爾克尼爾〉駐印度的荷蘭總督

紅溪大屠殺的始作俑者。因為紅溪事件，法爾克尼爾西元一七四一年被撤職，一七五一年死於獄中，入獄長達九年，此案仍未定讞。

爭持續至一七四八年，期間雙方的軍艦各自在海上攻擊對方的商船，導致來華的英國、法國、西班牙船隻銳減。

另一件對廣州外貿市場影響更大的事件，則是西元一七四〇年年底在爪哇發生的「紅溪大屠殺」。

上文說過，西元一六八三年清軍佔領台灣時，有數千不願剃髮降清的鄭氏集團成員，坐船遠渡重洋來到爪哇島，向荷蘭東印度公司尋求庇護。此後，又陸續有華人因政治或經濟原因來到爪

紅溪大屠殺(一)

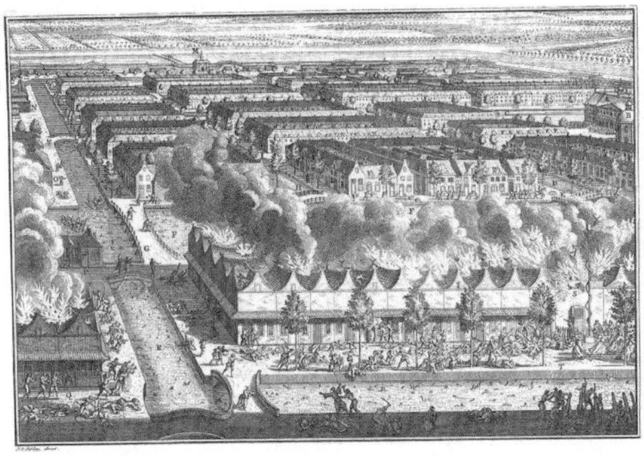

「紅溪慘案」發生後，荷蘭及殖民當局擔心中國清朝會採取報復行動，影響對華通商，使經濟利益受到損失。西元一七四一年殖民當局派專使攜帶「說帖」前往中國，但是這份「說帖」並沒能傳呈到北京朝廷。

紅溪大屠殺(二)

紅溪慘案又稱巴城大屠殺，因肇事地點之一為城西一條名為紅溪的河，故以此命名。（事件因由詳見本書 P158）

哇島。

到了十八世紀初，爪哇島上的華人常住民數量，已經增長到近兩萬名之多，主要定居在荷蘭東印度公司的東南亞首府巴達維亞（今雅加達）附近。

城內的華人主要從事商業，城外的華人主要從事農業，特別是當時爪哇的支柱性產業：甘蔗種植業和蔗糖加工業。

到了西元一七一〇年，爪哇島上的一百二十五家製糖廠中，有一百二十家歸華人所有。為了開拓甘蔗種植園，華人與爪哇的土著產生了愈來愈多的土地糾紛。

西元一七二〇年，國際市場上的蔗糖價格暴跌，爪哇的甘蔗種植園和蔗糖工廠大規模停產，導致數千名華人失業，其中一些被迫從事盜竊等不法活動，遭到荷蘭警方逮捕，巴達維亞監獄裡的華人愈來愈多。

與此同時，由於甘蔗種植園和蔗糖工廠大規模停產，其水渠年久失修，淤塞的池塘變成蚊子的理想繁殖地，於是爪哇島爆發了瘧疾。當時世界上主要治瘧疾的藥物，是金雞納霜，可是金雞納樹生長在西班牙統治的南美洲，不肯賣給死敵荷蘭人。

荷蘭東印度公司為了控制瘧疾，幾經周折，總算將金雞納樹引種到爪哇島，但金雞納霜的產量起初很低。到了西元一七三三年，爪哇島上三分之一的荷蘭人，都死於瘧疾。更糟的是，增援爪哇的荷蘭士兵百分之八十都死於瘧疾，荷蘭在爪哇的統治搖搖欲墜。

西元一七三七年上任的荷蘭東印度總督法爾克尼爾（Valckenier），看到巴達維亞的華人數量幾乎是荷蘭人的十倍，而且大半處於失業狀態，為此感到憂心忡忡。一七四〇年夏，他命令將一半失業的華人，運到荷蘭在亞洲的另一主要殖民地，錫蘭（今斯里蘭卡）和南非去。

由於擔心會死在海上，大多數華人拒絕登船，因此與荷蘭軍警發生了衝突。十月七日，五十名荷蘭士兵被華人包圍殺死，受此勝利鼓舞，數千華人武裝起來，試圖聯合爪哇的反荷蘭勢力並攻取巴達維亞。

震怒的法爾克尼爾總督立即調集全部兵力反撲，並下令處死監獄中的所有華人囚犯。在接下來的兩天裡，巴達維亞的所有華人住宅和商店都被焚燒，爪哇土著王公，也調集兵馬配合荷蘭當局圍堵華人。

十月二十五日，華人武裝部隊在巴達維亞西北郊的紅溪被荷蘭騎兵擊潰。到十一月底，暴動終於被鎮壓下去，總計共有一萬三千名華人喪生，其中約一萬人是並未參加反荷武裝暴動而遇害的無辜者，史稱「紅溪大屠殺」。荷蘭政府聞訊後，認為法爾克尼爾總督濫殺無辜，將其逮捕並判處死刑，行刑前沃克尼爾在獄中自殺。[21]

屠殺華人導致巴達維亞經濟崩潰，繼任的范英霍夫總督（Van Imhoff）試圖改善對華關係，但是收效甚微，而他委託廣東十三行向清政府遞交解釋「紅溪大屠殺」的公函，卻只是證明了慘案的真實性。

清政府原本樂於看到以鄭氏集團成員為主的海外華人遭到重創，但由於廣東民眾群情激憤，遇害者家屬還自發組成武裝，試圖攻擊登岸的荷蘭人。粵海關只得通過十三行行商，通知來廣州的荷蘭商船，它們不能進港交易，中荷貿易就此中斷。

就連一些其他歐洲國家的商船，也因為被懷疑是偽裝的荷蘭商船，導致交易同樣受到限制。

雖然一年後恢復貿易，但是荷蘭人從此很難在廣州的商業中獲益了。㉒

然而受「紅溪大屠殺」打擊最大的，並不是海外華人或中國的外貿商人，而是肇事的荷蘭東印度公司。「荷蘭東印度公司」經常被稱為世界上最大的貿易組織㉓，十七世紀全球海洋上的兩萬艘商船中，有一萬五千艘屬於這家公司，號稱「海上馬車夫」。

經過三次英荷戰爭，西元一六八八年，荷蘭執政官威廉成為英國國王（威廉三世），從此英國對荷蘭極盡恭順之能事。十八世紀初，荷蘭東印度公司的商船，平均每年把七、八千名歐洲殖民者運到亞洲，而平安返回者每年只有兩、三千人。㉔

這麼多殖民者不顧危險大舉出洋，主要還是受經濟利益的驅使。當鄭成功在台灣登陸時，荷蘭東印度公司平均每年，約能從亞洲獲得一百六十三萬荷蘭盾的收入，但在「紅溪大屠殺」之後卻變成了年復一年的虧損。㉕最明顯的變化，體現在荷蘭東印度公司派往巴達維亞船隻的驟減。（西元一七三〇到一七四〇年，公司派往巴達維亞兩百三十一艘船隻，一七四〇到一七五〇年下降到一百四十艘船隻，而且此後還在不斷下降。）㉖

缺少華人的合作，荷蘭東印度公司原本利潤豐厚的業務，變成了財務黑洞，最後連殖民地都難以維持。西元一七五五年起，荷蘭東印度公司一個接一個放棄了在波斯灣、南印度、斯里蘭卡和馬來半島的殖民地。

西元一七八一年，這些殖民地幾乎全部落入了英國東印度公司之手，同年荷蘭東印度公司宣佈無力償還債務。一八〇〇年，早已資不抵債的荷蘭東印度公司破產倒閉，「海上馬車夫」的帝國夢想就此結束，這無疑是以廣東十三行為代表的中國商人對「紅溪大屠殺」最漂亮的反擊。㉗

在西元一七四〇年前後，這個中歐貿易的多事之秋，由於戰爭的原因，荷蘭、英國、法國、西班牙等主要歐洲經濟體的對華貿易額都大幅下降，甚至完全停止。對廣東十三行商人來說，與這些交戰國做生意，非常不安全。安全的選擇，是與置身戰亂之外的國家做生意，中立國瑞典的商船「哥德堡」號，再度來華，恰恰填補了這個市場空白。

而對瑞典商人來說，主要歐洲經濟體的對華貿易額因戰爭大幅下降，導致中國貨在歐洲市場上價格暴漲，這意味著他們的廣州之行，將獲得比以往更加豐厚的回報，正應了中國的俗語「和氣生財」。

西元一七四一年年底，「哥德堡」號從廣州滿載而歸，高興的瑞典商人向陳葵官和潘振承保證，會儘快第三次來廣州貿易。可沒過幾個月，樂極生悲，陳葵官去世，洋行由其子陳章官接任。

時年二十八歲的總帳房潘振承，雖然年輕卻已是經驗豐富的外貿商人，而且積累了一定的資本，打算自立門戶。一、兩年後，經過與陳章官友好協商，年方三十的潘振承，向粵海關提出申請、創立了自己的洋行，並給企業定商號為「同文」，即「同文行」。

「同文」的意思是「翻譯」，「同文行」的意思，是「沒有語言障礙的公司」，可見潘振承對自己語言才能之自負。此外，他又給又給自己選了商名「啟」，以顯示其創業者的地位，從此人稱「潘啟官」。為了紀念同文行，其舊址所在街道被廣州市政府命名為「同文街」[28]，即今廣州市文化公園。

擁有了自己的獨立洋行後，少年老成又見多識廣的潘啟官，要運用自己的經營戰略大幹一場了。如升行的主要交易夥伴，是荷蘭東印度公司和英國東印度公司，但同文行的頭幾單生意，都是與瑞典東印度公司做的。起初一切都很順利，可是誰也沒料到，禍事突然落到襁褓中的同文行頭上。

西元一七四五年九月十二日，滿載著同文行商品的「哥德堡」號，在波羅的海觸礁沉沒，給瑞典東印度公司和同文行都帶來了巨大的打擊。財力尚不充裕的瑞典東印度公司，失去了自己的主力艦，元氣一時難以恢復；潘啟官則喪失了重要的貿易管道，因為其他瑞典商船都比「哥德堡」號小，排水量不足一千噸，在乾隆初年「每條船不論大小一律繳納一千九百五十兩白銀規費」的進口關稅制度下，十分吃虧。

而且「哥德堡」號還欠著同文行一些款項，隨著時間的推移，這筆小虧空可能會惡性循環，變成無底洞。果然，在接下來的幾年內，瑞典對華貿易量明顯下降。日積月累、隨著時間的推移，瑞典東印度公司拖欠

潘啟官抵達瑞典哥德堡港

瑞典哥德堡市立博物館藏中，還存有潘啟官的畫像。

同文行的款項愈來愈多，甚至導致潘振承一度生活相當拮据。

後來，潘振承的次子潘有為寫詩回憶，說當時潘振承的妻子黃氏「日課女紅夜仍織」，長子潘有能「家貧葵藿苦不供，身披敗絮雨輒烘」，日子過得絲毫不像富商的家屬，反倒像貧民乞丐一般。[29]

好在天無絕人之路。西元一七四八年，歐洲列強簽署《亞琛和約》，結束了多年的戰爭，經濟從此復甦。春江水暖鴨先知，潘振承很快從復甦的外貿市場中得益，手頭寬裕了不少。

等到瑞典商船再度來到廣州之際，他提出要對方清償以前的全部欠款。瑞典人一時拿不出這麼多錢來，瑞典東印度公司董事薩文格瑞，只好親自去找潘振承談判，請求寬限，不料，潘振承卻向薩文格瑞提了一個出人意料的問題：「瑞典東印度公司是股份公司吧？」

薩文格瑞回答說：「是的，和英國東印度公司、荷蘭東印度公司一樣。」

潘振承又問：「我聽說股份公司有債轉股的先例，債權人可以選擇把債權轉為公司股權，是這樣嗎？」

薩文格瑞回答說：「確實如此。」潘振承當即表示：「鑑於貴公司長期拖欠本商行貨款，一時難以償還，我們選擇債轉股。你們以前的債務都不用還了。」

薩文格瑞目瞪口呆。在瑞典，沒有法律能阻止債權人選擇債轉股。正相反，瑞典政府還立法鼓勵以各種形式，購買東印度公司股票。

於是，潘振承成為瑞典東印度公司的股東。原則上，他還可以因此獲得瑞典國籍！亞洲企業參股歐洲企業，這是有史以來的第一次。潘振承此舉不是為了惡意兼併交易夥伴，相反，他希望借此減輕瑞典東印度公司的資金壓力，提升其在世界市場上的競爭力，並增加自己的綜合實力與投資多樣性，實現雙贏。30

這還不算完。很快地，經營頭腦總是走在時代前列的潘振承，又做出驚人之舉，他把洋行的生意交給下屬打點，自己登上一艘瑞典商船，飄然西去。

潘振承要到哥德堡，去參加瑞典東印度公司的股東大會。身為瑞典東印度公司的大股東，這的確是潘振承的權力，瑞典人沒法阻止也不會阻止。但是，這種擅自出國的舉動，在清朝是嚴重違法的，更何況潘振承像所有主要的洋行商人一樣，早就捐了紅頂子屬於官員集團。

官員拋棄職守，跑到數萬里外的蠻夷之地去，這在傳統士大夫眼中實在是傷風敗俗、極端惡劣的無恥行為。一經發現，必須嚴懲不貸。

可是，潘振承還是義無反顧地走了。大半年後，他順利抵達哥德堡，受到瑞典朝野的熱烈歡迎。此行讓他大開眼界，也讓他對交易夥伴的上下游產業鏈和運營前景，有了更準確的估量。

不過，由於這是一次非法的出訪，潘振承後來對此諱莫如深，以至於除了他的家人之外，中國沒人知道他是什麼時候離境，又是什麼時候歸來的。只有瑞典博物館收藏的一幅畫能證明，這位同文洋行老闆兼瑞典東印度公司的大股東，曾經到此一遊。31

過去，很多史料稱林則徐或魏源為「睜眼看世界的第一人」，其實，這個頭銜更應該屬於潘振承。也許他仍算不得「第一人」，但起碼比林則徐和魏源更早了一個世紀。

自西元一七五二年開始，同文行的生意有了突飛猛進的發展。這年，有十艘英國船、六艘荷蘭船、五艘法國船、三艘瑞典船、二艘丹麥船抵達廣州，還出現了一個新面孔：普魯士的第一艘來華商船。

除法國之外，所有這些來華商船都屬於新教（基督教）陣營，可見潘振承的外交策略已經收到成效。對於這些國家的商船，潘振承的態度是對瑞典船、丹麥、普魯士等，沒有亞洲殖民地的新教（基督教）國家商人，放寬政策，盡可能購買他們帶來的全部商品，並允許他們賒帳購買中國商品，價格還可優惠；對有亞洲殖民地但在東亞和東南亞沒有殖民地的英國商人，購買他們帶來的多數商品，禁止他們賒帳購買中國商品，但可以略加變通；對在東亞和東南亞有殖民地的荷蘭與西班牙商人，則完全依照市場形勢買賣，嚴禁他們賒帳購買中國商品。

這樣一來，荷蘭與西班牙的經濟遭到沉重打擊，幾乎沒有財力再向中國派遣商船了，少量來華商船也都不肯去廣州，轉而前往福建或浙江。[32]

潘振承之所以能夠在開業幾年內，就左右廣州外貿市場的走向，以至於影響世界經濟格局，根本原因在於他掌握了核心競爭力。如上文所述，西元一七一八年起，茶葉開始成為中國出口的主要商品。由於茶葉銷量大、利潤高又便於保存，到了潘振承開辦同文行的一七四三年，大部分十三行商人都專營茶葉，絲綢則漸漸遭到冷遇。

因為絲綢庫存很少，來廣州的外國商人如果要購買絲綢，必須先交一大筆定金，等著行商派人到江浙絲綢產地去採購，然後再運回廣州。這樣一來一回，經常要兩、三個月，很容易使外國商船錯過搭東北季風回國的時機，為了能在一年內回國，就不得不放棄這單生意。[33]

當陳壽官等老資格的十三行商人，將主要精力集中到茶葉上時，從小熟悉茶葉貿易的潘振承明白以自己的財力和人脈，不可能在茶葉市場上，取得什麼優勢。然而，外國市場對中國絲綢的需求依然很大，絲綢市場遲早會反彈。

本著「人棄我取」的中國商業古訓，潘振承將同文行的主營業務，定為他本來並不熟悉的絲綢。

西元一七五三年，英國東印度公司在廣州預訂了二十一萬兩白銀的生絲，全部由此前名不見經傳的潘啟官包攬。

這超過了當年英國進口生絲總數的一半。西元一七六八年，英國東印度公司從廣州購買的兩千擔生絲中，有一千五百擔購自同文行，因為其他洋行缺乏絲綢資源，加起來也只能提供一千到一千五百擔生絲，而且每擔生絲的價格，還比同文行的生絲貴五兩白銀。[34]

從此，潘啟官成為廣東的絲綢大王，並利用在絲綢貿易中積累的資金和人脈，逐漸確立了同文行在廣東茶葉市場中的地位。

廣東十三行商人潘振承用自己的行動，促成了英國、瑞典的崛起與荷蘭、西班牙的衰落。但是，他並不願看到一兩個國家壟斷中國外貿，加上需要獲得更多的白銀，所以在西元一七五七年，他也和西班牙人做了一筆二十萬銀圓的紡織品生意。[35]

西班牙人早就開始提防潘啟官。之前西班牙人多年寧願去浙江和福建，也不來廣東，可是這次他們卻不得不與潘啟官做生意，因為西元一七五七年，乾隆皇帝突然下令，從今以後，西洋各國只許在廣州一口通商，不准前往福建、浙江等省港口做買賣。

所以，西班牙人不得不來廣州。而此時廣東十三行中，只有同文行能夠賣給他們充足的絲綢和南京布，他們別無選擇。這究竟是怎麼回事呢？

第五章

灰色稅金：一口通商的危機與商機

西元一七五七年年初，乾隆皇的心情本是相當愉快的，因為在廣東十三行捐助了數百萬兩白銀的軍餉後，清軍不久前剛剛擊敗了宿敵準噶爾，並俘虜了準噶爾可汗，達瓦齊，又打敗了另一支準噶爾貴族阿睦爾撒納領導的叛軍。

心滿意足的乾隆皇欣然落筆，將準噶爾故地改名為「新疆」。而在連續指揮了好幾年戰爭以後，向來熱衷於享受人生的乾隆皇決定給自己放個假，走出忙碌的朝堂，到他最喜愛的江南水鄉去放松疲憊的身心。可他沒想到這第二次下江南的經歷，卻並不如預期得那樣愉快。

在路過山東、江蘇等省的時候，乾隆目睹了多場水災，眼看堂堂康乾盛世居然餓殍遍野，令他龍心大為不悅。當行至旅途的終點浙江省時，雖沒遇上天災，但所見所聞又再次令他震驚。因為在大清帝國這個最富饒的省分，市場上的主要流通貨幣，居然不是大清朝廷頒行的乾隆通寶和銀元寶（詳見本書 P14-15 彩圖）。

原來，自西元一六八五年起持續了七十多年的四口通商，使中國東南沿海的經濟，已經高度國際化，當地中上等家庭廣泛使用西班牙等西方國家鑄造的銀圓，稱之為「番餅」（詳見本書 P14-15 彩圖）。與大清朝廷頒行的乾隆通寶和銀元寶相比，西方銀圓面額適中，攜帶使用便捷，相當受到中國東南民眾的廣泛歡迎，漸漸把乾隆通寶和銀元寶排擠出市場。

而與歷朝歷代一樣，大清朝廷的乾隆通寶或銀元寶並不是免費鑄造給老百姓使用的。它們的面額遠遠高於它們的鑄造成本，兩者的價差則歸朝廷所有，經濟學稱之為「鑄幣稅」，西方銀圓也同樣如此。

也就是說如果東南通商口岸都廣泛使用「番餅」，那麼大清百姓，就等於在向西方政府繳納

乾隆皇帝宮廷畫像（西元一七五八年）

宮廷繪師用交點透視（linear perspective），或稱直線透視法，讓透視視覺跟中華畫空間的方式結合。這幅畫裡，有的部份遵照透視的規定，也有別的部份遵照等角投影（axonometric isometric projection），用水墨，液體的顏料。例如用在畫像和顏色的對照。

「鑄幣稅」，無形中造成大筆應收稅款長期外流，必然會給大清朝廷造成巨額損失。這一由西方資本主義社會輸入的新型金融傳染病，將長久困擾清朝中後期的歷任統治者。

正當乾隆皇為如何扶持乾隆通寶和銀元寶對抗西方銀圓，而苦思冥想之際，西方資本家卻主動跑到他面前來了。抵達杭州時，乾隆皇得知就在離杭州不遠處的定海（今浙江舟山），停泊著好幾條英國商船，船上的英國大班洪任輝等人，正在和浙江當地商人熱火朝天地做買賣。

南巡僅存的歡快氣氛登時一掃而光。經過仔細調查後，乾隆吃驚地得知這並不是洪任輝第一次來浙江。西元一七三六年，自一七一五年廈門交火事件後二十一年，英國商船再次出現在浙江沿海。這艘商船名叫「諾曼頓」號，船長里格比、大班李德，還有一個小孩就是洪任輝。

他們在寧波受到熱烈地歡迎。寧紹道台主動提出派人去蘇州，購買英方求購的絲綢和茶葉，並減輕關稅，甚至允許船長和大班乘轎，以示優待。但是，英方藉口廣東慣例，拒絕卸下船上的火炮，引起了清朝官員的警惕。

更有甚者，英方還單方面擬定了一份《二十一條》通商特權協議，要求寧紹道台簽字蓋章，遭到斷然拒絕。幾經交涉無果後，「諾曼頓」號離開浙江，返回廣東。❶

此後，奉英國東印度公司董事會的命令，洪任輝留在廣州，學習普通話和粵語。學習漢語三年後，洪任輝一度前往印度但是找不到工作，只好返回廣東，這次一待就是十多年。❷

洪任輝在中國學漢語期間，正值西班牙與荷蘭等在中國附近佔有殖民地的歐洲列強集體衰落，宣告大清帝國在全球經濟戰爭中取得輝煌勝利，在世界市場上的地位進一步上升，多個歐洲國家都派使者到北京來向乾隆皇帝朝貢。

更有甚者，在潘啟官以身作則的宣導下，許多廣東十三行洋商都獨資或與歐洲商人合資，購置了商船，開到東南亞甚至更遠的國度去貿易，總數多達三十七艘，超過歐洲國家來華商船的總和，其中三十一艘由七位不同的中國商人經營。3

當時，中國大有取代西班牙與荷蘭等歐洲列強，與英國、瑞典瓜分世界遠洋貿易的趨勢，而英國、瑞典兩國的經濟又都高度依賴對華貿易。可想而知，十八世紀中期清朝統治者和中國商人的優越感，有多麼強，而這種優越感絕非基於無知的「夜郎自大」，而是有雄厚物質基礎和豐富的政治、經濟知識為認知基礎的。

強烈的優越感導致以粵海關為首的清朝官吏對商人的勒索日甚一日，苛捐雜稅層出不窮。只有廣東十三行、英國東印度公司和瑞典東印度公司聯合抗議，停止商船進入中國口岸，才有可能迫使粵海關讓步。

不過，當時的中國官吏們很快就熟悉了這套遊戲規則，並制訂了相關對策。即「外國商船拒絕進港，我們就道歉讓步，承諾削減苛捐雜稅；但只要外國商船一進港，該交的稅費一個子兒也不能少，甚至比以前更多」，以示對抗議行動的懲戒。

而眼看中國官吏和顏悅色的保證一次又一次淪為空話，英國東印度公司也決定換一種戰術。清帝國的東南四大口岸，因為距離商品原產地距離不同，所以物價水準不同，政治地位不同，就連稅率也有差別，於是，以洪任輝為代表的英國商人頻繁北上，但並不前往早已與英國東印度公司交惡的廈門，而是到寧波等地，採購他們本來在廣州可以採購的商品。

寧波此前主要與日本、荷蘭等國貿易，由於這幾個國家經濟衰退，浙海關已經連續幾十年沒有接待過外國商船，變成了一個幾乎被遺忘的廢棄衙門，因此物價和稅收最低，英國東印度公司從這片廢墟中看到了稀缺的商機。此外，清朝政府的一次改革，也促成了英國商人遠赴寧波的行動。由於不斷發生外國商人在通商口岸惹是生非，以及外國傳教士從通商口岸進入內地傳教的案件，乾隆皇帝於西元一七五四年責成廣東官員全面推行「保商」制度，要求外國商船必須首先獲得「保商」作保，才可以進入中國通商口岸貿易，否則就不許進港。

「保商」，源於中國特有的保甲制度，也就是要求鄰居之間相互監督，以維持社會秩序，一人犯罪，其鄰居也會因監督不力而連坐受懲。當時，外國商人和水手在中國口岸停留的時間很短，通常不超過兩個月甚至幾天就走，難以管理，偷稅漏稅事件頻發，酗酒滋事、打架鬥毆也司空見慣，而且他們離境以後，還不時會發現一些與他們有關的糾紛，卻因為找不到當事人而無法調查取證，給清朝司法系統帶來許多麻煩。

為了最大限度地減少這些問題，清政府就通過設立類似保甲的「保商」，把相關責任都推到熟悉外國人、與外國人頻繁接觸的廣東十三行商人頭上，讓一位身家殷實、信用良好的行商，為某一艘商船上的全部外國人作擔保，保證這些不熟悉中國法律風俗的外國人，在中國領土上言行良好，不做出違法亂紀的事情，否則即便當事人離境，保商仍要代其受罰。

「保商要向政府負擔所保的船、全部貨物，進口關稅及捐稅的責任，不管它們是由保商購入或是其他人購入的。同樣，他又要負出口貨物繳稅的責任，同時，還要承擔收購該船帶來的新奇物品的責任。所以，如果他不想變窮，就要向公司索取貿易商品的高額價格。[4]」

可想而知，英國商人對廣州當局頒佈的這項制度十分不滿，因此，他們迅速將目光轉向了早已被遺忘、並未執行「保商」制度的寧波港。

西元一七五三年，洪任輝應幾名在寧波長年經商、希望在這裡複製廣東十三行輝煌故事的福建商人邀請，重返寧波。[5]他發現這裡的經商環境比廣州寬鬆，於是兩年後，洪任輝帶領英國商船來到定海，不出所料受到浙海關官員的歡迎。

在定海，英國商人不用受保商制度約束，繳納的稅費也僅有在廣州繳納的一半，又不用支付每條船一千九百五十兩白銀規禮，獲利豐厚。嘗到甜頭的洪任輝於次年又帶商船來到定海，不料這次浙海關官員的態度卻比去年冷淡得多，還要求英國商人繳納和廣東海關一樣多的稅。

洪任輝爽快地照額全交。因為定海物價比廣州低還節省了規禮，英商此行依然賺到不少錢，滿載而歸。[6]

西元一七五七年春季，乾隆皇帝南巡至杭州時，得知洪任輝船隊連續三年來到了浙江。與此同時，廣東巡撫託恩多報告了另一個令乾隆皇帝不安的消息，一七五四年進入廣州港的外國商船有二十七艘，一七五五年降到二十二艘，一七五六年降到十五艘，一七五七年更降到七艘，差不多只剩下了與潘振承關係親密的那幾艘瑞典船。

很明顯，廣州港正在被外國商船拋棄，幾乎變成了一座死港，而定海港卻蒸蒸日上。乾隆皇帝面臨著艱難的選擇，是放任廣州衰退、定海興盛，還是進行行政干預？

乾隆皇帝有充足的理由選擇後者。在近年的新疆戰事中，廣東十三行捐獻了大筆軍費，居功闕偉，粵海關又是難以割捨的「天子南庫」，無論如何都不能任它們衰落；反觀定海所屬的寧波，位於長江三角洲區域，距離帝國經濟中心太近，如果放任它像嘉靖年間那樣聚集大批外國人，可能重蹈澳門的覆轍，甚至成為反清勢力的根據地；任由在海上來去自由的外國商人自行選擇交易口岸，會令中央財政蒙受損失，增加經濟不確定性風險，造成社會動盪。

最重要的是，浙江不像廣東有那麼多「規禮」，這是以洪任輝為代表的外國商人偏愛浙江的根本原因，卻也是乾隆皇帝堅持外國商人要回廣州貿易的重要原因。歸根結底，那些「規禮」中的很大一部分都會通過各種途徑流入「天子南庫」，最終匯進乾隆皇帝本人的小金庫。

其實，乾隆皇帝和他的祖父康熙皇帝一樣，是中國最大的貪官。在他看來，粵海關和廣東十三行存在的一大意義，就是更好地在經濟上為自己服務。

為了阻止洪任輝等外國商人再到寧波來貿易，乾隆皇帝特意把廣東十三行的主要支持者、兩廣總督楊應琚調任閩浙總督。楊應琚剛到任，就通知洪任輝，今年寧波的進出口稅再加一倍，雙倍於廣州。

楊總督本以為利用這種稅收政策，就足以把外國商人逼回廣州，不料洪任輝依然爽快地照單全交。黔驢技窮的楊應琚只好動用國家機器，派軍人沒收英國貨物，將英國商人全部趕回船上並報告乾隆皇帝，說洪任輝一夥看來根本不是因為低成本才來浙江的，而是有意來製造東南各省官場之間的矛盾，擾亂社會經濟秩序的。

與此同時，洪任輝得知乾隆皇帝已經從杭州北返，便坐船追了上去，深入長江口，試圖就外貿事宜與皇帝當面交流，還「獲准在南京停留了一段時間」。[7]在本國領土上被洋人追逐的乾隆皇帝勃然大怒，深感東南沿海國防形同虛設，便在當年年底下詔，取消四口通商，從今以後，外國商人只許在廣州一口通商。[8]

四口通商改為一口通商，廣東十三行無疑是主要的受益者。從此以後，西方商人只能在廣東合法購買中國商品，而且大部分商品必須通過十三行才能買到。不過，英國東印度公司並沒有放棄讓中國重新開放寧波等口岸的努力。

西元一七五九年，平定新疆的清軍凱旋。在凱旋儀式上，乾隆皇帝卻眉頭緊鎖。那個討厭的洪任輝又來了，雖然在浙江遭到驅逐，卻膽大包天地繼續北上，進入渤海灣、直抵天津，把狀紙遞到了紫禁城下，指控乾隆皇帝最寵愛的兩廣總督李侍堯和粵海關監督劉永標，向英國商人索要巨額賄賂，並包庇十三行商人，長期拖欠英國商人大筆債務。消息傳出，朝野為之譁然，洪任輝「引起的震動已波及整個帝國，無法掩飾」。[9]

〈彼得羅芙娜〉強悍的女沙皇（圖左）〈腓特烈大帝〉普魯士國王（圖右）

七年戰爭中纏鬥的德俄領袖。（事蹟詳見 P176）

英國人哪來這麼足的底氣，屢次三番破壞乾隆皇帝好不容易才提起的的興頭？故事還要從西元一七五七年，乾隆皇第二次下江南、洪任輝第二次來寧波說起。

如前文所說，清軍之所以能夠順利征服準噶爾，其實是由於後者未能從俄羅斯獲得足夠的支持。

但俄羅斯的女沙皇彼得羅芙娜之所以對乾隆如此「恭順」，並不是因為彼得大帝的這位女兒性情軟弱，而是她有另一個勁敵，也就是普魯士國王腓特烈大帝要對付。

西元一七五六年，「七年戰爭」爆發，戰爭的一方是普魯士和英國，另一方是俄羅斯、奧匈帝國和法國。強悍的腓特烈大帝幾乎以普魯士一己之力，在歐洲大陸上單挑俄羅斯、奧匈帝國和法國三大強敵，儘管多次以少勝多，還是陷入了不免四面楚歌的境地。

西元一七六〇年，俄軍攻陷普魯士首都柏林，腓特烈大帝在絕望中試圖吞鴉片自殺，所幸被部將阻止。在這場戰役中，俄軍的主力全集中在西線攻打普魯士，使其無法向準噶爾提供有力的援助，與此同時，由於普魯士將法軍主力牽制在歐洲大陸，普魯士的盟友英國因此在海外對法國贏得了一

郎世寧名畫《阿玉錫持矛蕩寇圖卷》

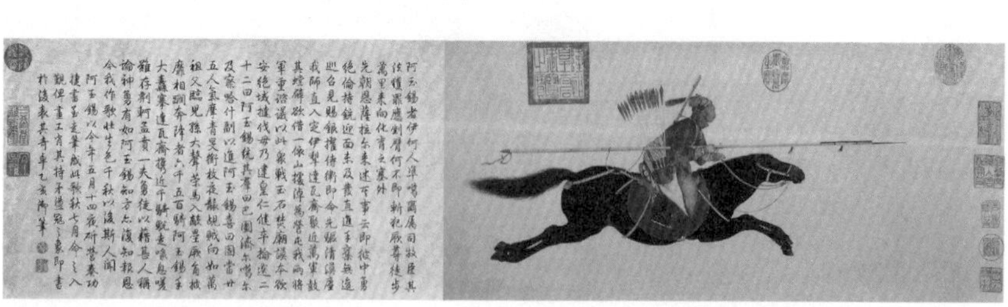

此圖描繪了準噶爾汗國的最後一戰，投降清朝的準噶爾人阿玉錫等二十五名騎士，充當清軍前鋒，以西歐式的上臂挾矛姿態，衝向沒有沙俄援助的準噶爾軍，一舉將其擊潰。

〈克萊武〉征服印度的東印度公司總經理

受到歐洲本土的一系列的戰爭與條約影響。自十七世紀晚期以來，歐洲人就在印度建立起武裝力量，以保衛自己的經濟利益，並且影響當地政府，為自己取得政治利益。軍事力量迅速變得與商業觸覺一樣重要，軍隊在占領土地、徵收地租中扮演了重要角色。

系列輝煌勝利。

在北美，法軍在印第安人的支持下一開始佔據上風，法軍名將蒙卡爾姆多次以少勝多，還於西元一七五四年俘虜了英軍中校喬治・華盛頓（後者在戰後會聯合法國造英國的反，創建美利堅合眾國）。

不過，法軍缺乏後援，英軍很快靠著源源不絕的援兵扭轉戰局，就在柏林陷落前不久的西元一七五九年，英軍擊斃蒙卡爾姆，攻陷法屬加拿大首府魁北克。英國首相老彼得得意揚揚地聲稱：「加拿大是在西里西亞（今波蘭西南部，普魯士與奧、俄聯軍爭奪的主戰場）贏得的。」

〈普拉西戰役〉傷亡懸殊的英印戰役

英國東印度公司經理克萊武接受印度王公致敬。（其事蹟請見本書 P180）

這句話同樣適用於乾隆皇帝。新疆也是在西里西亞贏得的，而且他征服的那個新疆，比現代新疆版圖遼闊很多，按照他本人的話來說，「朕開回疆二萬餘里」。

然而，七年戰爭最重要的戰場既不在歐洲，也不在北美，而是在毗鄰中國的印度。自從「地理大發現」以來，長期雄踞全球GDP首位寶座的印度，就一直是歐洲殖民者覬覦的焦點。經過上百年經營，歐洲人在印度沿海建立了許多據點，漸漸對蒙兀兒帝國形成威脅。西元一七三九年波斯國王納迪爾沙入侵之後，蒙兀兒帝國元氣大傷，急於復興國家的印度統治者認知到，要想恢復自己在這些沿海地區的主權，就必須拉攏一部分歐洲殖民者，聯手攻擊另一部分歐洲殖民者，七年戰爭恰好提供了這種機遇。

被迫流亡的〈路易十五〉（圖左）與終結七年之戰的〈彼得三世〉（圖右）

十九世紀歐洲大陸無止休的列強爭霸。（其事蹟請見本書 P182）

西元一七五六年，蒙兀兒帝國的孟加拉總督西拉吉，在法軍的支持下，攻陷了英國在孟加拉的大本營威廉堡，並將俘虜的一百四十六名英軍、關入黑牢。由於天氣炎熱、通風不暢，當夜便有一百二十三名俘虜死亡，史稱「黑牢事件」。

英國東印度公司孟加拉分公司總經理克萊武，很快率援軍奪回威廉堡，並在西元一七五七年六月二十三日的普拉西戰役中，決定性地擊敗了兵力二十倍於己的印法聯軍，西拉吉總督也掉了腦袋，而英軍僅有十人陣亡。

就這樣，英國東印度公司以微弱的代價就征服了印度最富饒的省分，並在此後幾年中，該公司以不可阻擋之勢深入印度內陸、控制了整個蒙兀兒帝國，法國在南亞的勢力也隨之被剷除殆盡。

此外，由於西班牙在戰爭後期作為法國的盟友參戰，西班牙的佛羅里達、古巴等加勒比殖民地都被英軍攻克。英軍甚至還佔領菲律賓一年之久，令東南亞華人頗為震驚。

「太陽王」路易十四曾經建立起一個殖民地遍佈四大洲的帝國，世界各地的財富，因此源源不絕地流向法國，使法國人過上了全世界最奢侈的生活，但他的兒子路易十五，卻在七年戰爭中一口氣失去了幾乎所有海外殖民地，使法國財政因此淪落到崩潰的邊緣，最終被迫向瀕臨亡國的普魯士妥協。

法國民眾對戰敗和經濟危機大為不滿，於是，帶有鮮明反政府特徵的啟蒙運動開始興旺。西元一七六二年，彼得羅芙娜女沙皇病逝，繼任的彼得三世一登基，就命令俄羅斯與普魯士結盟，奧匈帝國獨木難支，只好向普魯士割地求和，象徵「七年戰爭」以英國和普魯士聯盟的徹底勝利告終。

〈瓦特蒸汽機〉締造十九世紀工業革命的大發明

正如其他很多重大發明一樣，關於瓦特是否是一些蒸汽機相關的專利的發明者上一直有很多爭議。但對於其中最重要的分離式冷凝器，毫無爭議是由瓦特最早提出並獨自發明的。（詳見本書 P183）

俄國之所以與普魯士講和，以往一般認為彼得三世是腓特烈大帝的崇拜者，因此做出這樣的決策。但無論彼得三世個人如何崇拜腓特烈大帝，剛剛上臺的他如果敢違背民意，一意孤行，其命令絕不可能得到順暢的執行。

事實是俄國從上到下，早已厭倦七年戰爭，在這場戰爭中，俄國損兵折將三十餘萬人，雖然打下半個普魯士卻無法有效統治，同時，永遠失去了東方的重要附庸國準噶爾汗國。可想見如果再這樣打上七年，整個中亞甚至西伯利亞都可能投入乾隆皇帝的懷抱。

彼得三世本名烏爾里希，生在德國，一直受德國教育甚至不太會說俄語，俄國權貴們之所以擁護他來當沙皇，就是為了與普魯士化敵為友。其王后葉卡捷琳娜更是德國人（其實，葉卡捷琳娜就是被腓特烈大帝介紹給彼得三世的）。

彼得三世被廢黜處死後，俄國在葉卡捷琳娜的統治下，一直與普魯士保持著友好的關係，將主要擴張方向轉向南方，很快大獲成功。普魯士在這場戰爭中損失慘重，全國十四歲以上的男子全部參軍入伍，所有主要城市都被敵軍洗劫，主要依賴盟友英國的海外經濟援助才堅持到底，同時也幫助英國以微小的代價，建立起殖民地遍佈全球的「日不落帝國」。[10]

普拉西戰役是人類歷史上投入產出比最小、獲益最豐厚的戰爭，使英國東印度公司控制全印度。這場戰爭之後，印度文明五千年積累的財富，被源源不絕地運往大不列顛島。

此後，世界上最大的鑽石、最大的紅寶石、最大的孔雀石、最大的珍珠、最大的翡翠、最多的黃金、香料和紅木儲備……全都從恒河之濱到了泰晤士河岸，點綴著英國王冠、白金漢宮和大英博物館。這場規模空前的財富掠奪，對英國、印度以至全人類，都造成了深遠的影響。[11]

在過去的歷史教科書中，學生們總是被告知，英國人哈格里夫斯於西元一七六五年，發明「珍妮紡紗機」，西元一七六九年英國人瓦特發明蒸汽機，從此歐洲進入工業革命，對世界其他地區形成了巨大的科技和經濟優勢。所以，只要有先進的科技發明，就可以富國興邦。

不過早在一千年前，亞洲（特別是中國和印度）也曾出現先進的紡織機，因此自西元一七六五年之後很長一段時間，英國紡織品在亞洲市場上嚴重滯銷，令負責銷售的英國東印度公司和廣東十三行的商人們焦頭爛額。

英國東印度公司就大方地在西元一七七七年承認，在廣州市場，「出售胡椒一項單獨所得的利潤，已超過公司全部輸入的總利潤（即除了印度胡椒之外，英國向中國出口的其他產品總計是虧損的）……英國產品即便在不合理的物物交換的不正常價格的掩蓋下，仍得不到利潤。」（按：十三行商人為了爭取英方多購買自己商行的茶葉，通常將英國紡織品的價格，估算為中國市場實際批發價格的三到七倍。）[12]

這樣的情況一直持續到西元一七七九年，絲毫沒有得到改善，甚至連英國東印度公司職員也忍不住抱怨「與廣州市場上的中國和其他亞洲國家的紡織品相比，工業革命生產的英國毛織品「不僅在質地及精細度方面極其低下，而且尺碼不足」。看來，珍妮紡紗機造出來的產品在中國根本沒有市場競爭力可言。[13]

至於蒸汽機，其實早在兩千年前（具體說是西元六〇年左右），古羅馬學者希羅就發明了蒸汽機。羅馬帝國沒有出現工業革命，是因為古羅馬的蒸汽機剛剛發明時，製造和運行成本很高，用於經濟生產得不償失，只是貴族的玩具，玩膩了以後就被捨棄，工業革命自然無從談起。

事實上，發明一種科技產品，和能夠用它營利之間有著非常巨大的區別。英國早期的蒸汽機製造和運行成本同樣很高，瓦特等人多年虧損經營，但由於研發經費持續投入，生產規模不斷擴大，成本逐漸下降，效率則不斷提高，經過幾十年危險的反復實驗（許多人因蒸汽機爆炸而被活活蒸死），最終才製造出可贏利的新型蒸汽機。

從這個角度來看，不是蒸汽機等先進的科技發明使英國富強，而是英國先富強了，爾後才有足夠的閒錢來持續投資長期虧損的蒸汽機等，本來沒有經濟價值的科技發明，終於使其成本降低、效率提高，結果推動了工業革命。

近年來，西方歷史學家的許多研究成果揭示，西元一七六五年，哈格里夫斯的「珍妮紡紗機」，與一七六九年瓦特的蒸汽機等科技發明，之所以能夠出現並得到持續推廣，都與一七五七年六月二十三日的普拉西戰役有著非常緊密的關係。正如英國學者布魯克．亞當斯，在《文明與衰微的規律》書中總結的那樣：

「如果瓦特早生五十年，他和他的發明一定都同時死亡了。自從世界誕生以來，可能沒有一個投資收穫達到像征服印度一樣的利潤，因為英國從此在印度唯我獨尊地進行了達五十年之久的掠奪。從西元一六九四年到普拉西戰役，（工業革命）發展是相對緩慢的；從一七六〇到一八一五年，發展是極為迅速而宏大的。」

由於以克萊武為代表的東印度公司短期內從印度掠奪了大量財富，並將其運回英國，導致英國市場上突然資金氾濫、物價飛漲。為了控制通貨膨脹，英國政府鼓勵人們投資一些高風險、非盈利的專案，最大的受益者，就是隨後領導工業革命的瓦特等發明家[14]。

西元一七五九年春天，洪任輝率領的英國商船再度來到寧波。這次，他們被清朝官員堅定地拒之門外，無論交多少稅費也不許他們在浙江貿易。作為英國東印度公司的職員，此時的洪任輝對於即將在其祖國爆發的工業革命毫無預感，卻對兩年前克萊武在普拉西戰場上的傳奇耳熟能詳。如今，英國已經成為印度和加拿大的主人，是一個殖民地遍佈五大洲的「日不落帝國」，GDP總量相當於歐洲大陸各國的總和，並迅速趕超大清帝國。在此背景下，他當然有底氣對大清官吏擺出一副空前強硬的姿態了。

浙江官府不肯接待英國商船，英國商船就直接北上渤海，於七月十八日抵達天津，直接把給乾隆皇帝的請願書遞交給了天津知府。現在，英國人不僅要公正，還要平等、要特權，並且控告粵海關官員大量索賄。

與此同時，法國商人也在廣州向兩廣總督李侍堯上書，要求廢止粵海關的索賄陋習，並威脅說如果不滿足他們的請求，「恐將來棄粵海而往寧波者，不特英吉利一國已耳」[15]。

洪任輝控告粵海關監督劉永標的罪名，除了久已有之的索賄陋習以外，還有一項新罪名「包庇十三行商人，長期拖欠外國商人大筆債務」。廣東十三行不是一直在經營著暴利行業嗎？怎麼可能外債纏身呢？

原來，廣東十三行雖然整體贏利狀況良好，但整體到單一商行間卻不少虧損的情況。究其原因，廣州對外貿易高度集中在幾個規模大、信譽好、貨源充足的商行手裡，清政府推行保商制度更加劇了這一情況，例如同文行老板潘振承，就屢次以保商身分獨自包攬英國和瑞典商船的整船貨物，導致中小商行長期沒有生意可做。

此外，還有些中小商行缺乏供銷管道，不能提供外國商人滿意的商品，買到的外國商品又難以在內地市場及時賣出，難免陷入虧損的窘境。而西方資本主義經濟危機，同時也給廣東十三行帶來多次衝擊。

如上文所述，在西元一七二〇到一七二四年的經濟危機中，就發生過「除（陳）壽官外，所有（廣東十三行）商人都欠了亞美尼亞人很多債」的情況。一七五四年粵海關執行保商制度以後，大批外國商船捨棄廣東，北上寧波、廈門等口岸經商，導致廣東十三行的經營狀況嚴重惡化，競爭力較差的中小洋行慘遭釜底抽薪，長年不開張，自然大面積出現資金鏈緊張的情況。

西元一七五七年的普拉西戰役以後，英國東印度公司大發橫財，得以向資金鏈緊張、不惜飲鴆止渴的廣東商人提供高利貸，連年的利滾利算下來，便出現了廣東十三行的一些成員欠下外國商人巨額債務的情況。

在所有欠下外債的廣東十三行成員之中，資元行老闆黎光華當數最倒楣的一個。資元行是十三行中資格較老、規模較大的一家，黎光華家族連續幾代從事外貿，長期與英國和法國東印度公司做買賣，原本經營順利，偶爾相互間拖欠貨款，也都能很快結清。

但出乎黎光華意料的是，乾隆皇帝進行的連年戰爭迫使他捐獻大量軍費，以至於掏空了企業，西元一七五六年，七年戰爭爆發，英國與法國進入戰爭狀態，不斷在亞洲的殖民地和海洋上相互攻擊，載有資元行貨物的多艘商船被擊沉或洗劫，損失慘重。戰前，黎光華的一位主要交易夥伴、法國商人比任雲，有一批胡椒寄存在資元行，托黎光華代銷。

不久後，突然傳來法印聯軍在普拉西戰役中大敗的消息，法國在南亞的幾處殖民地很快都被英軍包圍，比任雲的資金鏈一下子就斷了。比任雲連忙跑回廣州向黎光華索要貨款救急，沒想到他抵達廣州時，卻聽說黎光華已經病逝，資元行也已解散，商鋪貨物均已變賣，黎光華的家屬也都返回福建老家了。

絕望的比任雲，只好向廣州當局起訴黎光華家屬，官司一直打到兩廣總督李侍堯處，比任雲雖然勝訴，卻遲遲拿不回貨款。

消息傳出，與資元行有業務往來的各國商人紛紛跑到廣州索債，尤以英國東印度公司為最，涉及債務高達五萬餘兩白銀。由於案件複雜，兩廣總督李侍堯和粵海關監督劉永標遲遲不能宣判，英國東印度公司大為惱火，便派洪任輝到天津去告御狀[16]。

洪任輝想告御狀，可他只會說漢語不會寫中文，怎麼寫狀子呢？這難不倒他，因為除了向廣東十三行的合法外貿商人提供高利貸以外，英國東印度公司還透過各種管道，向沒有從事外貿資質的中國商人提供貸款，招攬他們承包銷售英國商品。巨大的生產壓力和利潤誘惑，驅使這些「場外商人」更加賣力地替英國東印度公司奔走，上下打點。

這其中，以四川商人劉亞匾最為活躍。他由於在廣州市場上缺乏根基，為了謀生，於是將當時明令禁止出口的《四書五經》、《說文解字》等中文辭書，賣給英國商人，不但教這些外商說漢語，還幫洪任輝寫狀子。

經乾隆皇帝特派的欽差調查，粵海關職員向入港外國商船徵收違法稅費三十種，向出港外國商船徵收違法稅費三十八種，證據俱全、無可爭議。憤怒的乾隆皇很快批示，將黎光華遺產全部抄沒、變賣抵債，瀆職的粵海關監督劉永標革職抄家。

而「以民告官」的洪任輝尋釁滋事、妨礙公務，被囚禁在澳門，直到西元一七六二年英軍攻陷馬尼拉、佔領菲律賓時，才被廣東當局釋放回國。

其中最倒楣的，還是幫洪任輝寫狀子的劉亞匾。洪任輝北上天津「告御狀」，被認為是對清朝統治的反抗，而劉亞匾這個漢族人居然幫英國人洪任輝寫狀子、告大清官員，完全符合乾隆在鎮壓大小金川時對「漢奸」的權威定義，他被判處死刑，立即執行[17]。

而依此類推，當時中國最大的「漢奸」顯然是廣東十三行那位老闆，本就精通數門歐洲語言、擅自出國還兼任瑞典東印度公司股東的潘振承。劉亞匾掉了腦袋、洪任輝進了監獄；劉永標被革職抄家、黎光華家破人亡，與他們關係密切的潘老闆，豈能獨善其身？當然不能。

清政府很快宣佈查抄黎光華家產的所得，遠不足以償還資元行的巨額債務，餘款須由廣東十三行的其他成員共同負擔，分年償還，這後來成為廣東十三行的定規。已經躍居廣東十三行頭把交椅的同文行老闆潘振承，理所當然地要負責償還黎光華生前欠債中最大的一筆[18]。

接下來，最老牌的行商洪順官也在西元一七七四年破產，欠債二十六萬六千六百七十二銀圓。這筆帳，仍是由廣東十三行的其他成員共同負擔[19]。

像這樣不斷爆發的政治、經濟風波，加之日益增加的經濟負擔，使得人到中年的潘振承開始感到身心疲憊。如今的他已經不再像年輕時那樣精力充沛，急需能幹可靠的幫手。

作為當時全世界屈指可數的巨富之一，潘振承組建了一個大家庭，娶了一妻八妾，生有七個兒子和十來個女兒。在這七個兒子之中，沒有一個對經商感興趣，也沒有一個對出國考察和學外語感興趣，他們都被父親培養成了讀書人，一門心思「學而優則仕」，擺脫商人那不受尊重的社會等級[20]。

西元一七五〇年左右的一天，潘振承外出辦事途中，由於廣州天氣炎熱，在路邊買了根甘蔗解渴。他一邊嚼著甘蔗，一邊和賣甘蔗的兩兄弟閒聊起來。

這一聊，潘振承得知自己與這兩位姓伍的年輕人既是鄰居，又是老鄉。原來，在明末清初的戰亂中，有大批福建居民逃往廣東避難，其中有一個名叫伍朝鳳的雇農，在廣州做起了小本生意。

經過約二十年的打拚，到了「三藩之亂」爆發前夕，伍朝鳳積攢了一點錢，打算在廣州買房。可是，現實很殘酷，他根本買不起廣州城內的房地產。但為了謀生起見，又希望住得離廣州城盡可能近一些，伍朝鳳發現與廣州城隔著一條珠江的河南島（今廣州市海珠區），房地產價格異常便宜。諸多原因大概如下：

第一、河南島四面環水，出行必需坐船，交通不便。

第二、河南島上建有廣州最大的佛寺海幢寺，按照當時的風水理論，佛寺附近的陽宅多半風水不佳。

第三、河南島西側是珠江水流最湍急、航行最危險的河段之一，傳說這裡生活著兩隻巨型白鵝，牠們一出現就會使珠江裡的船舶傾覆，故稱「白鵝潭」，廣州居民對這個恐怖的地區，避之唯恐不及[21]。

第四、河南島上自古沒有城市（這裡在漢朝以前還躺在海底下），基礎設施薄弱，生活條件簡陋。

因此，河南島成為廣州郊區土地價格最便宜的地段。但外來戶伍朝鳳可不這麼講究。他趁著「三藩之亂」爆發時廣東房地產價格回落之機，在海幢寺西南側、漱珠湧運河東岸，買下一塊力所能及的地皮，並依照泉州府晉江縣安海鄉的老家名字，稱這裡為「安海鄉」，從此他被人稱為「安海伍氏」。

後來，當其家族中湧現出伍秉鑑這樣的世界首富時，又有一群風水大師跑來，說河南島聚財聚氣，有「臥龍漱珠」之象，是罕見的風水寶地[22]。

潘振承抵達廣州的時候，伍朝鳳早已去世。不過，在置業問題上，這兩福建移民倒是想到了一起。潘振承家也選在河南島上，與伍家的「安海鄉」就隔著一條漱珠湧運河。

當潘振承創建舉世聞名的同文行時，伍朝鳳的曾孫伍國瑩和伍國釗則忙於勤工儉學：白天在廣州南海學官上課，課餘在廣州街頭賣甘蔗貼補家用。

從伍國瑩和伍國釗身上，潘振承彷彿看到了年輕時的自己。幾年以後，伍國瑩和伍國釗沒有在考功名的獨木橋上走下去，而是進入了同文行，成為潘振承手下的小夥計。

在這個跨國大企業中，伍氏兩兄弟逐漸積累商業經驗，後來躋身管理層，並積累下可觀的財富，順利結婚生子。

西元一七六九年，是一個誕生偉人的年份。在這一年，法國誕生了未來的皇帝拿破崙，英國則誕生了拿破崙的剋星威靈頓公爵。而在這一年的廣州，一個男嬰也在安海鄉呱呱墜地，即伍國瑩的第三個兒子，不知為何，伍國瑩對其特別喜愛和重視，給他起乳名叫「亞浩」，大名叫「伍秉鑑」[23]。這個孩子，將在半個世紀後成為名揚寰宇的世界首富。

第六章

傾茶之戰：價値每磅三便士的獨立自由

廣東十三行之所以能夠創造出世界首富，是基於其無遠弗屆的影響力。眾所周知，當今全球最強大的國家美利堅合眾國，肇始於西元一七七三年的「波士頓傾茶事件」，由此引發了持續八年之久的美國獨立戰爭。

回顧這場戰爭的起因，大多數人都把注意力集中在英國對北美十三州的壓迫上。然而，我們還應該知道「波士頓傾茶事件」中，被反抗者傾倒進大西洋的茶葉，究竟來自何方？為什麼會引起北美十三州殖民者如此大的怨恨？

「波士頓傾茶事件」的過程大致如下：西元一七七三年十二月十六日深夜，數百名自稱莫霍克族的印第安人，衝上停泊在波士頓港的三艘英國東印度公司貨船，把船上的三百四十二箱茶葉全部倒進了大西洋。

後來，英國警方發現這群「印第安人」其實是北美殖民地議員，撒母耳．亞當斯等人假扮的，其幕後指使者則是大商人約翰．漢考克。他們的行為，令英國東印度公司蒙受了巨額財產損失。

這批被撒母耳．亞當斯等人倒入海的茶葉，都屬於中國的武夷山烏龍茶和紅茶，是英國東印度公司花重金從廣東十三行購買、爾後航行過半個地球運到北美十三州來出售的。❶

上百年以來，英國真正的當家人一直是英國東印度公司，破壞東印度公司的商品，就是反對大英帝國；反對大英帝國，就必須接受大英帝國戰爭機器的懲罰。「波士頓傾茶事件」揭開了北美獨立戰爭的序幕，隨之誕生的，是一個即將震撼全球的世界強權：美利堅合眾國。

「波士頓傾茶事件」告訴我們，引發美國獨立戰爭的直接導火線是茶葉，也就是東印度公司運到北美來販賣的中國武夷山烏龍茶。十八世紀，茶葉貿易無疑是全球貿易的核心，但當時世界上生產茶葉的國家屈指可數，日本、越南等國生產的茶葉品質太差，中國又執行廣州一口通商。所以，作為十八世紀全球唯一的中高檔茶葉供應商，廣東十三行自然佔據著舉世豔羨的市場王座，全球的財富，年復一年地像海水一樣湧來擋都擋不住。

而英國東印度公司作為廣東十三行的中盤商，對將這種神奇的東方樹葉打入全球各個市場，極為熱衷，其中當然就包括英國的主要殖民地：北美十三州。在這張無比廣袤的貿易網中，各國政府也都渴望分一杯羹。西方商人經常抱怨廣州的進出口稅率太高，還需要向中國官吏繳納大量規禮，其實，他們自己的祖國在這方面有過之而無不及。

十八世紀中葉，為了維持日不落帝國的經濟正常運轉，英國對進口的中國茶葉徵收高達百分之一百一十九到百分之一百二十五的茶葉稅。如此高的稅率自然會引起廣泛的茶葉走私，而英國茶葉走私商的大本營，正是天高皇帝遠的北美十三州。

西元一七六〇年，北美十三州進口了約一百萬磅中國茶葉，其中四分之三都是走私茶。包括華盛頓、傑弗遜、漢考克、亞當斯等一眾後來的美國國父們，無一例外全都當過茶葉走私販子。

他們在海上向瑞典、丹麥、法國、荷蘭等國的商船購買中國茶葉，再將其非法運入北美十三州的黑市出售，就這樣透過與廣東十三行的間接貿易，他們賺了第一桶金。

靠著走私中國茶葉的暴利，令北美茶葉走私商力量日益增強，結成所謂的「茶黨」，製造了許多重大刑事案件，如在西元一七七二年六月，焚毀停泊在羅德島的英國皇家緝私船，「加斯比」號。

據說，當時被「茶黨」倒入海中的一些茶葉後來還被撈起來曬乾，繼續在北美市場上銷售，可見當時北美茶葉市場之炙手可熱。❷

在十八世紀的北美十三州，走私茶葉是人心所向，注意到這股不正之風的英國當局，於西元一七六七年頒佈了《北美茶葉退稅規定》，降低了英國東印度公司賣到北美十三州的茶葉稅率，卻未能阻止走私氾濫。

更不幸的是由於當時印度正爆發大饑荒，給東印度公司造成了嚴重衝擊。截至西元一七七二年，東印度公司拖欠英國政府一百四十萬英鎊的稅費，在孟加拉的現金庫存，甚至已從一七六九年的八十三萬英鎊暴跌到二十七萬英鎊。若照這樣下去，東印度公司肯定難以為繼。

不過，百足之蟲，死而不僵。早在一個多世紀之前，東印度公司就已經透過英國資產階級革命，獲取了「大得不能倒」的特殊政治地位，作為內戰的勝利者，如果缺乏流動資金，政府就應該給它發放貸款；如果法律禁止政府這樣做，就讓議會修改法律好了！西元一七七三年，英國下議院專門針對東印度公司通過了三項法案：

第一：《東印度公司救濟法案》。宣佈英國政府不再通過法律手段，追索東印度公司拖欠英國政府的一百四十萬英鎊稅費，而是將這筆款項，轉變為英格蘭銀行對東印度公司的低息貸款。

第二：《東印度公司管理法案》。規定東印度公司董事會，直接向英國財政部負責，並進行全面改組。該公司在印度的領導集團，則被接納入英國政府體系，稱為「大英帝國印度總督府」。

此外，東印度公司孟加拉總督，改任大英帝國委任的全印度總督，並設立印度參議會和印度最高法院，在印度推行英國法律。

第三：《茶葉法》。給予東印度公司在北美銷售茶葉的壟斷權，公司經倫敦市場銷往北美的茶葉，不再上繳百分之一百二十五的高額茶葉稅，僅按北美普通商品稅率納稅（每磅茶葉三便士），使東印度公司在北美銷售茶葉的成本下降了一大半。同時，允許東印度公司在北美開設茶葉專賣店，無須再與北美本地的茶葉代理商合作，杜絕了「中間商吃差價」現象，以便削減流通成本。

這樣一來，北美的茶葉零售價暴跌，英國的北美殖民地，就成為東印度公司的中國茶葉傾銷地。該法案僅以一票的微弱優勢在英國下院被通過，說明了它的巨大爭議性，而這也被後來的歷史所證實。

這三部法案相輔相成，既挽救了東印度公司的財政危機，又開啟了對東印度公司進行國有化改造之路。這樣，東印度公司便成功將不良資產打包，甩給了英國政府，只保留真正能盈利的核心業務，公司職員全都被接納為政府公務員，公司股價也因之大漲。

但是，導致公司虧損的主要原因依然存在。隨著企業規模的快速擴張和業務的日益繁複，依靠壟斷亞洲貿易謀取暴利的東印度公司，顯得愈來愈缺乏管理手段。就像普拉西男爵克萊武抱怨得那樣，公司各部門效率日益低下，腐敗日益嚴重，而且職員日益無能和自私。

儘管如此，這家企業依然「大得不能倒」，並且依然隨時有能力，將反對自己的任何人置於死地。❸

然而，世界上總有些不怕死的人，當這些人團結起來的時候，偶爾也能創造奇蹟，北美十三州的茶葉走私團夥「茶黨」就是如此。

雖然在慣於以成敗論英雄的歷史教科書中，這些人早已被尊稱為「美國國父」，但就當時的背景與環境，稱他們為走私犯兼奴隸主倒更符合實際一些，因為他們的主要財富來源既不是工業革命，也不是啟蒙運動，而是沒什麼技術含量的走私中國茶葉和剝削非洲奴隸。

《茶葉法》使得走私茶葉無利可圖，也就毀掉了北美茶葉走私商的主要財富來源，而且導致北美本地的合法代理商喪失了原有的權益，由此引發了空前的不滿。「茶黨」於是以「自由之子」自居，高呼亞當．史密斯的「自由貿易」口號。這在當時就等於是要求把走私合法化。

人們日後為北美獨立運動的正當性辯解的時候，往往強調英國在當地征收的稅務之重，但從不把北美殖民地的財政負擔與英國的其他殖民地對比，特別是從不與亞洲殖民地對比。

如果北美十三州有權因為稅務太重要求獨立，那麼，英國在其他洲的任何一個殖民地，都更有權要求獨立。事實上，北美殖民地的稅收和勞役，甚至比英國本土還要輕，北美抗英暴動，其實是北美茶葉走私商蓄意煽動的結果。主要還是因自身利益被英國政府和東印度公司傷害所致。

西元一七七三年年底，東印度公司的茶葉開始在北美以每磅茶葉三便士的普通商品稅率納稅，北美市場上的合法茶葉售價暴跌，導致走私茶完全賣不出去，徹底斷了漢考克、亞當斯等北美茶葉走私商的財路，他們在絕望中鋌而走險，決定以破壞東印度公司茶葉的方式反抗英國在北美推行《茶葉法》，於是製造了「波士頓傾茶事件」，又名「波士頓茶黨案」。④

所以，美國獨立戰爭的根源，在於北美茶葉走私商與東印度公司爭奪西方的茶葉貿易權，這就是為什麼東印度公司的財務危機，會引發《茶葉法》，《茶葉法》會引發「波士頓傾茶事件」，而「波士頓傾茶事件」，又是導致美國獨立戰爭爆發的原因。

從根源上講，美國獨立戰爭和半個多世紀後的鴉片戰爭一樣，是由植物農產品的非法貿易導致的，只是非法貿易的對象不是鴉片，而是廣東十三行的武夷山烏龍茶。試想，如果「波士頓傾茶事件」是代表正義，那麼美國國父們及其黨羽，為什麼要假扮成與茶葉毫無瓜葛的印第安人，試圖借此轉嫁這份無上的榮譽？

在「波士頓傾茶事件」爆發的次日，未來的第二任美國總統約翰．亞當斯，激動地讚美道：「昨夜，有三船武夷茶被倒入大海……這是獨一無二的創舉。我無限地敬佩愛國者們的這一崇高舉動。銷毀茶葉的行動如此大膽、果斷而堅定，必然會產生深遠的重要影響，因此我不禁要視之為歷史上的一座里程碑。」

「不過，這次行動只是對物資的襲擊，再發生類似的行動就可能釀成流血事件。許多人希望，港口裡漂浮著像茶葉箱那樣多的死屍。其實，用不了死那麼多人，我們（北美茶葉走私商）的災禍根源就可以消除。」

事實證明，約翰．亞當斯的預言過於樂觀了。他大大低估了東印度公司董事會報復的意願和能力。在那個時代，三百四十二箱茶葉太過昂貴，需要成千上萬條人命來抵償。

「波士頓傾茶事件」爆發之後，應報復心切的東印度公司董事會請求，英國議會很快就宣佈在麻塞諸塞州實施軍事管制，並封鎖波士頓港。北美茶葉走私商於是轉移到遠離海岸的費城，在那裡召開了「大陸會議」，通過了《權利法案》，公然要求十三州自治。他們之所以敢於如此大膽，是由於有強大的後援，剛剛登上法國王位的路易十六。

法國支持北美十三州獨立絕不是偶然的，因為自七年戰爭慘敗、丟失大部分海外殖民地以來，法國的經濟每況愈下，國內矛盾迅速積累，貴族們入不敷出，民眾怨聲載道，反對王權統治的「啟蒙運動」日益受歡迎。

如果不能迅速奪回這些海外殖民地，法國上層社會就難以維持其七年戰爭前，「太陽王」路易十四時代的奢華生活方式，久而久之，國家經濟崩潰和改朝換代只是時間問題，根本不以舊制度改良與否為轉移。

原因無他，當時世界的經濟重心並不在發生工業革命的歐洲，而在由傳統生產方式主宰的亞洲，失去亞洲殖民地和貿易管道對法國經濟是致命的打擊。

從廣東十三行的角度來看，英國的勝利與法國的失敗其實早已註定，因為廣東十三行總商潘振承厭惡西班牙，恨屋及烏，反感包括法國在內的所有天主教國家，法國商船在廣東要繳納比英國、瑞典、荷蘭等新教國家更高的稅，限制了法國對華貿易的盈利率。

更重要的是，法國人不像英國人和瑞典人那樣愛喝茶。二十世紀，法國最負盛名的歷史學家布羅代爾，曾經對此醋意十足地評論說，茶葉只有在那些不出產葡萄酒的國家，才會得到民眾的真誠喜愛。

比如在氣溫和文化程度都同樣低的英國。結果，與英國、瑞典等國商船相比，法國商船購買中國茶葉數額小得多，自然不受以出口茶葉為主營業務的廣東十三行歡迎。5

路易十六登基時，由於失去了亞洲殖民地和外貿市場，法國的經濟危機已經極為嚴重。路易十六深知如果不從英國手中奪回在七年戰爭中失去的殖民地，和外貿市場，法國將永無復興之望。

但眼下的法國顯然無力再與英國正面對抗，他於是孤注一擲，大力介入北美獨立戰爭，甚至從德國招募雇傭兵，派他們坐船橫渡大西洋與華盛頓會師，直接參與戰事，支持北美茶葉走私集團。

法美聯盟相當脆弱，他們面對的敵人卻極為可怕。英國東印度公司緊急任命普拉西男爵克萊武為北美總督，委派他率大軍從倫敦直搗費城，鎮壓北美茶葉走私團夥。在戰場上，華盛頓等人肯定不是克萊武的對手，他們需要使用特殊手段。

西元一七七四年十一月二十二日，就在英國遠征軍出發前三天，遠征軍總司令、新任北美總督克萊武男爵，被發現陳屍在倫敦豪宅書房的沙發裡，一把水果刀深深插在其脖子上。美國的歷史學家和記者都一致聲稱，印度的征服者是自殺身亡的。

無論如何，英國第一名將已經告別人世，北美十三州的茶葉走私團夥，還有什麼可怕的？果然，在克萊武死亡五個月後，萊辛頓的槍聲就響了。突失主帥的英軍士氣低落，在北美遊擊隊和法國雇傭軍的夾擊中屢戰屢敗。

西元一七八一年十一月十九日，英國駐北美殖民地主將康沃利斯（清朝人將這個姓氏翻譯成「皋華麗」）在約克頓向華盛頓投降。❻

就這樣，廣東十三行的茶葉決定了美國的獨立命運。戰後，為了打擊美國茶葉走私團夥，西元一七八四年，英國政府宣佈將本土的茶葉稅從百分之一百一十九降到百分之十二點二，猖獗一時的茶葉走私活動，幾乎立即就在全球銷聲匿跡。

可是太晚了，美國已經獨立了。如前文所說，美國獨立戰爭開始時，北美十三州軍隊的國旗「大合眾國旗」，其實就是英國東印度公司的船旗，英國國旗「米字旗」配上十三道紅白相間的橫條。

也就是說，美國雖然以反抗英國東印度公司起家，但起兵一開始時，卻打著英國東印度公司的旗號。

美國獨立後，英國東印度公司船旗上的英國國旗被撤掉，取而代之的，是象徵北美十三州的十三顆星星，現代的美國國旗「星條旗」從此誕生。前文分析過，美國國旗之所以要抄襲英國東印度公司船旗，一個重要目的，就是讓其他國家將美國船誤以為是環球霸主英國東印度公司的船隻，而不敢造次。此外，還可以輕易地冒充成英國東印度公司的船隻，與英國和英國殖民地做生意。

要知道，在英國政府和英國東印度公司內部，美國國父們有許多熟人，可以為他們提供可靠的貨源。英國東印度公司雖然實力強悍，卻正如克萊武所說，由於規模過大而管理不力，內部存在很多樂意犧

名義上可兌換三塊西班牙銀元的大陸幣

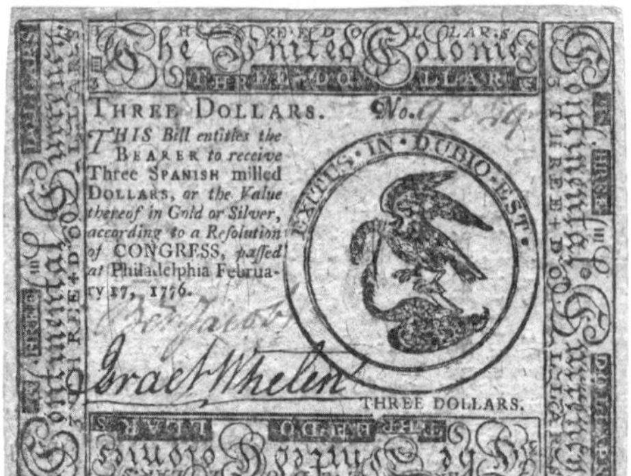

這張在彩頁中曾介紹的大面額美元紙幣，設計圖案其實經過多次改變，自西元一九二八年之後，其尺寸與一至一百美元的紙幣大小相同，設計也相似，正面為總統和政治家頭像，背面為面額和花紋卷渦紋飾。（詳見本書 P201）

牲公司利益換取私人利益的蛀蟲，甚至堂而皇之地要求在公司船上獲得一些自己的「私人貨艙」，用公司船免費給自己運貨，並將貨物賣給公司禁止與之貿易的物件，其性質與和中國貪官索取陋規別無二致。

這些情況，都說明美國國父們從建國一開始，就將做海外貿易當作美國經濟的頭等大事，而他們想要做的生意，主要就是搶英國東印度公司的生意，也就是透過英國東印度公司內部的「蛀蟲」，走私中國茶葉。

但美國國父們恐怕無法料到美國獨立以後，震怒的英國政府和英國東印度公司，為了扼殺襁褓中的美利堅合眾國，不惜壯士斷腕，一面長期用海軍封鎖美國各港口，一面將本土的茶葉稅從百分之一百一十九降到百分之十二點二，使美國既沒有能力將茶葉走私船隊開到公海上去購買茶葉，又無法通過偷漏茶葉稅賺取利潤。

於是，「茶黨」的立國之本就成了空中樓閣。由於走私中國茶葉不賺錢，在本土引種中國茶樹又屢屢以失敗告終，獨立後的美國，變成了一個「不飲茶的國家」，它的愛國居民只得轉變口味，去喝源自非洲、在美洲廣泛種植的咖啡，或是美洲的特產飲料，例如南美印第安人的傳統飲料馬黛茶或十九世紀發明的可口可樂（按：可口可樂一詞是「可卡因」與「可樂果」的結合體，可卡因來自拉丁美洲特產古柯葉）。

但是，新生的美國在經濟上過於弱小，幾乎完全依賴武裝掠奪印第安人和法國援助維生，發行的貨幣「大陸幣」缺乏資源和信用支撐，匯率迅速暴跌，到了西元一七八〇年就已形同廢紙，留下了「連一塊大陸幣都不值（not worth a continental）」的諷刺諺語。

無論《獨立宣言》寫得多麼慷慨激昂，此時的美利堅合眾國都沒有了多少存在的意義。身處窮途末路，美國國父們只得拋棄不再做茶葉生意的原則，向十八世紀末的全球貿易主宰者廣東十三行求援。可是此時的美國商人們，根本沒有本錢和廣東十三行做生意……。7

建國之初，美國遭到英國（準確地說是英國東印度公司）的海上封鎖，自身又沒有什麼資源和技術，可謂一窮二白，僅有的幾個富商跟歐洲和中國的富商相比，也都是拿不出手的小角色。美國發行的「大陸幣」缺乏信用基礎，在國內飛速貶值，在國外更是完全不可兌換。

當時，中國市場上唯一接受的外國貨幣是西班牙銀圓，但美國與西班牙的關係一直不好，而西班牙又在一七七九年對英國宣戰，導致美國國內市場上西班牙銀圓極為匱乏。

當時，美國第一艘前往中國的商船「中國皇后號」，好不容易才湊了兩萬西班牙銀圓（折合一萬四千四百兩白銀），然而即便免去美國商人的全部關稅和食宿費用，這點錢在當時廣州市場上也只能買到一千擔品質最差的武夷紅茶，或五十四擔生絲，實在是太寒磣了。8

其實，十三行商人樂意購買的外國商品並不少，像是鐘錶、望遠鏡、金銀製品、紅木、珊瑚、象牙、犀角、珍珠、棉花、胡椒、葡萄酒等等……可是，建國之初的美國除了少量棉花和葡萄酒之外，一樣也不能生產。如果美國人先把船開到歐洲和東南亞購買這些商品，再拉到廣州去賣，根本沒有價格優勢。換句話說，即便能夠突破英國東印度公司的海上封鎖，把船開到中國，美國商人也不知道有什麼商品能夠賣給廣東十三行，又沒有多少錢購買中國商品，走私茶葉還不賺錢，簡直就像是去中國乞討要飯，前景無比絕望。

但是西元一七八二年，一名曾在庫克船長麾下服役的英國水兵雷雅德叛逃到美國，並很快出版了一本書，記述自己穿越太平洋航行的所見所聞。他在書中提到，一七七八年，庫克船長的艦隊抵達溫哥華島（當時還未落入歐洲殖民者之手）時，因為氣候寒冷，用金屬工具和鏡子與印第安土著交換了一批毛皮，將其中一部分做成大衣。

次年，庫克船長在夏威夷被土著殺死，群龍無首的船隊匆忙向西航行，前往東亞。抵達澳門時，這些不幸的海員急需補給，卻沒帶什麼錢，船上可供出售的商品也很少。

沒想到，好幾位中國商人都對他們的大衣和船艙裡剩餘的毛皮感興趣，並開出了高價，海獺皮的價格尤其驚人：「六個便士換得的毛皮運往中國，就能賣出一百銀圓。」淨賺八百三十二倍（當時一銀圓合五十便士）。最後，這批毛皮大衣換來了一整船的絲綢和陶瓷。

海員們因此群情激昂，紛紛要求返回北美，向印第安人採購更多的毛皮，運到中國來賣，但被官員阻止了。❾

八百三十二倍的利潤！雷雅德的書剛出版便在美國引起了轟動。原來，向中國出口北美毛皮比走私茶葉賺錢多了！所有人都想找印第安人弄些毛皮，再拉到廣東去換成西班牙銀圓。

就是在這樣的時空背景下，第一艘美國遠洋商船、排水量三百六十噸的「中國皇后號」，於雷雅德的書上市一年之後，在主管美國財政的美國國父之一羅伯特．莫里斯的大力支持下，在一七八四年二月二十二日下水了。（詳見本書P204）

可是人算不如天算，由於突遇暴風雪，「中國皇后」號和同行的其他美國船隻，都沒能抵達溫哥華島附近的毛皮主產區，只好帶著在東海岸採購的兩千六百張海獺皮前往廣州。這點貨當然不夠，所以他們還帶上了三十噸剛剛被傳教士在北美森林中發現、傳說具備和中國人參類似療效，因此也可能在中國暢銷的西洋參。⑩

接續上面的故事，「中國皇后號」到了廣州後，大班山茂召才發現他們的兩萬銀圓，在廣州市場上如同九牛一毛，而毛皮價格雖然昂貴，但無奈供應量太少。更糟的是，英國和法國的東印度公司幾年前，就開始成批地對華出口加拿大西洋參，據當時資料顯示「今年的到港數量十倍於往年」。大失所望的美國商人們瞬間陷入絕境，他們能買得起多少中國茶葉、絲綢和瓷器呢？⑪

所幸天無絕人之路。當年正逢乾隆皇帝六下江南，廣東十三行因此被強制捐助大筆財物。年邁的行商領袖潘振承對聞所未聞、窮得叮噹響的美國商人不屑一顧，身家殷實的行商們，也對美國沒有表現出絲毫的興奮，不過，幾位初出茅廬、手頭吃緊的中小行商卻願意冒險，對送上門來的新主顧表現得相當熱情。

而為首的人，就是剛剛開始獨立經營外貿的同文行帳房伍國瑩。

他們的積極配合，使美國商人滿載而歸。最終，「中國皇后號」上的三十噸西洋參全部售出，得銀八萬零四十一兩，兩千六百張海獺皮賣得五千兩白銀，加上其他商品，共賣得十三萬六千兩白銀，採購了四萬九千兩白銀的紅茶、一萬七千兩白銀的綠茶，各兩千五百兩白銀的絲綢和瓷器。⑫

〈中國皇后號〉美國第一艘遠洋商船

〈山茂召〉美國商船「中國皇后號」大班

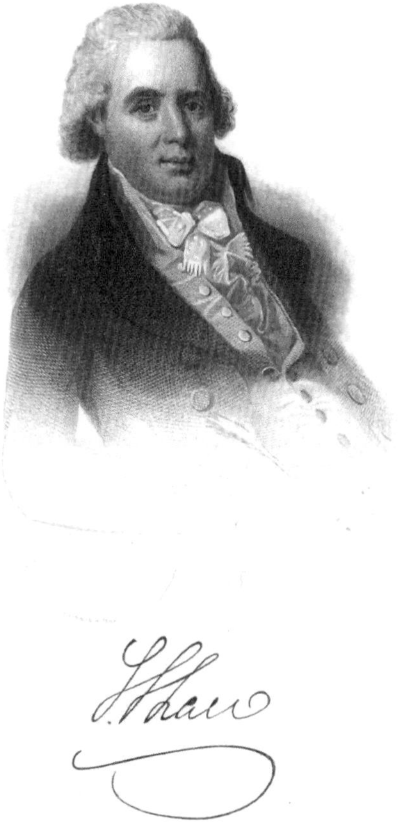

在西元一七八三年開工時，中國皇后號原先是計畫作為私掠船，但是在同一年簽訂巴黎條約，結束了美國獨立戰爭，它被改作商船使用。
西元一七八四年，中國皇后號自紐約啟航，在五個月後抵達大清帝國領土廣州，成為美國立國後第一艘抵達中國的船隻，也是為中美兩國歷史上的首次通商。
隨中國皇后號到達中國的還有一個美國貿易代表團與美國政府官方代表。

次年五月十一日，「中國皇后號」返回紐約港，船上的中國貨物當天就全部售罄，再加上帶回的六萬兩白銀，獲利高達百分之一百五十。當時清朝政府為了避免白銀外流造成通貨緊縮，已經明令禁止外國商船將白銀帶出境，美國商船能夠帶回這批白銀，顯然是得到了伍國瑩等十三行商人的特殊關照。

這筆錢成了美國金融界的「第一桶金」，山茂召也因此成為美國首富。同年八月十七日，美國首任總統華盛頓，親自寫信給另一艘前往中國的商船船長，托他代自己向廣東十三行採購以下物品：「一張最好的中國南京條石桌子；一套最好的中國晚餐茶具，配以茶碟；一批上好的中國青花瓷盤子，多少都行；一套中國青花瓷小碗；六個水壺和洗手盆；六個杯子，或者三個大杯子和三個大壺；一盒散裝上等熙春茶，十三碼黑花絲綢；一段平紋棉布；一塊絲手帕；十二段上等、十八段次等的南京布……」⓭從此，美國商船絡繹不絕地來到廣東，向廣東十三行購買各種中國商品。

此時，美國向中國出口什麼商品呢？第一，就是上文提到過的毛皮。正如雷雅德發現的那樣，廣東市場上的毛皮價格特別貴。但是廣州氣候溫暖，廣東人很少使用毛皮製品。廣東十三行購買的外國毛皮，大部分都輸往了中國北方，那裡有當時全世界最狂熱的毛皮收藏者。

如前文所述，明朝末年女真人之所以富強起來，一個主要原因，就是當時氣候寒冷，中國市場對毛皮的需求量增大，女真人得以高價出售東北特產毛皮。

清朝入關以後，在東北建造「柳條邊」，禁止漢族、蒙古族和朝鮮族，進入東北大部分地區，導致毛皮供應減少，毛皮價格進一步上升。在整個清代，中國市場上的毛皮價格都是全世界最高的，所以，荷蘭東印度公司僅靠向中國大陸販賣鹿皮，就能維持其在台灣的統治。

清朝是滿洲人建立的國家，滿洲氣候寒冷，人們傳統上最看重的不是房子、車子，而是貂皮大衣等厚實禦寒的毛皮衣物，而且還用毛皮來分別社會等級尊卑。

清朝政府規定：「衣冠定製，寒暑更換，皆有次序。由隆冬穿貂皮起，凡黑風毛袍褂，如玄狐、海龍等，皆在期內應穿；由此換白風毛，如狐皮、猞猁、倭刀之類；再換羊灰鼠、再換灰鼠、再換銀鼠、再換寒羊皮……」所以，毛皮在清朝上層社會被廣泛使用，價格一直居高不下。[14]

廣東的氣候雖然不算很冷，但清朝廣東的上層人物也「將袖口和領子縫上毛皮」，「為此需要大量的海龍皮（海獺皮）、貂皮和黃貂魚（海狗）皮」（按：引述自《涅瓦號環球旅行記》）。

直到現在，東北依然保存著類似的消費習慣。同樣是由於自然環境的因素，世界上最優質的毛皮獸大多分佈在北太平洋沿岸：黑貂、紫貂、雪貂、灰熊、棕熊、狐狸、猞猁、浣熊、水獺、海獺、海豹、海獅等。為了出售毛皮給廣東十三行以賺取暴利，美國獨立之後，美國商人立即成立「西北公司」「美國毛皮公司」和「太平洋毛皮公司」，有組織地在北美和北太平洋捕殺這些毛皮獸，以殘忍的手段把多種野生動物逼到絕種的邊緣。[15]

英國也成立了「哈德遜灣公司」，在加拿大各地採購毛皮。同時，俄羅斯也在對華毛皮貿易中大發橫財。為了掠奪毛皮，俄國探險隊越過白令海峽直撲溫哥華島，從而控制了阿拉斯加，還成立了「俄美公司」，專門在北美狩獵並生產、採購毛皮，然後轉手賣到中國和西歐。

當阿拉斯加的毛皮資源漸趨枯竭時，俄國政府就毫不憐惜地將這塊土地轉手，賣給了另一個對華毛皮出口大國，也是當時唯一有興趣的買家美國。與中國相反，當時地球上另一大經濟體印度由於氣候炎熱，對毛皮完全沒有需求，因此根本不從歐美進口毛皮，雙方經濟互補性太差，導致美國和俄國商人無法進入印度市場。

第二，上文中也提到過的西洋參。在明清時期「人參熱」的影響下，中國對西洋參的需求一發不可收，西洋參迅速成為廣受歡迎的中藥，進口量愈來愈大，歐洲和美國商人於是大量雇傭印第安人進山開採西洋參，結果嚴重破壞了北美西部的森林，並擾亂了印第安傳統社會，為美國征服「西部」，佔領盛產毛皮獸和西洋參的加利福尼亞、華盛頓和俄勒岡等地奠定了基礎。16

第三，紅木。自從明朝的「傢俱革命」以來，中國對紅木的需求就有增無減，價格自然也水漲船高。然而，紅木種類雖多，全都原產於東南亞、南亞、非洲和拉丁美洲，被英國、法國、西班牙等歐洲列強壟斷，美國沾不到邊。受自然環境影響，北美根本就沒有紅木生長。

不過，美國商人在多次穿越太平洋的航程中，意外在太平洋上的幾座海島上，發現了一種優質紅木檀香木，並在廣東可以賣出天價。其中最大的一個群島是夏威夷，它的首都火奴魯魯因為盛產檀香木，而被中國人稱為「檀香山」。

由於沒有「貢賜貿易」體系的保護，美國商人透過市場經濟，在四十年內就將這些島嶼上的檀香木搶掠一空。結果在檀香木絕跡之後，這些島嶼的經濟全部崩潰，隨後都陸續被納入美國領土。17

透過與廣東十三行展開對華貿易，美國資產階級完成了最艱難的「第一桶金」原始資本積累。到了西元一七九二年，美國已超過瑞典，上升為中國的第二大交易夥伴，僅次於英國。於是，廣州成為最受早期美國人歡迎的外國城市。如今，美國的二十三個州都分佈著以「Canton」（廣州或廣東）命名的城鎮。

在廣東十三行的精心呵護下，襁褓中的美國經濟渡過了最危險的階段。可是，美國商船來廣州必須繞過波濤洶湧的好望角或火地島，如此艱辛而漫長的航行很不合算，所以美國建國以後，一面全力向太平洋擴張，一面長期致力於在中美洲地峽開鑿運河的工程計畫。又因為發現廣東十三行常向英國東印度公司購買印度棉花，為了同英國東印度公司競爭，所以建國後的美國瘋狂地從非洲購買黑奴開墾棉花種植園，以便向中國出口美國棉花，導致美國社會分裂，

奠定了現代民主制度的法國大革命

法國的一段社會激進與社會動盪的時期，對於法國歷史以及全歐洲都留下深刻的廣泛影響。（詳見本書 P210）

為南北戰爭埋下了伏筆。

新盟友美國迅速投入廣東十三行的懷抱，成為壓垮法國國王路易十六的最後一根稻草。對於十八世紀後期主宰全球經濟的廣東十三行、英國東印度公司及美國經濟聯盟而言，摧毀法國經濟不過舉手之勞。

西元一七八四年，法國政府已無力償還債務。儘管路易十六的王后瑪麗・安東妮，並不像許多宣傳手冊描繪得那樣奢侈腐化，依然被法國民眾嘲諷為「赤字夫人」。一七八九年年初，經濟危機導致大批民眾衝擊政府部門。據說當大臣告知瑪麗・安東妮，說老百姓已經買不起麵包的時候，法國王后傲慢地回答：「那他們幹嘛不吃蛋糕？」

法國大革命爆發後，路易十六夫婦的王位和性命都隨風而逝。與他們同樣慘死在斷頭台上的，還有當時的歐洲頭號科學家拉瓦錫。在法庭上，拉瓦錫的朋友為他辯護說：「砍下這樣一顆頭顱只需要一秒鐘，培養這樣一顆頭顱，卻需要一個世紀。」法官義正詞嚴地批駁道：「革命不需要科學家，革命只需要正義！」

拉瓦錫死時只有五十歲，科學成就遠遠超過瓦特等同時代的英國學者，可惜身敗名裂、死於非命，而瓦特卻富可敵國、歡度晚年。其境遇恰恰顯現出當時的英吉利國泰民安，蒸蒸日上。

究其根本原因，不在於兩國的科技水準和政治制度，而在於兩國同亞洲的貿易，特別是與廣東十三行的親疏關係。英國佔有了印度，並控制了大部分對華貿易，因此財富源源不絕湧向英國，民眾愈來愈富有，社會日益穩定；法國失去了印度，在對華貿易中也只佔有很小一部分，因此只能坐吃山空，民眾日益貧困憤怒，最後走向革命。

法國大革命解散了法國東印度公司，法國自此在亞洲貿易中更加無足輕重。作為對歐美政局影響舉足輕重的大人物，潘振承沒能等到法國大革命的爆發，他在西元一七八八年一月十日溘然辭世，享年七十三歲。這位中國商人利用廣博的知識和精明的手段，不費一兵一卒，就相繼打垮了西班牙和法國這兩個歐洲最強大的政權，幫助瑞典和普魯士復興，提攜瀕臨破產的美國走上富強之路，更推動英國成為殖民地遍佈全球的日不落帝國，真可謂「順之者昌，逆之者亡」。

理所當然，每個參與對華貿易的歐洲政治家和商人，都對潘振承的商名「潘啟官」耳熟能詳。他們一到廣州，便爭先恐後地請求潘振承的接見，以至於在與潘振承握手時，竟會像粉絲遇到崇拜的明星一樣，激動得痛哭流涕。

「夷人到粵，必見潘啟官」，從此成為廣州外貿市場上眾所周知的規矩。即便在潘振承去世幾十年以後，他的子孫「潘啟官二世」和「潘啟官三世」依然令外商趨之若鶩，堪稱「餘威振於殊俗」。[18]

而主宰世界貿易市場的潘啟官家族，因此獲得了一個令人震驚但又確實當之無愧的輝煌頭銜：歐洲之父。[19]

身為萬人仰慕的「歐洲之父」，潘振承的後半生其實並非一帆風順，而是充滿了波折。潘振承同時代有許多著名的人，例如乾隆皇帝、克萊武、華盛頓、路易十六等政治家和軍事家，曹雪芹這樣的文學家，也不乏瓦特和拉瓦錫這樣的科學家，他們都與潘振承領導的廣東十三行有著各種各樣的聯繫。

這種關係在一位科學家的身上體現得最為緊密，此人就是現代生物分類學之父、瑞典博物學家：林奈。

瑞典人林奈，發明以「二名法」為基礎的現代生物分類學，其實是一件很奇怪的事情，因為生物分類研究需要大量生物標本，而瑞典地處北歐，氣候寒冷，生物種類匱乏，科學家缺乏研究材料。

林奈本人很少出國，而且從未離開過歐洲，瑞典又沒有海外殖民地，他進行生物分類研究必需的大量標本從何而來？答案是：瑞典東印度公司。

如前文所述，瑞典東印度公司之所以能夠在十八世紀長盛不衰，主要原因正是潘振承領導的廣東十三行出於戰略考慮，有意識地多方提攜，令瑞典迅速走出大北方戰爭失利的陰影。於是，瑞典商船絡繹不絕地來往於北歐和中國之間，隨船帶回沿途經過的眾多亞洲和非洲生物標本，使瑞典的生物學研究在十八世紀盛極一時，學科帶頭人就是林奈。

林奈的女婿索蘭德和學生桑伯格，都參加過庫克船長的探險隊，庫克死後，索蘭德造訪過中國，桑伯格更是在日本生活了三年多，收集了許多東亞動植物標本，帶回瑞典去和林奈共同研究。

不過，名滿天下的林奈卻沒打算給予潘振承和廣東十三行應得的酬謝。林奈畢生都與瑞典東印度公司保持著頻繁的書信往來，其中很多信件都涉及一項絕密行動：設法將十八世紀的搖錢樹，也就是茶樹引種到瑞典。如能成功，瑞典就將從茶葉進口國變成茶葉出口國，廣東十三行的命根子將被切斷。

林奈很清楚廣東行商必定會竭盡全力阻止這種事的發生，於是在瑞典政府和東印度公司的支持下，多次派遣自己的助手和學生，化裝成東印度公司商船的隨船牧師、職工前往中國，潛入內地茶園，設法購買或盜竊茶樹種子和幼苗。

在清朝官吏和廣東十三行職員的嚴密監視下，大部分行動都以失敗告終，不過林奈還是在西元一七六三年，得到了一棵茶樹，這也是第一棵在歐洲生根發芽的茶樹。

而對清朝和廣東十三行來說，幸運的是，偉大如林奈的西方生物學家，也沒能使茶樹在歐洲的土地上繁殖，形成生產能力。即便如此，林奈及其弟子仍然致力於尋找中國茶樹的替代品，而且真的被他們找到了。

桑伯格在南非發現了一種豆科植物，用開水泡其樹葉，會得到一種酷似紅茶的飲料，稱為「如意寶茶」或「路易波士茶」。實踐證明，如意寶茶是一種很好的無毒熱飲，但是它不含咖啡因和茶鹼，沒有促使人類神經興奮的作用，加上產量不高，因此沒法完全取代中國茶葉。

二十世紀初，瑞典科學家安特生在中國發掘出了北京猿人和仰紹文化等眾多重大遺址，並為中國培養出了大批地質、古生物和考古學家，可以被視為當年林奈對廣東十三行恩將仇報行徑的補償。

在國內，潘振承領導的廣東十三行，也要面對與林奈同樣狡詐的對手。十八世紀中葉，任職兩廣總督的李侍堯，是一個很有背景的大人物，當清太祖努爾哈赤起兵反明時，他的曾祖父李永芳是第一個投降的明朝將領。滿族統治者為了拉攏漢人，傳承四世皆對李家恩眷有加。

李侍堯的個子較矮、記性極佳，為人辦事幹練且愛錢如命，是一個工作能力很強的大貪官。由於家族的原因，他自小便與乾隆相識，仗著皇帝的包庇，貪污起來毫無顧忌。

偏偏英國商人洪任輝不服軟，在英國東印度公司的支持下，赴天津狀告李侍堯與粵海關監督李永標，貪腐勒索，險些斷送了李侍堯的仕途。幸好乾隆皇帝選擇棄卒保車，只將李永標革職抄家，讓李侍堯逃過了一劫。[20]

李侍堯等廣東官員膽戰心驚地熬過這次調查，自然有充分的理由，對洪任輝等英國商人恨之入骨，於是迅速展開報復行動。首先，替洪任輝向朝廷遞交狀子的天津知府靈毓，被斬首於北京菜市口，替洪任輝寫狀子的四川商人劉亞匾，也掉了腦袋，至於洪任輝本人則被囚禁在澳門三年，期滿後被驅逐回國，永遠不許再來中國。

西元一七五九年，急於報復的李侍堯便奏請乾隆皇，頒佈了包括九條禁令在內的《防範外夷規條》，主要內容如下：

第一：永遠禁止外國軍艦進入虎門水道，以防軍事衝突。

第二：永遠禁止外國商人攜帶任何武器和婦女（包括自己的母親、姊妹、妻子和女兒）進入廣東省，免傷風化。

第三：永遠禁止中國商人向外國人借貸，以防商欠。

第四：永遠禁止外國人雇傭中國員工，永遠禁止外國人學習中文。

第五：永遠禁止外國人乘坐轎子。

第六：永遠禁止外國人坐船在中國江河上遊玩。

第七：永遠禁止外國人向中國官員直接遞交訴狀，如有訴訟均，需由十三行洋商代寫代交。

第八：外國商人在廣東省居留期間，只許住在廣州城西南郊的「夷館」裡，永遠不許走進廣州城門。

第九：永遠禁止外國商人在廣東省境內過冬，如因故的確無法出洋，必須去澳門過冬。㉑

儘管這九條禁令對外國商人已經相當嚴苛，仍然不能平息廣州當局對英國商人的復仇怒火。同樣是在西元一七五九年，御史李兆鵬提出了一個史無前例的建議，永遠禁止向國外出口絲綢，居然得到了乾隆皇帝的批准，等於是宣告持續三千年之久的絲綢之路突然死亡。㉒

如果所有這些禁令都被嚴格執行，中國的外貿勢必完全解體，廣東十三行也就消亡了。但是在執行過程中，精明的官吏能夠找到各種方式對屬民網開一面，前提當然是有好處可拿。於是，以潘振承為首的廣東十三行，不得不在西元一七五九年年底至一七六〇年年初，向李侍堯等廣東官員獻上大筆賄賂，同時不顧外國商人的反對，再次成立公行。

而這也正是李侍堯渴望借禁令取得的效果。作為一名精明的官員，他根本就沒打算毀掉廣州外貿，而是希望借助種種外貿禁令增加自己的收入。同樣需要行商打點的，還有以乾隆為首的北京朝廷大員。

果然，經過一番運作，乾隆皇在西元一七六二年洪任輝刑滿後，就特批允許瑞典商人在廣東購買兩千斤絲綢。㉓

西元一七六四年，正在為剛剛落成的圓明園西洋樓景區（詳見本書 P8）陶醉的乾隆，取消了絲綢出口禁令。理由很簡單。如果沒有廣東十三行捐獻的數百萬兩白銀，金碧輝煌的圓明園，將永遠無法建成。因為不但設計西洋樓的多位外國工程師，是廣東十三行洋商推薦給乾隆皇帝的，甚至興建圓明園所需的紅木等建築材料，也大多由廣東十三行從東南亞和南亞進口。而這都是徽商、晉商等內地商幫無法代勞的。㉔

西元一七六五年，乾隆皇帝還交給潘振承等廣東十三行商人十六幅郎世甯等宮廷畫師繪製的《平定西域得勝圖》，委託法國商人運到巴黎，刻成銅版畫，一七七二年全部完成，又由十三行商人送回紫禁城，「高宗（乾隆皇帝）見之，甚為嘉許」。㉕

巨額的捐款和賄賂使大部

印度皇帝阿拉姆接受東印度公司的「雙重管理制度」

（關於英印戰事始末，詳見本書 P218-P219）

〈吞武里大帝〉拓印在一百泰銖鈔票上的泰國國王鄭信

鄭信在位期間消滅了各地割據勢力，又擊退緬甸的再次進攻，收復了清邁等地。他還征服了蘭納、萬象、瑯勃拉邦、占巴塞，並同越南的阮主爭奪柬埔寨。此外，泰國的教育和宗教學習得到了推進，並積極同中國、英國與荷蘭展開貿易活動。（詳見 P219）

分禁令都名存實亡，給廣東十三行洋商自身帶來的好處，還不止於此。西元一七六〇年，同文行老闆潘振承被封為正三品的通議大夫，這是到乾隆朝為止，清朝商人獲得的最高官職。同年，經李侍堯總督批准，廣東公行被改組為外洋行、本港行、福潮行三類，而潘振承被毫無異議地任命為總商。

這次改革，推動了廣州各商行走上專業化道路。外洋行專辦西洋各國的進貢和貿易，本港行專辦東南亞國家的進貢和貿易，福潮行專辦廣東與福建和浙江等省的貿易。以當時外貿的最大宗商品茶葉為例，從此就由福潮行專門從福建等省採購，運到廣州轉手賣給外洋行，再由外洋行賣給外國商人。

相比以前由同一家公行從商品原產地批發到廣州賣給外國商人的貿易模式，西元一七六〇年改革打破了一條龍產業鏈，增加了商品的轉手次數，對廣州公行有利，卻提高了外國商人的收購成本。這引發了東印度公司更強烈的不滿，多次向廣東衙門抗議。

西元一七六三年，剛剛被廣州監獄釋放的洪任輝，灰頭土臉地返回孟加拉，英國政府和媒體這才得知詳情。反響是強烈的，普拉西男爵克萊武，很快就給英國當局擬定了一份在華南沿海地區動用武力，迫使清朝政府撤銷貿易限制的草案，這也是英國第一次制訂侵略中國的戰爭計畫。

不過，由於當時印度抗英戰事升級，這一計畫沒有得到實施。[26]西元一七六四年十月二十二日，蒙兀兒帝國軍隊在布克薩爾完敗於英軍，皇帝阿拉姆被迫接受東印度公司強加給自己的「雙重管理制度」，將印度東部各邦的稅收和司法權都移交給東印度公司「代管」，並任命克萊武為孟加拉總督。

從此，印度的半壁江山都淪為英國的殖民地和半殖民地，英國在亞洲的野心也隨之膨脹。[27]西元一七六四年不僅是印度的傷心年，也是潘振承的傷心年，因為在這一年，他苦心培養的接班人、長子潘有能突然去世。

他的次子潘有為後來寫詩回憶說：「有兄拔俗靈秀鐘，甫冠譽已馳鮫宮……方以摩漢許阿鴻，玉樓召賦何匆匆。嫂失柏舟哀未終，蒿裡歸休呼與同。僅遺一女兒數充，前哀未闋新殃重。而我踽踽飄斷篷，擗摽慣與精氣通。重中亂命憂心忡，呂刀秘不露其鋒。[28]」

看來，潘有能頗具才華，但在新婚後不久便因為某種秘密原因墜樓死亡，只留下一個女兒。潘有為想為兄長報仇，卻一直沒有機會。

而在當時，還沒來得及給兒子報仇的潘振承又陷入了大麻煩，印度蒙兀兒帝國崩潰的同時，東南亞興起了新的霸主緬甸。十八世紀的緬甸王國極為好戰，征服了包括泰國在內的周邊諸多國家，後來又悍然入侵中國領土。

西元一七六六年中緬戰爭爆發，清軍未能佔得半點便宜，至西元一七六九年，由於泰國華人領袖鄭信起兵抗緬，緬甸腹背受敵，才同意與清朝停戰。

緬甸表面上向清帝國稱臣納貢，實際上侵佔了清帝國大片領土，直到鴉片戰爭期間，清朝官場上還盛傳著乾隆皇帝「征緬不克，棄地五千里」的尷尬往事。不過乾隆皇帝本人卻厚著臉皮，將中緬戰爭列為自己的「十全武功」之一，而這些「武功」無不建立在廣東十三行等中國商會的大筆資金支持之上。

這場緬泰戰爭和中緬戰爭，確實給廣東十三行的貿易造成了嚴重影響。不但紅木、香料、海產品等傳統的東南亞大宗進口貨物，難以供應，還要年復一年地向朝廷捐助大筆軍費，日子過得苦不堪言。

當時，一位名叫詹萬榜的安徽婺源（今屬江西）茶葉商人來廣州賣茶葉，就因為十三行市場行情冷淡，茶葉賣不出去，連回鄉的路費都湊不齊，只好暫住在廣州，後來開設了一家名為「萬孚」的小茶行。

由於擔任公行總商，潘振承需要料理很多這類與同文行無關的雜事，進一步加劇了同文行的衰落。

「歐洲之父」潘振承居然內外交困，資產大幅縮水，這可不多見。同文行的競爭者迅速抓住這個千載難逢的良機，開始了資本擴張。幾十年來，福建企業家長期把持廣東十三行，令廣東本地商民很不服氣，現在他們推出了一位重量級選手，泰和行老闆顏時瑛，來挑戰潘振承的廣東十三行領袖地位。

與潘振承相比，顏時瑛年紀較輕，廣東人稱他為「瑛少」。西元一七七〇年，廣州的一座佛廟光孝寺需要重修，潘振承捐了五十銀圓，顏時瑛卻捐了六十銀圓，數額雖然不多，卻故意壓過潘振承一頭。英國東印度公司也注意到了廣東十三行的兩強爭霸新局面，並認為這比同文行一家獨大的傳統局面，對他們更加有利。[29]

西元一七七一年，顏時瑛賣給英方的一批茶葉不僅供貨遲滯而且品質也很差，英國大班卻依然按原價接受了，並向東印度公司董事會這樣解釋：「我們為尊敬的公司利益著想，不能過度逼迫顏行商。他是一個集團的首領，潘啟官是另一個集團的首領，兩個集團相互妒忌與憎恨，有力地保證了我們能夠反抗不合理的貨價。[30]」

而正當英國在亞洲的政治、經濟地位極速飆升之際，蘇格蘭學者亞當・史密斯完成了西方經濟學的奠基之作《國富論》。在這部書中，他數十次提及印度與中國的經濟特點和規模，中國人熟知的有幾段：

「在中國廣州地方，半盎司白銀可支配的勞動量或生活必需品和便利品量，比倫敦一盎司白銀可支配的也許還要大……中國一向是世界上最富的國家，就是說，土地最肥沃，耕作最精細，人民最多而且最勤勉的國家……中國下層人民的貧困程度，遠遠超過歐洲最貧乏國民的貧困程度……中國似乎長期處於靜止狀態，其財富也許在許久以前已完全達到該國法律制度所允許有的限度，但若易以其他法制，那麼該國土壤、氣候和位置可允許的限度，可能比上述限度大得多。一個忽視或鄙視國外貿易、只允許外國船舶駛入一、兩個港口的國家，不能經營在不同法制下所可經營的那麼多交易。」

「此外，在富者或大資本家在很大程度上享有安全，而貧者或小資本家不但不能安全，而且隨時都可能被下級官吏藉口執行法律而強加掠奪的國家，國內所經營的各種行業，都不能按照各種行業的性質和範圍所能容納的程度，投下足夠多的資本。」

「在各種行業上，壓迫貧者，必然使富者的壟斷成為制度。富者壟斷行業，就能獲有極大利潤。所以，中國的普通利息率，據說是百分之十二，而資本的普通利潤，必須足夠擔負這樣高的利息。」

「一國法律上的缺陷，有時會使其利息率增高到大大超過它的貧富狀況所需要的程度。它的法律如果不強制人們履行契約，那就使一切借款人所處的地位，和法制修明國家中破產者或信用不好者的地位相差不遠……中國人不重視國外貿易。」

亞當．史密斯沒有來過中國，他在《國富論》中對中國經濟的這些分析，主要來自他與英國東印度公司雇員的交流。由於歷史原因，在英國東印度公司雇員中，他的蘇格蘭老鄉所佔比例特別高。

亞當．史密斯指出中國經濟規模巨大，而且還有巨大的經濟潛力尚未開發，物價明顯低於歐洲，但這是以中國廣大下層民眾的低收入為代價的，中國的法制建設不完善，商人的合法財產經常被政府無端剝奪（這裡指的，主要是負責對外貿易的廣東十三行商人）。

然而，亞當．史密斯所謂的「中國似乎長期處於靜止狀態」和「中國人不重視國外貿易」，其實大錯特錯。在亞當．史密斯之前，清朝外貿格局就已經發生過多次劇變，而清朝政府「不重視國外貿易」僅是做給外國人看的。實際上，無論是明朝政府還是清朝政府，都非常熱衷插手利潤豐厚的對外貿易。

基於這些錯誤的判斷，英國人後來通過《南京條約》、《北京條約》等不平等條約，向中國提出了大量經貿要求，中國政府被迫滿足這些要求之後，英國卻並沒有像預想得那樣，因此變得富裕。

屋漏偏逢連夜雨，正當潘振承面臨來自顏時瑛的強力競爭時，四川大小金川土司起兵反清，乾隆皇帝急調十餘萬兵馬圍剿。規模浩大的戰爭，帶給廣東十三行極其沉重的捐款壓力。

〈和珅〉貪得無厭的乾隆寵臣

民間流傳「和珅跌倒、嘉慶吃飽」的評語。（廣東十三行與和珅的交鋒，詳見本書 P228）

潘振承決定改變策略。他向李侍堯總督請求解散公行，名義是「公辦夷船，眾志分歧，漸至推諉，與公無補」，同時也請求辭去公行總商職務，可以一心料理同文行的業務。

解散公行，是英國東印度公司一直求之不得的，潘振承為此向李侍堯行賄十萬兩白銀，後來英國東印度公司替他報銷了這筆公關費。不過，公行的解散，降低了廣東十三行對外國商人的談判能力，增加了自身的經營風險，因此潘振承等行商後來絞盡腦汁，設計了一種抗風險的新機制。[31]

西元一七七二年，潘振承終於否極泰來。他的次子潘有為在科場上連中三元，隨即被乾隆皇委任編纂《四庫全書》光宗耀祖，成為行商子弟楷模。可是次年，壞消息卻來了。清軍在四

英國戰艦入侵黃埔港

第四次〈英荷海戰〉是奠定英國制海霸權的重要戰爭。（戰事始末，詳見本書P228）

清朝官員審判英國水手想像圖

圖中描繪清朝官員提審鬧事的英國水手（堆棧島事件）。按當時清朝法律，十五歲以下不得受審，且英方宣稱該事件為槍枝走火引起的意外，但該船保商潘振承卻不得不花費大筆白銀、賄賂官員，才得以彌平這場風波。

川前線的木果木遭遇慘敗，主帥武英殿大學士溫福、四川提督董天弼等上萬將士陣亡！

氣急敗壞的乾隆皇帝被迫舉國動員，討伐大小金川，廣東十三行只得加倍捐款。同年，安南（今越南）發生西山軍暴動，國家從此一分為二，陷入漫長的內戰。許多安南難民為了謀生而淪為土匪和海盜，橫行於南海和中越邊境山林，給廣東十三行的貿易造成了巨大的困擾。

年邁的潘振承，採取靈活的金融手段來應對這場危機，英國東印度公司檔案這樣記載道：「潘啟官通知管理會，他要用公司的匯票，給倫敦的幾個人匯去一筆相當大的款項，但他在十二天或十四天內恐怕難以籌得此款，這樣本季度就無法將錢匯到英國。」

「因此，他提出一個對他自己和公司都有利的方法，即他願意接受我們訂購生絲的合約，如果董事會幫助他簽發這筆匯票，他可以將匯票上的款額，劃為生絲合約訂金的一部分。」

潘振承的提議得到回覆。因為無論怎樣，公司也無法在本季度獲得這筆現款，即便獲得了，而每年都必須購買大量中國生絲，也只不過是先收而後再支付罷了。[32]

匯票在十八世紀中葉還是一種全新的金融支付手段，年近六旬的潘振承卻迅速能夠接受，可見其思路之靈活。匯票在當時的中國其實並不合法，但是大部分政府官員都沒有接觸過，因此對之聽之任之。可以說，人類社會的大部分金融創新都是落後的法律逼出來的。此類金融創新，在潘振承身上不勝枚舉。

西元一七七五年，潘振承勸阻了廣東官員重建公行的命令，代之以全新的「公所基金」，規定基金會成員必須向基金繳納其每年利潤的十分之一，以便應付突發事件可能產生的浩繁費用（主要是天災人禍時對朝廷的捐款和官員的索賄）。表面上，它仿效天主教國家的「什一稅」，本質卻是一個保險公司。

潘振承向英國東印度公司解釋說：「這個組合『公所基金』不能說是公行，對（英國東印度）公司的利益也不會有什麼影響，反而對他們的財產會有保證。行商們只有用這個辦法才能免於破產。33」

公所基金起初遭到英國東印度公司的懷疑和抵制，但後來卻證明了自身的效能，以至於許多外國商人後來也加入了。同時，它也給基金會創始會員帶來了穩定的收入。

西元一七七三年，熬過多個難關的廣東十三行迎來了黃金時代。英國東印度公司重組，加強了對印度和東南亞的管理，廣州外貿市場繁榮起來；緊接著在一七七六年，大小金川被平定，廣東十三行總算擺脫了沉重的軍費負擔。

經濟復興令奢侈品的價格水漲船高，據英國東印度公司帳目記載，一顆售價四千五百七十五兩白銀的大珍珠，在西元一七七三年廣州市場上還無人問津，到了一七七五年卻以五千四百兩白銀的高價成交。34

西元一七七六年，潘振承在河南島上修建家族祠堂「能敬堂」，顯示了充沛的財力。不過，與潘振承對著幹的對手們就不這樣幸運了。不久後，經濟危機突然爆發，到了一七七九年，泰和行、裕源行兩大洋行由於欠下外商巨額高利貸，本金一百零七萬八千九百七十六銀圓，加上利滾利竟達三百八十萬八千零七十六銀圓之多，資不抵債，宣佈破產倒閉。經英國東印度公司調查，當時廣東十三行只剩下八家，其中四家事實上已經破產，另外三家也經營困難。

惟獨「潘啟官欠英國人的債務，總計不超過八萬銀圓。他的能力和他與官員的關係，使他成為此處最有用的人，他調度得法，是一位最可信賴的行商。[35]」

廣東十三行洋商經營著高利潤行業，卻紛紛破產，主要原因無疑是清朝官吏的百般敲詐盤剝。為了維持清朝外貿的信用，並改善廣東十三行的處境，西元一七八〇年乾隆皇五下江南期間，下令將顏時瑛、張天球等破產行商，按法律充軍伊犁，並查辦他早年最寵信的封疆大吏，前後擔任兩廣總督十三年之久、時任雲貴總督的李侍堯。

而乾隆皇派去查辦李侍堯的官員，正是他晚年的新寵，御前大臣和珅。和珅本來為人謹小慎微，負面新聞也不多，但自從審了李侍堯貪污案以後，他似乎突然開竅了，愈來愈貪。

李侍堯倒下了，換來了個和珅卻權傾朝野。潘振承後半生要著重打點的，就是李侍堯、和珅這兩位乾隆朝乃至於整個中國歷史上的超級貪官。金碧輝煌的恭王府，只不過是和珅上百套住宅中的一套而已。應付和珅的勒索還不夠，顏時瑛等人欠下的外債，也需要潘振承等行商分期償還，這正是他們建立公所基金的主要意義。

儘管對潘振承來說，凡是用錢能解決的問題就不是問題，但有些飛來橫禍還是解決不了。就在潘振承的三個對頭李侍堯、顏時瑛、張天球倒台的西元一七八〇年，潘振承的三子、兵部員外郎潘有動回福建漳州料理事務，不料「庚子忽逢電光怒」，被雷劈死了。

次子潘有為還在北京編纂《四庫全書》，潘振承只好轉而培養時年二十五歲的四子，潘有度。潘有度也是科舉得意之人，此時已經官拜翰林院庶起士，放棄仕途一直令他心存不滿，然而父命難違，只好投身商海。[36]

所謂福無雙至，禍不單行。西元一七八〇年美國獨立戰爭和第四次英荷戰爭爆發，在華的歐洲各國商船之間不斷發生武裝衝突，不但造成許多水手死傷，甚至發生過英國船在黃埔港內奪取荷蘭船的惡性案件，給廣東官府帶來了很多麻煩。（詳見本書 P224 英荷海戰圖）

西元一七八二年，爆發英國水手在堆棧島射殺中國人事件。潘振承身為保商，花費大量白銀擺平此事。英國東印度公司廣州管理委員會對此深感滿意。向董事會報告說：「由於潘啟官的活動，和他對官員的影響，此事得到解決，我們的貿易沒有因此遭遇障礙……。」37

可令潘振承沒想到的是，英國東印度公司居然很快就恩將仇報。在西元一七八三年，該公司聲稱同文行、而益行兩年前賣給公司的茶葉，共一千四百零二箱都品質低劣，要求退貨。這批茶葉的包裝都嚴重破損，無法辨認是哪家商行出售，何況茶葉在存放兩年之後自然會變質。按照粵海關的規定，外國船只要進港，就得納稅。潘振承不得不耐心說服粵海關官吏，對來退貨的英國商船免稅，並為了同文行的商業信譽起見，賠償給英國東印度公司一萬銀圓，餘額次年退還。

他與而益行老闆石瓊官協商之後，通知英國東印度公司，如果以後再發生這類事，乾脆把不合格的茶葉倒進大海算了，直接拿帳單來退款即可，以免進口時重複納稅。就這樣，潘振承前後花了約五萬銀圓，才保住了同文行的商業信譽。38

由於美國獨立戰爭導致的經濟危機，行商不斷破產。到了西元一七八三年，行商已減至四家（同文行潘振承、萬和行蔡世文、源泉行陳文擴、而益行石瓊官），海關監督（李質穎）企圖增加至標準數額的十三家。

該年，他公佈招商申請。廣州商人大都想逃避這種煩苛的榮譽，但還是在八月增派了五位行商，分別為先官（遠來行）、祚官（源順行）、平官、思官（萬和行蔡世文的弟弟）和麟少。

其中，遠來行早就在做對外貿易，曾經接待過瑞典來華商船，但從未領過外貿執照，屬於「行外商人」，不在「十三行」之列。其他兩位從前是做小生意的，另兩位曾經是行商的帳房，一位是潘啟官的，另一位是瑛少的。

潘振承的老帳房先生伍國瑩，也在粵海關的應徵範圍之內，但他見勢不妙，「堅決拒絕應允，並逃避不見。為了懲戒，（廣東當局）強迫他擔任鹽商，這樣會使他很快就破產。他現在深自悔恨，沒有接受海關監督提供的行商執照」。

西元一七八三年他開設元順行，次年又接管了破產的遠來行，正式成為廣東十三行洋商。伍國瑩按照自己三子伍秉鑑的乳名「亞浩」，取商名「浩官」，從此人稱「伍浩官」。[39]

英國東印度公司樂觀其成。當時是這樣評價伍浩官的：「我們認為他會起作用。」立即向元順行訂購茶葉。由於實力有限、經營不善，這幾家新行商在三、四年內就相繼破產，很快只剩下元順行一家。[40]

粵海關為什麼急於增加十三行商人的數量呢？因為廣東十三行不能只有三、四家成功，這樣有壟斷市場之嫌，北京朝廷並不願意看到。從行商的角度考慮，樹大招風，沉重的內外壓力早已使他們不堪重負，也急需更多的同行來分擔壓力。

西元一七八四年，有四名外國人違禁經廣州去西安傳教，事發後潘振承因監管外國人不力，被罰款十二萬兩白銀。西元一七八五年，東南地區發生旱災，在廣東地方政府的暗示下，潘振承請求捐款三十萬兩白銀，這一請求後被乾隆皇帝拒絕。

從西元一七八六年開始，十三行被迫每年向內務府進貢五萬五千兩白銀。隨後發生的台灣林爽文暴動，又使十三行在一七八七和一七八八年各捐三十萬兩白銀。單憑三、四位行商，根本應付不過來這麼多苛捐雜稅。[41]

此外，廣東政府不肯直接與外國人接觸，各種涉外事務全都推給十三行代辦，要消耗行商的大量精力，因此增加行商數量勢在必行。

以伍國瑩為例，在組建元順行之初，他因能向福建親戚購入質優價廉的武夷山烏龍茶，生意蒸蒸日上，甚至可以買下了小溪行夷館和帝國館，並積極擴大規模，但擴大經營規模往往是企業的敗亡之源，隨後遇上林爽文暴動和越南內戰等事件，便使伍國瑩突然蒙受巨虧。

西元一七八七年三月十九日，身為房東的伍國瑩竟然「被『諾丁漢號』的會計多默，關押在『帝國』內……藉口浩官在本季度初期，曾擔保一個叫阿鐘的人向他借錢，所以要浩官清償，但他承認浩官在借錢時沒有提出要做擔保人，也不能證明後來浩官答應擔保……。」

經英國東印度公司調查，「浩官被釋放出來，多默受到申訴，並被勒令乘第一艘開行的船回去」，但事後不久，「據稱浩官欠海關稅及其他稅捐甚巨，他已逃匿」。[42]

廣東十三行洋商居然因欠稅潛逃？這可是轟動中外的大新聞，社會是一時議論紛紛。然而，所有這些煩心事，都不如一樣最令潘振承煩惱，那就是怎麼才能讓英國工業革命的最新產品，打入中國市場？

工業革命使英國的商品產量大幅提升，但這些早期機器生產出的產品，大多品質粗糙低劣，根本無法與亞洲的手工產品相比，加之數量過多，有些種類又不符合亞洲人的消費習慣，往往在亞洲嚴重滯銷。

身為十三行洋商，潘振承等人不僅要負責把中國商品賣給外國人，也負責把外國商品賣給中國人，後者常常令他們更加難辦。從英國東印度公司的檔案中，我們可以看到許多相關的材料：

「從倫敦直接來的兩艘商船所載貨物的品項，令人滿意，可是行商們對於數量過多表示不滿……但潘啟官答應承銷半數，幸而赤官也很快同意承銷其餘半數。承銷如此大量的貨物，是對我們尊敬的雇主（英國東印度公司）的極大關照。（西元一七六八年）」[43]

「潘啟官到商館通知我們，他無法將我們的鉛的收購價提高，因為來貨太多，他勸我們以每擔四兩的價格出售……我們對啟官必須有公正的看法，在整個和我們貿易的過程中，他的作為都是誠實的。（西元一七六八年）」[44]

「潘啟官指出，我們今年銷售毛織品，是有很大困難的……如果要他按照去年的價格承銷四分之一的毛織品，則公司要向他購買五千擔武夷茶，每擔價格十五點五兩白銀；如果他無須承銷毛織品，則公司要向他購買五千擔武夷茶，每擔價格十四點五兩白銀；如果要他按照去年的價格承銷四分之三的毛織品，則公司得向他購買一萬六千擔武夷茶，每擔價格十五點五兩白銀……我們決定採納第三種方案，即由他按照去年的價格承銷四分之三的毛織品，公司向他購買一萬六千擔武夷茶，每擔價格十五點五兩白銀……」（西元一七七〇年）[45]

「我們提請你們注意，這裡的行商，對於公司商船今日運來的大量玩具感到極度憂慮，承銷它們必將使幾位行商破產。自公行解散以後，行商不再互相擔保，因此極有理由擔憂，公司的貿

易將會因他們的不幸而受到影響。」（西元一七七〇年）[46]

經商生涯的大部分時間中，潘振承都在與外國商人的談判中佔據絕對優勢地位。另一位廣東十三行洋商的後裔梁嘉彬總結潘振承的一生時說：「彼陷於絕境者多次，然卒能自拔，可見其偉大之魄力與手段。」[47]

西元一七八八年，當他以年以七十四歲高齡逝世時，英國東印度公司這樣評價他們的老夥伴：「很難判斷他的去世，是否會給歐洲貿易帶來不便。他確實是一位有大才幹的人，非常善於處事，但當他自己的利益或安全受到動搖而陷於困難時，他總有能力將這些麻煩消除。」「同時，他還精於權術。他的兒子一定能夠保持其商行的信用與經營。所以，沒有理由認為他的逝世是有遺憾的。」[48]

的確，潘振承死而無憾。因為他生前不僅報復了敵、人報答了親友，而且還培養出了多位合格的繼承者。在他們手裡，廣東十三行將會迎來更為輝煌的時代。

第七章

畫裡話外，十三行人的風采文化

西元一七八八年一月十日，廣東十三行的傑出領袖潘振承駕鶴西去，留下了難以估量的遺產。然而，再大的遺產也難以使潘振承安息。他生前無論有多麼聰明，都未必能預料到自己死後足足三十年，遺體才能回到故鄉福建、入土為安。

潘振承生前沒有在家族內指定接班人，去世後，不免給他的家庭和同文行都造成了巨大的紛爭。潘振承有七個兒子，其中長子潘有能、三子潘有勳、六子潘有江都先於父親去世，當時還有四個兒子尚健在。

其中，年紀最大的次子潘有為，在北京修《四庫全書》期間同權貴發生矛盾，辭職回家贍養父母，在潘振承死後不肯從商且拒絕接手同文行，隱居於河南島上的六松園。

經過協商，潘家最終一致決定由年僅三十二歲的四子潘有度，執掌同文行，同文行的盈虧七家平分，以保持企業的穩定。不知出於何種考慮，潘振承臨終前歸葬廈門的遺囑，始終無人執行。他的遺體被草草裝入棺槨，放在一個臨時性的墓地裡，而這一放就是三十年。❶

就在潘家子孫協商同文行領導權時，一支懸掛著米字旗的艦隊出現在印度洋上，朝廣州駛來。

當時法國局勢動盪，歐洲貿易顯

白珠頂戴的「潘啟官二世」

潘有度接替父親執掌同文行。（其事蹟詳見本書 P238）

著萎縮，印度又被英國東印度公司竭澤而漁的掠奪性政策，壓榨得日漸貧困，迅速喪失了購買力。英國首相彼得明白，他急需打開一個新市場以傾銷英國產品，為英國民眾製造更多的就業機會。否則，自己的政府隨時都可能倒台。

當時，由英國東印度公司操縱的英國輿論普遍認為，中國市場有巨大的購買力，英國工業革命的商品之所以在中國銷路不順暢，主要原因是廣東十三行壟斷中國外貿，故意削減英國商品的採購量，造成巨額的英國對華貿易逆差，給英國經濟帶來了巨大損失。

彼得首相對這一理論深信不疑。經過和自己的密友兼主要贊助人，東印度公司監督委員會主席敦達斯商議，他決定向中國派出第一支正式使團，要求中國向英國開放新的口岸，廢除廣東十三行對中國外貿的壟斷地位，並租借給英國一塊與澳門類似的土地，以便增加地球上兩個最大經濟體之間的貿易量。如果可能的話，使團還應爭取常駐北京。

令彼得首相和敦達斯主席失望的是，首位英國遣華使者凱恩卡特上校，沒能圓滿地完成交給他的任務。出使者凱恩甚至尚未活著看到中國的陸地，就在印度洋上染病離世。失去主心骨的船隊只得返回歐洲覆命，而後途中就傳來了巴士底獄的炮聲。❷

西元一七九一年六月，被革命剝奪權利的法國國王路易十六，逃出被革命群眾控制的巴黎，試圖到東部邊境召集保王黨和外國軍隊反撲首都。可是他在半途就被革命群眾發現並抓獲、押回巴黎，威嚴掃地。

這一消息震盪了整個歐洲，與路易十六關係密切的奧地利與普魯士，立即結成反法同盟，歐陸大戰一觸即發。每天都有許多保王黨人渡過海峽逃到英國，試圖說服英國加入反法同盟。

即將到來的英法戰爭會給英國財政帶來巨大的壓力。工業革命本身可變不出這麼多錢來，印度和東南亞殖民地的財富又被英國殖民當局掠奪殆盡，敦達斯主席於是再次建議皮特首相派遣使團出訪中國，爭取讓這個東方最大的市場放棄「一口通商」的政策，向英國商人全面開放，以便傾銷英國商品。

為了成功，他們選擇了資歷和地位都比凱恩卡特上校高得多的馬戛爾尼勳爵，及其多年的老助手斯當東爵士。擁有六十四門火炮的三級戰列艦「獅子」號、小型護衛艦「豺狼」號，排水量一千兩百四十八噸的大型武裝商船「印度斯坦」號，都是英國海軍在未來的英法戰爭中急需的武力，卻不得不在此緊要關頭搭載馬戛爾尼使團，到地球對面去執行非戰鬥任務。畢竟，炫耀武力也是外交工作中不可或缺的一部分。❸

西元一七九三年六月二十日，馬戛爾尼使團以慶祝乾隆皇帝八十壽辰的名義抵達廣東，中方早已做好了迎接的準備。

大半年前，英國東印度公司就把他們即將到來的消息，轉達給了廣東十三行，而此時廣東十三行裡拿主意的，並不是新任同文行老闆潘有度，西方人所謂的「潘啟官二世」。

〈獅子號戰列艦〉遠航想像圖

早在西元一七八八年年初，潘振承的葬禮上，英國東印度公司就透過同文行的夥計，與正在服喪的潘有度取得聯繫，希望同文行能夠像以往一樣，成為西元一七八八到一七八九貿易季，英國東印度公司的首位交易夥伴。

沒想到，潘有度斷然拒絕了這個看似常規的請求，謙虛地自稱資歷淺薄，缺乏做生意的經驗，不足以擔當保商重任，並推薦近年來迅速擴張的而益行老闆石瓊官，作為英國東印度公司的首位交易夥伴。

到了八月底，潘有度通知英國東印度公司，按照粵海關的最新告示，萬和行老闆蔡世文，已被任命為新任廣東十三行總商，第二位是源泉行老闆陳文擴，他和同文行只排在第三位，而益行老闆石瓊官排名第四，源順行老闆祚官排名第五。

至於元順行老闆伍國瑩，由於經營不善，在這一年攜款潛逃了，給潘有度和伍國釗都帶來了巨大壓力。當時恐怕沒人能想到，僅僅十年之內，萬和行、源泉行、而益行、源順行這四大洋行將會全部倒閉，攜款潛逃的伍國瑩則鹹魚翻身，其子伍秉鑑還將成為世界首富。[4]

這一切變局的關鍵，在於新任同文行老闆潘有度。表面上，這位年輕的十三行新手謙虛低調，處處讓人三分；實際上，他是個極其工於心計、深藏不露的人。

在父親潘振承身邊耳濡目染二十餘年，他清楚地知道廣東十三行商戰的險惡，要應付大生意，他還有很多東西要學習、要觀察。不僅如此，在當時崇尚「豐亨豫大」的乾隆與和珅、福康安等寵臣，組成了中國歷史上最貪腐的政權，窮奢極欲的承德避暑山莊、圓明園和恭王府等建築群，無聲地訴說著當時如流水般的花銷，這些巨額支出很多都來自廣東十三行，廣東十三行總商的壓力之大可想而知。

在當時那幾年，廣東十三行的主要貿易對象歐美列強之間更是矛盾重重，隨時可能爆發大規模戰爭，給國際商貿造成極嚴重的動盪。因此，潘有度得出結論：在經商環境有本質改善之前，他必須盡可能避免出任千夫所指的十三行總商。當馬戛爾尼使團抵達廣東時，廣東十三行正遭遇一場重大危機。

西元一七八九年，在十三行座次表中排名第二的源泉行老闆陳文擴去世，他的兒子陳壽官二世不善經營，洋行大小事務都委任帳房先生倪秉發。粵海關監督盛住得知倪秉發擅長外貿，自身資金也漸漸充裕，為了索要一筆洋貨行許可證註冊費，勒令倪秉發獨立組建洋行，即達成行。

不料達成行獨立出去不到一年，陳壽官二世便出現經營困難，無力再履行與外商簽訂的供貨協定，又無法得到足夠的資金和政策支持，只得宣告源泉行破產。得知這一消息，新任粵海關監督蘇楞額緊急命令十三行總商蔡世文、財力最強的洋商潘有度、陳文擴的生前好友伍國釗和倪秉發，一同清理、分擔源泉行的債務。5

參與清償源泉行債務，給潘有度帶來了嚴重的財務壓力，並使他在公開場合表現得更加謹慎，這些都影響了他在馬戛爾尼使團心目中的印象。

馬戛爾尼使團的中國之行並不順利。由於帶有勸說乾隆皇帝開放其他口岸的使命，他們深知自己在廣州不受歡迎，因而特意避開了這座當時世界上最大的港口，直接前往天津。

不過，廣東十三行的影響依然貫穿著他們的整個行程，使團行程報告和英國資訊諮詢，雪片般地從十三行發往華北的朝廷，供乾隆皇帝與和珅君臣參考。

在長達一年多的時間內，粵海關監督盛住及其繼任者蘇楞額，都對英國使團可能在朝廷告自己的御狀，保持高度警惕，因為他們的前任的確有過稱得上慘痛的教訓。

在北京，馬戛爾尼一行被安排住進了原粵海關監督穆騰額位於圓明園附近的宏雅園故居，這位滿族官員因為從歐洲商人那裡敲詐了過多的錢財，而被罷免並抄家。

對此，乾隆皇帝幽默地批示：「為了興建

〈馬戛爾尼晉見乾隆皇〉想像圖

馬戛爾尼使團是英國首個派到中國的使團，其出使於西元一七九二年，以其領導者馬戛爾尼伯爵命名。
該使團最後成功覲見了當時中國的統治者——清乾隆皇帝，但因各種問題發生爭議，所請事項全部被拒絕，最後無功而返。

此館舍，該貢使的國家花了很多錢，因此不能不允許他住在那裡。」宏雅園本是一所知名豪宅，英國使團成員估計「佔地約十五英畝（約合六萬平方公尺）」，甚至還有穆騰額僭越修造的石舫，但年久失修，一些房屋牆壁漏風，內部也污穢不堪，因此英國使團強烈要求搬走，並在五天後如願以償。此事卻成為兩國官員交惡的開端。❻

最終，乾隆皇帝拒絕了馬戛爾尼使團提出的所有要求。失望的英國人怒氣沖沖地稱，中國是「停滯的帝國」。

可是別忘了一百多年前，與馬戛爾尼相似，湯瑪斯．羅爵士率領英國使團出訪蒙兀兒帝國，爭取到了在蘇拉特、阿格拉、布羅奇和阿赫邁德巴德等，四座印度港口城市自由經商的權利，史稱「四口通商」，隨即還獲得了印度東海岸港口馬德拉斯的租地權。

此後發生的事無須贅述：開放、友善和進步的蒙兀兒帝國大幅衰敗，被英國迅速征服。而在

有趣的《胤禛行樂圖》

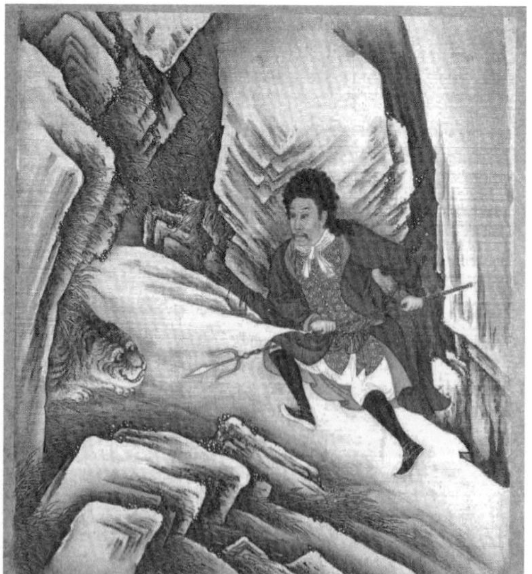

《胤禛行樂圖冊》是一套由十三張絹布組成的畫像，現存於故宮博物院，作者不可知。
這張刺虎圖，清朝皇帝不穿龍袍卻要著洋裝戴假髮，恰是中西交流的印證。

乾隆朝的中國人看來，自己的國家不是太「停滯」，而是太「冒進」了：國內出現了太多的外國人，廣東有，福建有，甚至北京也有，他們居然掌握著中國的曆法修訂工作，還為皇帝和官員設計宮殿、繪製肖像畫！

當乾隆皇帝的父親雍正皇帝戴上西洋假髮，穿上西洋緊身褲，遊走於圓明園的時候，誰又能說這是一個「停滯的帝國」？它只是比蒙兀兒帝國對自己的主權更敏感而已。

在中國，馬戛爾尼使團不斷從膚淺的觀察中得出錯誤的結論，結果當然一事無成。西元一七九三年十二月，他們灰頭土臉地被驅逐到廣州，粵海關監督蘇楞額，冷冷地迎接他們入住廣東十三行夷館。如果不是蘇楞額以為可以從他們身上再榨出點值錢的東西，連這種待遇也未必會有。

據馬戛爾尼的隨行人員小斯當東記載：「監督上任剛剛兩個月，但他已表現得比前任（盛住）更貪婪。他毫無理由地向一名中國商人勒索二十萬元。儘管皇帝有旨，他還企圖對我們的商船徵稅。」另一位使團成員巴羅解釋道：「『印度斯坦』號因攜帶過禮品而免徵稅；然而公行的商人已替該船交納了三萬兩銀子的稅款。」

「他們要求海關監督歸還這些銀兩，但他只交出一萬一千兩，說原來就交了這點錢。從中可以看出，進入皇帝國庫的稅收只是很少的一部分。」馬戛爾尼「單獨與監督談了許久」，卻發現對方「根本不想改變接任時的海關情況」。[7]

在中國官場上折騰了大半年，馬戛爾尼發現自己還是繞不過令英國東印度公司頭疼的廣東十三行。

西元一七九四年一月，馬戛爾尼只得與最富有的兩位行商，同文行老闆潘有度（潘啟官二世）和而益行老闆石中和（石瓊官二世）展開談判，這也是他在中國的最後一搏。

馬戛爾尼親筆記載：「我與此間的主要洋商有過一些交談。潘啟官是最有權勢的行商之一，為人奸詐、狡猾。論重要性，瓊官排名居次，但比潘啟官更有錢、更年輕，也更坦率。在我看來，瓊官表現得對英國十分尊重，而且毫無保留地聲稱，他願意嘗試任何我們公司（英國東印度公司）代理行委託他去嘗試的新事物。」

「潘啟官的帽子上只有一個半透明的白頂珠，而瓊官卻戴著水晶項珠帽子，這說明後者的官銜比前者高一級。但我很快就知道其中的緣故。潘啟官比較審慎，而石瓊官則比較愛炫耀。」

「石瓊官肯定地告訴我，潘啟官還有一個藍頂子，但只在家中與家人聚會時才戴，絕對不在公開場合戴，怕那些衙門裡的官老爺因此找上門索賄，想當然地以為，用一萬兩銀子的代價換來如此榮譽的闊佬當然能拿得出這點小禮物。❽」

當時，在廣州經商的瑞士人德．貢斯當曾經批評馬戛爾尼「天真幼稚」，言論錯誤百出，理所當然在中國官場上遭到慘敗。事情的確如此，而且這也不是馬戛爾尼第一次慘敗了：西元一七七九年，身為加勒比總督的他被法軍擊敗俘虜，獲釋後被派到印度去當馬德拉斯總督。

在這塊當時幾乎每個英國人都能大發橫財的土地上，馬戛爾尼依然不走運，正好趕上南印度的邁索爾王國加入法美聯盟，向英國宣戰。如果克萊武能夠以三千名英印聯軍征服孟加拉，那麼馬戛爾尼以一萬多名英軍擊敗還沒有孟加拉一半大的邁索爾王國理應輕而易舉。

可戰局的發展令人大跌眼鏡：西元一七八〇年九月十日，印度提普王子率領的邁索爾軍隊在波利留爾叢林中擊潰六千名英軍，隨即又接連在達摩山和阿納古蒂對英軍取得了決定性勝利，將馬戛爾尼包圍在馬德拉斯城內。

幸而此時，提普王子的父王海德爾·阿里蘇丹病逝，提普王子收兵回國處理善後事宜，馬戛爾尼這才躲過一劫。在提普王子登基為邁索爾蘇丹以後，英軍在南印度戰場上的被動局面依舊。

西元一七八四年年初，入侵邁索爾的英軍被包圍在芒加羅爾港，多次突圍嘗試均告失敗。三月十一日，馬戛爾尼被迫接受屈辱的《芒加羅爾和約》，同意歸還英國此前侵佔邁索爾的全部領土，並廢除東印度公司的多項經貿特權。

兩個世紀以來，英軍第一次被印度人打敗而且還簽訂了割地賠款、喪權辱國的條約，英國輿論譁然。

西元一七八五年，馬戛爾尼被解除了總督職務，次年返回英國。回國以後，原先的總參謀長斯圖亞特因為嫌馬戛爾尼指揮不力，導致自己的多位親友傷亡，自己也被革職，找上門來約馬戛爾尼決鬥，並將他射傷。

馬戛爾尼雖然逃過此劫，卻總找不到工作。英國公眾已經對他的軍政才能徹底喪失了信心。直到失業六年以後，他才謀得一份遣華大使的職務，其才能的匱乏使此次出使註定會以失敗告終，因為他既不夠精明也缺乏手腕和魄力。[9]

在當時，不論廣東十三行、十八世紀末的實際情況和未來走勢，實際都與馬戛爾尼粗糙的觀察結論完全相反。

同文行老闆潘有度比較審慎，是由於他需要藏富以免官員勒索，特別是被指派負擔其他破產洋行的債務；而益行老闆石中和裝成比潘有度更有錢的樣子，比較愛炫耀，是因為他需要讓別人相信自己財力充裕。

事實上，而益行當時已經陷入嚴重的財政危機，迫使石中和不得不「表現得對英國十分尊重，而且毫無保留地聲稱，他願意嘗試交易任何我們公司（英國東印度公司）代理行委託他去嘗試的新事物」。作為一位外貿商人，如此激進的商業策略是極為冒險的。

西元一七九四年九月六日，馬戛爾尼使團返回英國。為了回應英國公眾對他未能完成出使任務的責難，他著手撰寫此次訪華的遊記。但這位糊塗的外交家，並不知道就在自己埋頭筆耕的期間，他所欣賞並極力推薦的石瓊官已經宣告破產了。當時，而益行背負的驚人債務總數約有兩百萬兩白銀，給乾隆年間的外貿畫上了一個並不圓滿的句號。

但面對空前的企業倒閉風波，新任粵海關監督舒璽不僅沒有慌亂，反而嗅到了發財的機會。他立即要求廣東十三行總商蔡世文、伍國釗、潘有度，以及新近崛起的廣利行老闆盧觀恒、怡和行老闆伍秉鈞等五大洋商，聯合出面清理石中和的欠款。

林林總總羅列的名目很多，有欠粵海關等政府部門的二十萬兩白銀；有欠英國東印度公司的茶葉訂金六十萬兩白銀，還有欠外國商人的六十萬兩白銀，以及欠國內商人的大筆款項，幾經清算後，仍有一百二十四萬兩白銀的債務無法償還。

石中和名下還有約一百四十八萬兩白銀的財產，包括六十一萬兩白銀的房地產，但這一部分難以迅速變現，導致現金流枯竭。

蔡世文、潘有度等人深知在所有債務中，首先解決欠粵海關的稅費，才是正確的政治行為。

為了解決這筆二十萬兩白銀的欠款，他們跑遍了石家的所有員工和親友，用連哄帶嚇的辦法，迫使他們籌集了這筆錢並立即交給粵海關。

舒璽對此自然非常滿意。他只當了六個月的粵海關監督，就把多達二十四萬銀圓的鉅款裝入了自己腰包。可見貪官的胃口永遠都是無底洞。

填飽了粵海關，蔡世文、潘有度等人接下來又得應付另一個難纏的大債主：英國東印度公司。透過談判，他們瞭解到英國東印度公司，並不想收回六十萬兩白銀的茶葉訂金，他們還想按合約購買茶葉，以便在西方市場上為了平息事件而換得更多的白銀。

蔡世文、潘有度等人就把眾多茶葉供應商召集到廣州來開會協商，並向石中和家族施加壓力，最終石中和兄弟為了避免被捕入獄，拿出了四十五萬兩白銀，並承諾儘快籌集餘下的十五萬兩白銀。

茶葉供應商拿到貨款，便把四十五萬兩白銀的茶葉交給了廣東十三行，由他們轉交給英國東印度公司。這些茶葉供應商之中，可能就有詹萬榜創建的「萬孚行」。

此時，這家茶行在詹萬榜的兒子詹世鸞的經營下日漸興盛，是廣東十三行的主要綠茶供應商之一。不過，石中和家族後來拒絕支付餘下的十五萬兩白銀，而是將自家房地契抵押給茶葉供應商充數。

這違反了之前的約定。因為石中和家族的房地產是準備用來抵銷其他債務的。茶葉供應商發現這些房地產的產權有糾紛，就拒絕繼續向英國東印度公司供貨。這大大激怒了英國東印度公司和其他外國商人，他們正式向廣東當局控告而益行欺詐，石中和兄弟於是遭到逮捕和嚴刑拷打，被迫用十萬兩白銀贖回房地契，被沒收全部財產並發配新疆充軍。

石中和的弟弟石懷連最終死在新疆，石中和則連走上發配之路的這點運氣都沒有。由於廣州官府懷疑石中和仍有隱匿的財產沒有交出，所以不斷對他酷刑逼供。期間，英國東印度公司幾次派員工以證人的身分去監獄探視石中和，最後一次時他們看到那位一年前，在馬戛爾尼眼中有錢、愛炫耀、富於冒險精神、風度翩翩的石瓊官「穿著粗布做的短衣褲，白色的布鞋，但沒有襪子，頭髮留得非常長，一條鐵鍊圍繞著他的脖頸和雙手。」

他們形容石瓊官外表骯髒不堪，一副像是要乞求的樣子，使人不得不對這位身處逆境的富豪心生憐憫。

幾天後，英方得知「石瓊官因在獄中受酷刑死去」。據傳他受鞭笞三次，最後一次打在臉上，牙齒也掉光了。因為傷勢過於嚴重而發高燒，石瓊官發高燒兩天後，就結束了那生不如死的人生。

當時同樣也背負大量債務的葉上林、石中和的合夥人，急得猶如熱鍋上的螞蟻，但最終靠著英國東印度公司的援助倖免於難。

「除夕來家討債者，不下數百人，公慰之，然內庫實空，終無善策。三鼓後，忽聞後門啄剝聲，得洋人贈遺白金三千圓，公盡付之討債者，因此見信於友。明年大起，另開義成洋行。」

於是，而益行的大部分員工和資產，都轉入葉上林的義成行。葉上林的義成行，至此自然是一心與英國東印度公司合作。原本資產比葉上林更加雄厚的石中和，如果不是惹怒了英國東印度公司，或能得到蔡世文、潘有度等同行的支持，獲得公所基金的援助，未必會落得如此悲慘的下場，完全有可能同葉上林一樣捲土重來。⑩

石中和慘死時，尚留下「拖欠夷貨價銀除變產抵還外，尚欠五十九萬八千餘兩」的餘債未了，東印度公司檔案也稱石瓊官被發配時，約欠外商債務六十萬兩白銀。這筆鉅款後來由廣東十三行的五大洋商分六年償還，每年十萬兩白銀；而益行欠國內商人（主要就是廣東十三行同行）的巨額債務，則被一筆勾銷，很可能是從公所基金中扣除了。⑪

十三行總商蔡世文無法承擔如此高昂的經濟負擔，他的萬和行其實也已多年運轉不靈，只是在苦苦支撐，現在萬和行借給而益行的款項無從收回，反而還要替而益行償還十幾萬兩白銀的外債，實在力不從心。

西元一七九六年四月十日凌晨，就在乾隆皇帝傳位給嘉慶皇帝的消息抵達廣州後不久，廣東十三行總商蔡世文在寓所吞鴉片自殺，家屬逃亡海外，留下五十萬兩白銀的債務難以清償，全球政商兩界為之震驚。

廣利行老闆盧觀恒，因為早年參加外貿時曾經受過蔡世文的提攜，此時帶頭承擔起為萬和行償還債務的責任，從此躍居廣東十三行的第二把交椅。

至於蔡世文原先佔據的頭把交椅，此時便當仁不讓地歸於同文行老闆潘有度。他在處理這些難纏的破產案中，表現出與年齡不相稱的精明老辣，不愧是潘振承的兒子。以西元一七九九年，而益行第五期十萬兩白銀外債償還情況為例，盧觀恒的廣利行承擔了三萬三千兩，伍秉鈞的怡和行承擔了一萬九千兩，倪秉發的達成行承擔了一萬四千兩，就連潘有度的堂兄潘長耀，在西元一七九六年才開設的麗泉行，與一七九五年就破產而益行毫無關係，也承擔了九百兩，而身為十三行總商的潘有度，卻設法讓同文行只承擔了四百四十八兩！

這當中節省出的大筆資金被潘有度用於收購破產洋行資產，招募破產洋行員工，拓展同文行業務。接二連三的洋行破產風潮，不僅沒有吹倒潘有度，反而將他推上了無人能及的商業之王寶座，也使社會輿論對他的心狠手辣議論紛紛，並折服於他的能力與魅力。[12]

曾批評馬戛爾尼天真幼稚的「中國通」德．貢斯當，是這樣描繪潘有度的：「潘啟官，廣州公行之首席行商，外表迷人但內心之邪惡無人可及。」

「不少人目睹他一再背信棄義，甚至就是他的受害者；令人難以置信的是，他們竟還對他十分輕信，而且以為也能贏得他的信任。他自稱『歐洲人的父親』，出於感激，有的（歐洲商）人在握住他的雙手時，竟激動不已。[13]」

這樣感情充沛的描述，清楚地體現出歐洲商人對「潘啟官二世」潘有度，既羨慕嫉妒恨又無可奈何，自認在商戰中不是他的對手。

與「歐洲人的父親」潘有度相比，馬戛爾尼的確顯得「天真幼稚」。他所拜訪的大清，絕不是一個停滯的帝國，而是一個經常發生劇變的社會。富甲天下的廣東十三行，在馬戛爾尼到訪後突然如雪崩般破產，行商座次發生大洗牌，就是一例。但，導致這一劇變的究竟是什麼原因呢？

第八章
當無限公司遭遇有限公司

十八世紀末，曾經傲視世界商界的廣東十三行陷入空前的困境。包括總商蔡世文在內，從西元一七六七年到一七九七年的三十年間，已有義豐行、聚豐行、遠來行、廣源行、豐進行、泰和行、裕源行、廣順行、源泉行、而益行、源順行、萬和行、吳昭平的洋行（商名「宜官」，洋行名不詳）共十三家洋行破產。它們的老闆或喪命或發配新疆，從此永遠在歷史上消失了。

西元一七九七年時，廣東十三行只剩下了八家，分別是：同文行（潘有度）、廣利行（盧觀恒）、怡和行（伍秉均）、義成行（葉上林）、東生行（劉德章）、達成行（倪秉發）、會隆行（鄭崇謙）、麗泉行（潘長耀）。如此長時間、大規模的企業破產潮，在當時不光是北京和廣東官場，就連歐美商界也為之震驚。

作為廣東十三行最大的交易夥伴，英國東印度公司極為關心廣東十三行的經營狀況，早在西元一七七九年，就對十三行破產潮進行了調查分析，其報告要點如下：

1.這些商人的破產，部分是由於他們本身的奢侈浪費

此處（廣州）遊資充斥，似乎隨便就可以借到，因此他們無法抗拒這種借錢的誘惑。雖然

〈潄山石房〉潘有度林園想像圖

很多人把錢花在奢華和浪費的生活上，但我們相信大部分債務是官員的勒索和壓榨所致。❶

2.內因是行商開銷過大，外因則是官吏盤剝過度

十八世紀末的清朝君臣們，並非沒有注意到廣東十三行的困境，但清朝的官方文獻，也同樣證實了英國東印度公司報告的結論。諸如「夷務消乏」、「商情窘迫」、「洋行疲敝」之類的詞語，就頻繁出現在留存的文件中，只是缺乏英國東印度公司這樣準確詳細的調查報告。

但若再回溯到十八世紀末，當時十三行的洋商們，大多不過數十萬兩白銀的資本，雖常年經手大買賣，加上需不分日夜地迎來送往，自然不免鋪張浪費，但也很難做出多豪奢的行為。

事實上，就連十三行中資產最為雄厚的同文行潘家，也是長期過著節儉的生活。史料明載，潘振承父子「家貧葵藿苦不供，身披敗絮雨輒烘」，家園曰「南墅，多植松」。至於大行商潘有度本人住在南墅內的另一處建築，名曰「漱石山房」，旁邊還有小室曰「芥舟」。

很難想像一個在商海叱吒風雲的商人的住房，是像這樣看起來頗具文人氣息，沒有半點銅臭氣。再以此類推，十三行洋商除了石中和這類打腫臉充胖子的以外，還算不上太「驕奢淫逸」。❷這顯然不會是他們突然紛紛破產的主要原因。至於政府大吏之苛刻勒索，倒是證據齊全。回顧當時，僅合法的稅費就不少。十八世紀下半葉，是粵海關稅收爆發性增長的時期。西元一七五〇到一七六五年間，年均徵稅約四十三萬兩白銀；一七六六到一七八二年間，上升為年均五十六萬兩白銀，一七八三到一七八七年間上升為年均八十四萬兩白銀，一七八八年開始

超過一百萬兩白銀，一八〇三年已達一百六十九萬兩之多。❸

除這筆合法稅收之外，送給官吏兵丁「灰色」的規費和禮物就更多了，其龐大的總數令外國商人紛紛感慨中國愈腐敗，就愈富裕。

除了繳納各項稅費，向皇帝進貢珍奇物品也是廣東十三行洋商的一大負擔。早在西元一七五四年，英國東印度公司就在報告中指出：「海關監督及其他官員購辦備貢的珍奇物品，都指定要保商收購，保商通常只能收回這種貨價的四分之一左右……按例，粵海關每年向皇帝進貢珍奇物品三次。」

「該項購物價款由朝廷撥給，原先是每年五萬兩白銀，後來減為每年三萬兩，其中一半，用於將物品運往北京的交通費用，剩下的一半自然是不足以購買各種珍奇物品的。總督和巡撫們都不願意分擔這件頭痛的差事，本應對此負責的粵海關監督也不肯自費予以彌補，因此就把這些虧空都轉嫁到被承保的商船上。❹」

由於外國商人的強烈抵制，購買貢品的差價最終只能由十三行洋商承擔。為了把這項沉重的負擔降低到最小程度，廣東十三行洋商們後來想出一個辦法，他們準備自己出資建造工廠，也就是說，他們試圖實現西方奢侈品的國產化。

這項工作可不輕鬆。十八世紀下半葉最主要的外國奢侈品是歐洲鐘錶，生產高檔鐘錶需要複雜的齒輪機械，精密地切割和打磨鑽石、水晶、玻璃，鍍金、鍍銀、防銹、塗層、鑲嵌……即便其中有些技術中國古已有之，年輕工匠也並不能在幾年內熟練掌握，何況把它們全都學會！

但是廣東十三行洋商們在巨大的經濟壓力下，竟然成功地突破了諸多技術瓶頸，通過聘用認真負責的外國專家和敏銳好學的中國工匠，他們最終造出了「鑑賞級」鐘錶，從而大大降低了「貢品」的成本。

而其中一個著名的鐘錶廠，就是十三行商人與英國東印度公司船長馬金圖斯，在廣州郊區合資開設的。目前還有一些十八世紀至十九世紀初的「廣東造」鐘錶（簡稱「廣鐘」）存世，大多造工精良，展現了華麗的巴羅克藝術和精密的近代機械工藝，並將它們與中國傳統文化元素有機地融合於一體，渾然天成，令人嘆為觀止。（乾隆收藏的廣鐘與法式鐘錶，見本書P15）

不過，所有這些都屬於手工藝品的範疇，與工業革命沒有半點關係。此時的中國人並沒有興趣購買品質低劣的歐洲工業產品，只對昂貴的歐洲手工藝品感興趣。❺

可惜的是，即便「廣東造」高級鐘錶品質再出色，也沒能讓廣東十三行的景況有所改善。

十八世紀末統治中國的乾隆皇，是享譽世界的鐘錶鑑賞權威，甚至命名過歐洲鐘錶品牌。早在乾隆十四年（西元一七四九年），廣東十三行用國產鐘錶冒充舶來品進貢的行徑，就被一貫英明的乾隆皇帝發現了，他怒氣沖沖地傳諭兩廣總督碩色：

「從前進過鐘錶、洋漆器皿，並非洋做！欲進貢之鐘錶、金銀絲緞、氈毯等件，務是在洋製作者方可！❻」

九年後，剛過完年的乾隆皇帝再度交代廣州將軍和粵海關監督：

「向年粵海關辦貢外，尚有交養心殿餘銀，今即著於此項銀兩內買辦洋物一次，其洋氈、嗶嘰、金線、銀線及廣做器具俱不用，惟辦鐘錶及西洋金珠奇異陳設，並金線緞、銀線緞或新樣器物皆可。不必惜費，亦不令養心殿照例核減，可放心辦理。於端午前進到，勿誤！欽此！⑦」

有這樣崇洋媚外的國家最高領導人，民族工商業還怎麼健康發展？其實，當時「逆向研發」西洋鐘錶的大本營也不在廣東，而是在北京。中國傳統的日晷、漏刻等計時儀器，要嘛在陰天不能使用；要嘛過於龐大；要嘛不夠準確，而且都不具備自動報時的功能、因此，克服了這些缺點的西洋鐘錶一傳入中國，就備受青睞。

而早在康熙年間，紫禁城裡就組織了一批西洋學者和中國工匠，建立直屬內務府造辦處的「做鐘處」，專門仿造西洋鐘錶，並達到了極高的水準，以至於康熙曾經得意揚揚地指示江西巡撫郎廷極：「近來大內做的比西洋鐘錶強遠了，以後不必進！⑧」

在《聖祖仁皇帝庭訓格言》中，康熙皇帝更是簡明地向皇子、皇孫們闡述了清朝初年仿造西洋鐘錶的歷史：

「明朝末年，西洋人始至中國，作驗時之日晷。初製一二時，明朝皇帝以為寶而珍重之。順治十年間，世祖皇帝得一小自鳴鐘，以驗時刻，不離左右。」

「其後又得自鳴鐘稍大者，遂效彼為之，雖仿佛其規模而成在內之輪環，然而上勁之法條，未得其法，故不得其準也。至朕時自西洋人得作法條之法，雖作幾千百，而一一可必其準，今與爾等視之。」

但是到了乾隆年間，由於長期的「一口通商」，北京的西洋學者青黃不接，康熙年間的老一代鐘錶匠又沒能培養出同樣優秀的接班人，內務府「做鐘處」的工藝水準不斷下降，甚至被民間的「廣鐘」超越，只能重新進口西洋鐘錶了。

凡此種種，關於給皇帝進貢對廣東十三行洋商造成的巨大經濟負擔，法國人衛得離於西元一七五九年，在給兩廣總督的信中指出：「借辦貢物名色，需一索十之惡習，宜加嚴禁也……近十餘年來，每遇需用一件，官吏與內司及地方官，向各行索取，奚啻十件……餘則歸其私囊……目睹各行商之如此吃虧，狼狽負債者實多，勢必拖欠我夷人之資本……。」

當年欽差大臣新柱，也向乾隆皇指出：「粵海關監督每年採辦官物，如紫檀、花梨、烏木、羽紗、大絨、花氈、洋金銀線等物，向來定有官價，較之市價未免減少。⑨」

但是乾隆皇帝根本無心解決這一陋習，反而變本加厲。西元一七六五年，乾隆令兩廣總督李侍堯通知廣東十三行「為宮廷內務府採辦進口紫檀木七萬斤」，一七八四年迫使潘有度等洋商表態「情願將洋貨及鐘錶等類可以呈進者每年備辦，喻懇監督代為呈進」。⑩

次年，「查洋商等向來採辦木料、鐘錶、玻璃等物，昨據該商等呈稱，仰沐皇恩，開設洋行，獲利豐裕。感激天恩，未能仰報萬一，願將海關衙門每年發價采辦官物照常購辦，無庸發給價值。」⑪

就這樣，「貢品」從象徵性地付款十分之一至四分之一，變成了免費，還逼迫十三行洋商們承認他們都是自願奉獻。乾隆皇帝的貪婪用心可見一斑。

沒人知道這位皇帝到底有收藏了多少鐘錶，不過，他的親密助手和珅倒是公開了財產（當然是非自願的）：西元一七九九年，和珅在太上皇乾隆死後被抄家，查出洋錢五萬八千銀圓、毛呢嗶嘰兩萬板、西洋鐘四百六十座，其中「大自鳴鐘十座、小自鳴鐘一百五十六座、桌鐘三百座、時辰錶八十個……」這些財產無疑幾乎全來自廣東十三行的「孝敬」。

此外，如珍珠、瑪瑙、琥珀、珊瑚、紅木、金銀器、象牙、犀角、燕窩、魚翅、鮑魚、海參、玻璃、皮貨等大多為進口的南洋、西洋商品，肯定主要都來自廣東十三行。[12]

為了滿足各級官員的需求，廣東十三行的大部分洋商，也都變成了外國奢侈品的收藏家。石中和被抄家時，在他的住宅裡發現了大批鐘錶和望遠鏡，總估值超過二十二萬兩白銀，如果能夠迅速在市場上變現，而益行可能還不至於突然倒閉。

可惜當時正逢過多歐洲鐘錶湧入廣州，中國市場難以在短期內消化，鐘錶滯銷就這樣直接導致石中和的資金鏈斷裂。

一朝天子一朝臣，有什麼樣的皇帝就有什麼樣的官員。乾隆時期，廣東官場不斷腐敗，至乾隆末年，粵海關監督蘇楞額，在一年內淨賺三十多萬兩白銀，其繼任者舒璽在半年內淨賺二十四萬銀圓。

曾任粵海關監督的李質穎，在遭到經濟問題調查時，為了不受牢獄之災，主動向乾隆皇帝表示：「竊奴才……於粵海關監督任內，情願交銀二萬兩、暗銀三萬六千兩……。」乾隆皇帝

對這一主動分贓行為表示高度讚賞，將李質穎調回北京，擔任主管宮廷馬匹的肥差「上駟院卿」，後來以一品銜安然退休。⓭

英方評論說在乾隆一朝，「朝廷大員不斷從京師下到廣州，來時兩袖清風，三年後回去時莫不家財萬貫」。全面貪腐、爭相貪腐，儼然已成為乾隆官場上的常識。幸好，這些貪官的總後台沒有創造中國皇帝的在位記錄，而是在西元一七九六年新春宣佈退休，爾後便傳位給兒子嘉慶皇帝。

廣東十三行洋商們或許曾對新皇帝改革吏治抱有一點幻想，但現實馬上就會教育他們，乾隆皇帝、和珅一夥可能吃飽了，嘉慶皇帝及其親信還餓得要命。西元一七九六年九月，新任粵海關監督書魯抵達廣州，拒絕接見任何行商，卻要他們立即採辦一批珍奇物品，交給他挑選，好儘快進貢給新皇帝以示對登基的祝賀。

珍奇物品送到了衙門，沒想到竟然被退回。據書魯的門衛說它們不夠華美、不夠時髦，總之層級不夠……行商們對新監督的用意心知肚明，連忙湊了一大筆銀子，送進海關衙門。

書大人立即表示上次那批珍奇物品儘管不夠華美，不夠時髦，好在當朝皇帝宣導儉約，或許能湊合收下；他本人向來思想開明，很樂意與行商們擇日聊聊外貿局勢。⓮

當家人換了，但朝廷還是那個朝廷。堂堂大清朝廷，為什麼會成為全面貪腐的黑暗世界呢？

清朝官場有一首十字令，內容是：「一曰紅，二曰圓融，三曰路路通，四曰認識古董，五曰不怕大虧空，六曰圍棋馬吊（麻將）中中，七曰梨園子弟殷勤奉，八曰衣服整齊言語從容，九曰主恩憲德滿口常稱頌，十曰座上客常滿、樽中酒不空。⓯」

按照這個標準衡量，貪官，而且只有貪官，才能成為清朝官場上的常青樹。試若不信，請問：清官怎麼可能「圓融」呢？清官怎麼可能「路路通」呢？清官怎麼可能「不怕大虧空」呢？清官怎麼可能「梨園弟子殷奉」呢？清官怎麼可能「座上客常滿，樽中酒不空」呢？

針對這種普遍貪腐的官場現象，鄭板橋、李伯元等作家曾經一針見血地指出：學生一捧書本，便想中舉、中進士、做官，如何攫取金錢，造大房屋，置多田產，真是書中自有黃金屋，書中自有顏如玉。另一部分花大錢捐得職位的官員，更是把做官當成買賣，將本求利。

在這種風氣下，人人聚斂，上下索求，貪腐之風愈演愈烈。有道是寒窗十年只為做官，千里做官只為錢。當時還有一首流行的《一剪梅》諷刺詞，辛辣地刻畫了清朝官場的腐朽風氣：

「仕途鑽刺要精工，京信常通，炭敬常豐；莫談時事逞英雄，一味圓融，一味謙恭；大臣經濟在從容，莫顯奇功，莫說精忠；萬般人事在朦朧，議也毋庸，駁也毋庸；八方無事歲年豐，國運方隆，官運方通；大家贊襄要和衷，好也彌縫，歹也彌縫；無災無難到三公，妻受榮封，子蔭郎中；流芳後世更無窮，不諡『文忠』，便諡『文恭』。」

說到底，清朝君臣設立廣東十三行的最主要目的，既不是為了發展國家經濟和科技，也不是為了增加百姓就業機會，而是為了方便自己貪腐。不積極主動配合清朝君臣貪腐的商人，是不可能在廣東十三行生存多久的，這也正是清朝官商勾結的根本原因。

但清朝君臣貪腐的欲望有時就像寄生蟲一樣，是無止境的，甚至要將廣東十三行的血肉吸取乾淨，儘管寄主的死亡對寄生蟲並沒有好處，維持寄主的生命，更符合寄生蟲的根本利益，但是像乾隆皇帝、和珅、福康安這樣的「寄生蟲」有時實在太不自律。

乾隆皇帝、和珅、福康安貪腐集團的過度盤剝、橫徵暴斂，結果不僅使廣東十三行舉步維艱、紛紛倒閉，甚至當時中國的其他商業團體也深受其害。

如西元一七八六年，原本富甲一方的長蘆鹽商楊永裕欠銀「五十七萬五千八百九十九兩二分五厘」，資不抵債遂宣告破產。將楊永裕抄家之後，仍有「十八萬七千三百三十一兩八分三厘」白銀的債務無法歸還，清政府便像對付破產的廣東十三行洋商一樣，命令其他兩淮鹽商分攤這筆債務，以便保證乾隆君臣的收入[16]。

但要說清朝官員的貪腐行為，只是為了填滿自己的錢包，倒也冤枉他們了。畢竟，清朝官員的法定工資非常少，文職一品官員僅有歲俸銀一百八十兩、二品一百五十五兩……六品六十兩、七品四十五兩，另有養廉銀和祿米若干。

對於清代典型的單薪工家庭來說，這點錢光是要養活一家五口尚且有困難，何況清朝官員還要自費雇傭眾多的師爺、衙役，甚至經常墊付接待費、工程款和軍費，才能完成上級交給的各項繁重任務。

在那個官員工資很低、支出奇高的年代，清官既請不起師爺也雇不起衙役，沒法應酬上級和同事，只能處處碰壁、灰溜溜地離開官場。聚斂灰色收入，就變成了清朝官員的一致選擇。廣東十三行不僅要經常付給清朝君臣大筆灰色費用，有時還會莫名其妙被罰款。例如西元一七八八年，有四名外國傳教士從廣州進入內地旅行，乾隆皇帝發現以後，就以管理不力為名，罰了廣東十三行十二萬兩白銀。

英國東印度公司廣州管理委員會一針見血地指出：「為了保持對同事的優越地位，他（潘啟官）必然已經求助於不可或缺的辦法，即送上大禮以博得官員的好感和默許。」

「於是，官員們就又希冀從其他行商那裡得到同樣數額的捐獻，他們如果拒絕，就會招來無窮的憂患，特別是當官府有機會對商人進行壓榨時，僅由於微小的甚至莫須有的違法行動，他們就會發現自己深陷困境，因為這個國家的律例極為嚴酷。」

「同時，行商們還要為他們擔保的諸多歐洲人負責，即便他們對這些違法行為一無所知，更談不上同謀。因此儘管有各種小心預防，他們卻往往只能在被捕和被停止貿易業務，或是及時滿足官員們的勒索這兩者之間做出選擇。」

「此類捐贈或賄賂現在已經上升到每年三、四百萬銀圓，並最終都被轉嫁給歐洲商人。僅單獨茶葉一項，行商就宣佈每擔繳納規禮低於四至五兩白銀即不能裝運出口，雖然皇帝欽定的出口稅加上合法費用在內，每擔茶葉不超過一兩白銀。[17]」

可是，既然清朝歷代官員普遍都存在貪腐、勒索的問題，那麼乾隆後期的廣東十三行大規模破產危機，就不能完全歸罪於此。仔細考察這十三件洋行破產案，我們不難發現洋行債務中，欠官府的錢往往是少數，欠外商的「夷欠」倒佔了多數。

以「而益行」石中和約兩百萬兩的白銀欠款為例，其中欠英國東印度公司的白銀約六十萬兩，欠其他外國商人約六十萬兩白銀。由此看來，乾隆後期廣東十三行大規模破產的最主要原因，恐怕既不是行商開銷過大，也不是官吏盤剝過度，而是外國資本的攻擊。

廣東十三行的「夷欠」主要分三種：一種是貨物訂金，外國商人支付廣東十三行一筆費用，以便預訂來年的中國商品，來年廣東十三行如果交不出貨，就必須如數退還訂金，或是自己墊錢進貨。

一種是「揭買」欠款，因為粵海關要求對外貿易必須以物易物，不能現銀交易，而中國產品在西方暢銷，不愁銷路，但西方產品在中國則經常銷路不暢，導致廣東十三行承包代銷的西方產品經常嚴重積壓，難以迅速變現，只能給外國商人打欠條。

另一種，則是廣東十三行向外國商人借的貸款。貸款是現代企業常見的商業行為，但是在清朝中前期，企業想要獲得貸款卻很不容易。清政府有給企業發放貸款的制度，貸款由直屬皇帝的內務府借給企業，稱為「帑金」，收取的利息稱為「帑息」。

不過，「帑金」主要發放給經營風險較小的鹽商，廣東十三行屬於風險大、波動頻繁的海上貿易，極少能得到「帑金」。所以在現金流吃緊的時候，商行只好求助於其他貸款來源，也就是中國商人或外國商人。[18]

但廣東十三行所需的經營資金，往往動輒數十萬兩白銀，絕非普通商人財力能及，因此內部拆借，成為廣東十三行解決資金問題的主要方式。

這勢必導致十三行財富的集中，富有的洋行靠放債變得愈來愈富有，貧窮的洋行因借債變得愈來愈窮。更有甚者，一些新成立的或經營不善的洋行，由於信用欠缺，中國富商不願意貸款給他們，這些行商於是只剩下一條路：向外國商人貸款。

當時，廣東十三行向外國商人借的貸款分兩種：一種是向公司借債，主要債權人是英國東印度公司，這種貸款走正常的商業貸款手續，年利率通常為百分之六至百分之十二，如果借款者經營順利，比較容易還款；另一種是向散商借貸，主要債權人一開始是亞美尼亞人，後來變成印度帕西商人。

他們通常不要求複雜的擔保等商業貸款手續，但年利率普遍高於百分之十二，有時達到百分之二十至百分之四十，利滾利極為驚人，很容易造成借款者無力還款而破產。

清政府對這種借貸方式很警慎，為了避免出現洋行因高利外債破產現象，曾多次明令禁止廣東十三行向外國商人借款。然而，為了進入外貿市場和擴大經營，許多資歷較淺、資本有限的洋商不惜鋌而走險、違背禁令，與外國商人私下達成借款協定，一旦出現經營不善就會拆東牆補西牆，借更多錢來還帳，直至資不抵債。

前文提到義成行老闆葉上林在除夕夜得到三千銀圓，很可能就是這樣一筆散商貸款，所幸他運氣好，來年生意就大有起色可以扭虧為盈。

所以，在乾隆後期全國經濟繁榮、外貿額大幅增長、廣東十三行總資產不斷膨脹的環境下，像視同文行這樣的老牌、大型洋行獲利豐厚，而同時又頻繁有經營不善的洋行宣告破產。⑲

敢於頂著清政府的禁令，向廣東十三行發放高利貸使多家洋行破產的印度帕西商人，當然大有來歷。他們原本是波斯拜火教徒或摩尼教徒，並非印度的土著居民，其中還有少量原先旅居波斯的猶太人。

西元七世紀中葉，阿拉伯人入侵波斯、迫使波斯人皈依伊斯蘭教。不願降附阿拉伯人、皈依伊斯蘭教的波斯人大批東遷，有些來到中國，唐太宗為他們設置了波斯都護府，資助他們發動波斯複國戰爭，唐玄宗為保護他們與阿拉伯人在中亞交戰，結果都告失敗。

另一部分波斯人逃到印度西北部，當地王公出於同情允許他們定居下來，印度土著稱這些波斯難民為「帕西人」。

但好景不長。阿拉伯人、突厥人和蒙古人相繼入侵印度北部，建立起伊斯蘭教政權，帕西人只好又從印度西北部逃到穆斯林軍隊鞭長莫及的印度西南部沿海地區。

西元十六世紀，蒙兀兒皇帝阿克巴征服印度西南部，這位博學的君主雖然是穆斯林，卻對拜火教很感興趣，對帕西人極為寬容，使他們不必再度走上流亡之路。

長期顛沛流離的生活，賦予帕西人特殊的民族性格。印度土著民族普遍將農業視為家國之本，和中國人一樣安土重遷，但千年之久的萬里漂泊，加上與阿拉伯人的長期鬥爭，使帕西人普遍忽視農業，重視商業和運輸業。

他們的風俗習慣（如「天葬」、喝酒、吃豬肉和牛肉等）與印度教徒和穆斯林都格格不入，即便沒有軍事衝突，彼此間也不免

〈太原虞弘墓石雕〉

現存準確紀年的西域、中亞文化墓

波斯拜火教早在南北朝就傳入中國。圖中描繪的，是一位在隋代中國當官的波斯拜火教徒。

積怨。為了生存，帕西人熱衷走上層路線，精於討好像唐太宗和阿克巴這樣的異族君主，波斯文化的古老積奠又使他們勤於讀書學習，在官場上左右逢源。

所有這些民族特質，都使得帕西人成為歐洲殖民者入侵印度期間「受益最大的印度民族」。歐洲殖民者剛剛到達印度沿海，就得到帕西商人的熱情歡迎。葡萄牙人、荷蘭人、法國人、英國人都在與他們的合作中獲益良多。他們和這些從蘇拉特到孟買的帕西商人迅速結成一種緊密的共生關係，令印度本地官民咬牙切齒，卻又無可奈何。

可以說當時帕西人在南亞的社會角色，很像是華人在東南亞的社會角色。曾有帕西族學者甚至驕傲地自稱：「種姓制度、固有的風俗習慣，往往成為印度民族發展的障礙，但是帕西人卻沒有這方面的思想束縛。當歐洲人到來時，他們抓住從未有過的商機，成為葡萄牙、荷蘭、法國商館中最主要的當地買辦，以及歐洲人與當地人之間的主要仲介。」

西元一六九二年，印度軍隊趁英軍遭遇瘟疫之際奪回孟買，孟買的帕西商人居然自費招募了一支雇傭軍，擊敗印度軍隊，將孟買城重新交給英國東印度公司。英方盛讚他們：「作為英王的臣民，帕西人無疑是印度所有土著中最忠實的。」

帕西人命運的轉捩點，無疑是西元一七五七年六月二十三日的普拉西戰役。這場英軍對蒙兀兒帝國的決定性勝利，使帕西人第一次看到了戰勝伊斯蘭教的曙光。從此，原本寄人籬下的帕西人一躍而為印度的上等民族，在印度各級政府機構中佔據的職位數量，迅速超越當地的穆斯林，財富也隨之高速增長。

就在普拉西戰役之前的一年（西元一七五六年），廣州港內出現了首批來清帝國貿易的帕西商人。中國人看到這些人頭纏白布的帕西商人，模樣與中國的回族、維吾爾族相似，就管他們叫「白頭鬼」或「白頭回」，也稱為「八思」「包社」「帕西」「巴西」等。

不過，中國人對帕西人最常見的稱呼則是「港腳」。這個名字與腳氣病「香港腳」無關，而是英語「鄉下人」的譯音，專指英屬印度土著居民，而當時來華經商的印度人幾乎全部是帕西人。

作為一個原本顛沛流離的小民族，帕西人在西元十八世紀的運氣好得出奇。西元一七七〇年左右，他們在廣州扎下根來不久，中國就連續生嚴重的天災，為了防止饑荒，乾隆朝廷命令各地農民停止種植棉花，盡可能把所有農田都種上糧食，結果造成中國棉花產量大減，市場上的棉花價格因此飛漲。

偏偏帕西人的主要聚居區印度孟買附近，是當時全世界最大的棉花產區，帕西商人於是將家鄉的棉花大量運輸到廣州出售，因此獲利豐厚。

不過除了棉花以外，帕西商人並沒有很多可以在中國市場上賣的商品（印度大米也很受中國市場歡迎，但運費太貴，胡椒等印度香料又被英國東印度公司壟斷），所以當中國的棉花危機緩解以後，他們就開始尋求其他的贏利管道。

最終，十八世紀末的帕西商人普遍選擇利用當時手上大量的現金儲備，向中國商人放高利貸。而眾所周知，中國商人最大的缺點就是好賭。

當時帕西商人的外貌很有特點，不僅用白布裹頭而且戴一對大金耳環。面對「大耳窿」們提供的現金誘惑，眾多經營困難的十三行洋商放棄了心理抵抗，以孤注一擲的心態踏上了高利貸這條不歸路。[20]

帕西商人在簽下貸款合約，劃清貸款以後便坐船離開廣州，幾年後再突然出現，向十三行洋商們索要相當於本金幾倍的利息，將這些洋行逼入破產倒閉的深淵。當帕西商人欠廣東十三行債務時，他們通常也會坐船離開廣州，但永遠不再回來，十三行洋商們只好咬碎門牙和血吞了。

雖然外國貸款造成的「夷欠」導致乾隆後期，廣東十三行的大規模破產，但從整體上說，還不至於造成全盤崩潰。帕西商人對經營不善的十三行洋商們放高利貸，可能還反而促進了廣東十三行的健康發展。

對像是同文行這樣的優質洋行來說，劣質洋行紛紛被淘汰出局其實是好消息。因為它們經營成功，不但不需要向外國商人借高利貸，還可以因此獲得破產洋行留

〈現代帕西人〉的婚禮

〈現代帕西人〉聖火祭祀

（帕西人的文化及歷史詳見本書 P264）

下的市場份額。

然而在十九世紀初，廣東十三行變得愈來愈封閉。少數福建商幫的壟斷情況愈發嚴重，經營成功者愈來愈少，儼然面臨因種群數量過小而滅絕的麻煩。造成這一困境的根本原因，既不是十三行洋商們缺乏財力，也不是他們不善經營，而是傳統的經濟法律制度使然。

經濟史上有一個著名的「李約瑟難題」：中國早在唐宋時期，就已經具備了先進的科技和龐大的商人團體，為什麼一直沒有發展出資本主義，而是始終停留在資本主義萌芽階段？

其實放眼世界史，資本主義在印度、中東和東南歐等區域都曾一度萌芽，但直到近代，也都僅止在萌芽階段。像是漢摩拉比時代的巴比倫王國，當時由各城市最有錢的商人擔任商會主席，實際上執掌這座城市的政治、經濟、文化、司法等各項權力，基本除了王室壟斷的宗教、軍事和外交以外什麼都管，可以說將「商人治國」做到了極致。

再比如中世紀的威尼斯，全民經商，以商業、航運、手工業和漁業為四大經濟支柱，國內完全沒有耕地和牧場，也是極為典型、具有發展中的資本主義雛型。但是無論是巴比倫、威尼斯還是古代中國，「商人治國」都沒能持續多久，要嘛很快被其他國家征服，要嘛是通過改朝換代或對外擴張，改變了「商人治國」的狀況，結果又進入「農牧業為王」的時代。

為什麼資本家在西歐以外的世界或其他地區無法長期執政？原因說來非常簡單——資本家自身富不過三代，用不了很久就會重新變成貧民，隨之就喪失了政治影響力。

與奴隸制社會和封建社會相比，資本主義社會這方面的不穩定性顯得特別嚴重。在奴隸制社會，奴隸主擁有奴隸，再過一千年，奴隸依然可以給奴隸主生育有勞動能力的小奴隸，因此奴隸制社會可持續發展。

在封建社會，地主擁有土地，再過一千年，土地依然可以給地主生產糧食，因此封建社會可持續發展。而在資本主義社會，資本家擁有企業，再過一千年……別說一千年，就是再過一百年，也極少有企業還能給資本家生產財富，因此資本主義社會是不可持續發展的。

放眼中國和外國，有幾百年歷史的老店鳳毛麟角，它們的共同特點是：家庭或友人小團體經營大多傳男不傳女，確保核心技術不外洩；在擴大經營時非常謹慎；幾乎從不貸款。這種作坊規模的小企業雖然能夠活得比較長久，卻絕不可能有多少政治影響力，更不用說奪取國家政權了。

與它們相反，積極擴大生產規模的開放型企業在古代很難長久生存，破產毀滅是它們必然的宿命。究其原因，市場千變萬化，科技不斷發展，員工之間必然會發生矛盾，老員工死得太早，培養不出合格的接班人，必然導致企業的產品品質迅速下降，失去市場競爭力；死得太晚，又會給企業帶來過高的經濟負擔。

沒有哪個管理層能夠在上百年的時間內保證不犯決策錯誤，或是保證本企業的核心產品在上百年的時間內一直有市場競爭力，而增加生產又會進一步放大這些問題，最終搞垮企業。縱觀上下五千年歷史，企業家就像跳高運動員一樣，總有自已跳不過去的橫杆。

既然失敗是企業家必然的宿命，那麼經濟法律制度能否給予失敗的企業家們從頭再來的第二次創業機會，幫助他們東山再起呢？

傳統經濟法律制度不會給予失敗的企業家們第二次創業機會，他們的企業一旦破產，就必須還清所有債務。

當然，大部分破產企業家傾家蕩產也做不到這一點（否則他們就不會破產），等待他們的命運通常有兩種：一是賣身，給債權人打工還債，直到還清債務重新獲得自由，由於債務利滾利的原因，幾乎沒有人能夠還清債務，於是只好給債權人終身為奴，死後兒女還要繼續為奴，債務奴隸是奴隸制社會的核心基礎，因此在古巴比倫等國，資本主義萌芽很快都轉型為奴隸制社會；二是像清朝這樣，破產的企業家被抄家以後如果仍有無法還清的債務，就被按詐騙罪處以酷刑（發配新疆算是最人道的了），即便僥倖活下來，也永遠沒有財力再經商了。

傳統經濟法律制度下，「欠債還錢」、「父債子還」被視為天經地義，所有企業都必須接受這樣的命運安排，所以商人家庭普遍富不過三代，而且淪為奴隸或罪犯只是一個時間問題，社會地位自然低賤。

換句話說，在古代中國和世界上大部分國家，商人遲早都會淪為罪犯或奴隸，因此政治地位極其低下。

於是，像潘振承這樣有見識的商人，紛紛試圖趁著自己富有的時候，用錢購買土地、奴隸、官職和爵位（如潘振承捐了三品頂戴，他的次子潘有為在考中進士以後，出任內閣中書），以便使自己的家庭加入前途穩定的地主階級。

古代中國和亞洲的傳統企業，必須承擔無限的債務責任，因此在經濟學術語上被稱為「無限責任公司」，簡稱「無限公司」。

無限公司一旦破產，每一個企業所有者（股東）都將傾家蕩產，直到還清全部債務之前，休想離開社會最底層。所以，無限公司很難獲得融資，甚至很難股份化（有誰願意買它的股票），購買一千元的無限公司股票，將來可能會給自己帶來一千萬元的債務！

換言之，無限公司如果在股票交易所上市，它理論上的股價最低值不是零，而是負無窮大！所以，無限公司的壽命通常比較短，要想長壽，就必須堅持永不借債的原則。而永不借債的企業自然很難做大做強，更別說擁有什麼政治影響力了。

綜上所述，當社會習俗和法律制度只允許無限公司這一種企業存在時，這個社會是不可能發展為成熟的資本主義社會的。企業家群體的高度不穩定性，決定了社會只能長期停留在資本主義萌芽階段，爾後隨著失敗的企業家淪為罪犯、奴隸或農奴，成功的企業家變成官員、奴隸主或地主，再轉型為奴隸制社會或封建社會。

為了建立長期、穩固的資本主義社會，就需要創建一種與無限公司截然不同的企業，這就是現在隨處可見的「有限責任公司」，簡稱「有限公司」。顧名思義，有限責任公司指在企業虧損破產情況下，企業主（股東）所遭受的損失，只限於其在該企業內的投資額，而不涉及其個人財產和別的投資。這樣，企業家破產後，可以與破產企業的債務黑洞完全切割，依然擁有足夠的財力，可以東山再起。

對於債權人而言，相比傳統的無限公司，有限公司等於賴帳公司，有限公司淘汰無限公司是典型的「劣幣驅逐良幣」。

然而，有限公司制度確實奠定了資本主義社會的發展基石。有限公司雖然和無限公司一樣頻繁破產，卻不至於使企業主（股東）全部傾家蕩產，從而塑造出一個持續富裕、長期具備政

〈亨利七世〉有限公司之父，都鐸王朝的創立者

亨利七世透過給船隻發許可證、從鄂圖曼帝國獲得明礬，並把明礬賣給低地國家和英國，深深入參與了明礬這項貿易。這這樣的貿易方式，引起了教宗儒略二世的反對，因為托爾法礦是教宗領地的一部分，並且賦予教宗對明礬的壟斷控制權。

治影響力的資產階級集團。

以美國矽谷、北京中關村為代表的現代高科技企業，創業失敗率極高，有些創業者破產十幾次才創業成功。這些創業園之所以能夠長期繁榮，不是因為它們的創業者多麼聰明，多麼善於經營，而是因為它們是有限公司，可以申請破產保護，破產的創業者不會被剝奪全部財產，也不會淪為罪犯和奴隸。

〈南海泡沫危機〉

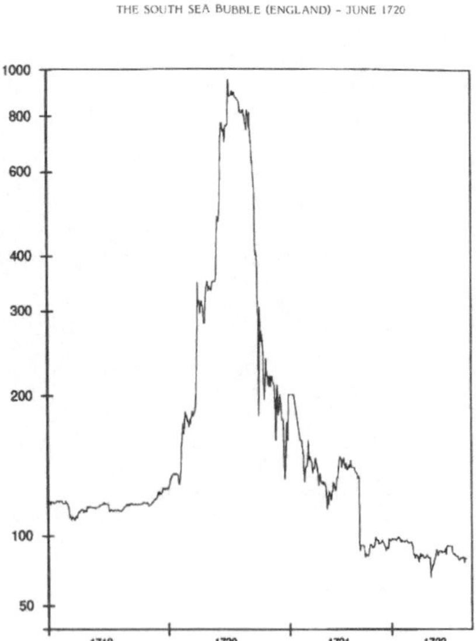

南海公司的股價暴跌，使數以千計股民血本無歸，當中不乏上流社會人士，另外部份人更因為欠債累累而出逃國外。

作為資本主義社會的必要充分條件，可以合法賴帳的有限公司，在西元十五世紀末首次出現在地球上，地點正是後來率先爆發資產階級革命的英國，這當然一點都不偶然。

十五世紀末的英國，剛剛從黑死病中恢復些元氣，卻打輸了英法百年戰爭，又錯過了地理大發現的千古機緣，內戰頻仍。

都鐸王朝剛剛取代金雀花王朝入主倫敦，國庫一窮二白，為了活化經濟，胡亂變法，結果借助羅馬法中將企業視為「法人」的特殊律條，將企業財產和企業主的私人財產分割開來，搞出了「有限責任公司」這麼一個經濟史上的怪胎。

剛開始，習慣於同傳統無限公司打交道的英國民眾，並不信任這種可以合法賴帳的新型企業，才擺脫西班牙統治的荷蘭人，接受這種新事物倒是快一些。久而久之，人們發現和有限公司打交道風險其實不大，而且可以透過股市低風險、高回報地投資有限公司：在股票交易所，由於受到法律上的破產保護，有限公司股票理論上的股價最低值不是負無窮大，而是零。

於是，潘朵拉的盒子一被打開就關不上了，傳統無限公司迅速退出西歐的歷史舞台。包括多國的東印度公司在內，新成立的不少西歐企業都以有限公司的面目示人，一時風光無限。

然而，樂極生悲。西元一七二〇年英國股市爆發「南海泡沫」危機，法國股市爆發「密西西比泡沫」危機，大批有限公司公然合法地賴帳不還，使無數債權人傾家蕩產。

為了挽回股市崩盤、有限公司聲譽掃地的糟糕局面，英國政府又設計出一種介於有限公司和無限公司之間的「兩合公司」，規定公司至少要有一個大股東對債務負有無限責任，其他投資者只需要負擔有限責任。

直到法國大革命之前，兩合公司都是西歐主要的企業形式。可是，民眾對有限責任公司和股市的不信任，依然根深蒂固。

法國大革命長期被宣傳為最徹底的資產階級革命，其實它不僅不徹底，而且根本不算典型。法國大革命從始至終滲透著濃厚的反資產階級氣息，並因此得到廣大貧民的支援。

早在攻佔巴士底監獄當天，革命群眾就殺死了巴黎商會會長，繼而又搗毀了諸多法國企業。大革命的高潮在西元一七九三年八月二十四日到來，革命領袖丹東和羅伯斯庇爾，在這一天莊嚴地宣告解散法國股市和法國東印度公司，並永遠取締一切能夠借助企業破產法賴帳不還的股份公司、兩合公司和有限公司。

從此以後，法國只允許一種企業存在，就是亞洲式的無限公司。看來，法國大革命的領導根本就不懂資本主義，而且還是資本主義的死對頭，他們親手毀掉了法國最優秀的企業。

沒過一年，丹東和羅伯斯庇爾就因為把國家經濟搞得一團糟，相繼失去權力，在斷頭台上掉了腦袋。

拿破崙戰爭期間，由於歐洲列強資金緊張，有限公司重振雄風，輕鬆壓倒經營規則複雜的兩合公司，從此風靡世界至今。與廣東十三行打交道的歐洲企業，正是這些有限公司和兩合公司。

作為傳統的無限公司，廣東十三行無論多麼努力，遲早都會被有限公司擊敗，因為在同樣的經營狀況下，有限公司更容易融資、擴大規模和實現股份化。如果經營不善而破產，無限公司將面臨無底深淵，有限公司卻可以金蟬脫殼。

即便無限公司短期內佔得上風，有限公司也可以隨時啟動破產保護程式，甩給無限公司一堆爛帳，自己的股東卻借此擺脫全部債務負擔，爾後重新創業。

總而言之，有限公司具備絕對的制度優越性。以英國東印度公司為例，它也曾經營不善，多次陷入債務危機，但是其股東永遠不會像廣東十三行的商人，淪落到一旦破產就被抄家發配，永世不能翻身的窘境。

此外，歐洲東印度公司為了能夠遠渡重洋，在敵對地區通行和貿易，都擁有強大的武力，足以發動戰爭，推翻本國或他國政府，洗劫公款，制定對本公司絕對有利的法律和條約，這是廣東十三行商人無法相比的。

這樣看來，廣東十三行屢屢陷入「夷欠」危機，外國商人卻屢屢欠廣東十三行的款項不還，都是歷史的必然。

西元一七九六年，出任廣東十三行總商的同文行老闆潘有度發現，自己面對著無盡的麻煩。太多的難題他無法解決，太多的危機他無法應付，太多的陷阱他無法擺脫，他不禁自問：「我是不是該趁著還算有錢的時候，金盆洗手、收山改行？」

第九章

寧爲一條狗，不爲行商首

西元一七九六年，就是乾隆皇帝退位給嘉慶皇帝，廣東十三行總商蔡世文自殺的那一年。新任廣東十三行總商潘有度發現自己剛執掌的，這個全中國最大的商會，雖然曾經富甲天下，現在卻已經到了生死存亡的關口。

除去數不清的苛捐雜稅、還不完的外國高利貸以外，還有更加緊急的危機需要他立即解決。其中之一，就是廣東十三行的主要貿易通道珠江口，正被外國侵華艦隊封鎖，十三行就要被餓死了！

在嘉慶元年悍然入侵中國領海、封鎖珠江口的這支外國侵華艦隊，並非來自遙遠的歐洲列強，而是來自緊鄰中國的亞洲國家。要是讀者以為這個國家肯定是日本，那可就錯了。

如果在十九世紀上半葉，也就是第一次鴉片戰爭前後，組織清朝知識份子做一次調查「誰是世界上海軍最強大的國家？」多數答案不會是英國，也不會是其他西方列強，而是越南。更準確地講，是「安南」，因為「越南」在當時是個新名詞，多數中國人仍然慣用其舊名「安南」。

對十九世紀上半葉的清朝人而

〈百多祿〉支援安南叛軍的法國主教

（其人其事，見本書 P281-P283）

言，嘉慶年間安南侵華艦隊在中國東南沿海製造的恐懼，甚至超過了第一次鴉片戰爭中的英軍。

說起如今世人知之甚少的安南侵華艦隊，就要追溯到乾隆時期。西元一七七一年，安南爆發了西山大暴動。一七七七年，統治安南南部的阮氏集團被西山軍攻滅。整個阮氏王室僅有一個名叫阮福映的年輕王子衝出包圍，卻身負重傷。眼看就要被西山軍追上時，他發現路邊有座天主教堂，匆忙跑了進去，得到法國主教百多祿的庇護，得以坐法國船擺脫西山軍的抓捕，輾轉前往暹羅（泰國）求救兵。

西元一七八四年，阮福映率領暹羅盟軍殺回安南，卻中了西山軍的埋伏，被打得幾乎片甲不留。阮福映與兒子阮福景落荒逃跑，又被百多祿主教搭救。阮福映對百多祿主教哀嘆暹羅兵無用，表示如果能夠借來法軍，恢復阮家基業，願意不惜任何代價。

百多祿主教欣然同意，安排阮福映坐船返回暹羅避難，自己帶阮福景一同前往巴黎，向路易十六求救兵。

此時，正值大革命前夕。已經被英國奪走印度和加拿大的路易十六，急需在東方開闢新的殖民地作為財源，雙方一拍即合，於是在西元一七八七年十一月二十八日，草簽了《法安凡爾賽條約》，建立攻守同盟。法國向阮福映提供軍事顧問、僱傭兵和武器裝備，作為酬勞，安南把湄公河入海口附近的昆侖島割讓給法國，並與法國分享昆侖島旁的廣南港主權。法國東印度公司還永久性獲得在安南的領事裁判權和免稅權。

與此同時，西山軍所向披靡地攻佔了安南北部，廢黜了清朝冊立的安南國王黎昭統。這惹怒了唯我獨尊的乾隆皇帝。他立即命令兩廣總督孫士毅，率大軍前往安南，「出師問罪，以興滅繼絕」，軍費一如既往地由廣東十三行贊助。西元一七八八年年底，孫士毅率清軍佔領已經被西山軍焚毀的安南舊都升龍城（河內），重新扶立了黎昭統。

然而，孫士毅並沒有高興太久。稍有常識的人都應當明白，國土南北狹長的越南，不可能因為河內的陷落而向中國投降，更何況這座城市是西山軍主動焚毀的。它即將變成乾隆皇帝的莫斯科。

西元一七八八年元旦深夜，正當清軍狂歡過後酣睡之際，從南方返回的西山軍主力，悄無聲息地包圍了沒有城牆的升龍城。西山軍首領阮光平（原名阮惠）一聲令下，載著火炮的戰象發起連環轟擊，毫無防衛的清軍頃刻間崩潰，在黑夜中自相踐踏，廣西提督許世亨等數萬將士陣亡，屍體堵塞了紅河河道。

孫士毅帶著黎昭統，一路狂奔回廣西才保住性命。乾隆皇帝被迫與西山軍講和，廢黜黎昭統，冊立阮光平為安南國王，並且和以前一樣，厚著臉皮將「平安南」列為自己的「十全武功」之一。

清朝與安南的關係從此變得極為惡劣。而作為這次清越戰爭的主要贊助者，廣東十三行即將付出慘重的代價。

取得升龍之戰的勝利以後，阮光平原本打算乘勝進攻廣西和廣東，追擊孫士毅和黎昭統，他之所以接受乾隆皇帝的求和，收兵南下，是因為自家後院起火了。

正當西山軍與清軍在紅河三角洲鏖戰之際，百多祿主教率領法國僱傭兵抵達東南亞，在湄公河三角洲登陸，阮福映也再度率領暹羅軍乘虛而入，聯合攻佔了安南南部。阮光平只得掉頭南下，與阮福映和百多祿在安南中部展開漫長的拉鋸戰。

拉鋸戰是昂貴的。阮光平很快就發現自己本來就不充裕的國庫正面臨枯竭。安南海岸線漫長，在內戰中制海權又顯得至關重要。阮福映擁有法國的新式戰船，在戰爭初期擁有絕對海戰優勢，一度席捲整個安南海岸，還曾東進至西沙群島。

為了保護本方沿海補給線不被切斷，阮光平大量僱傭中國海盜和澳門葡萄牙人，組建了自己的新式水師。

在中國海盜的啟發下，阮光平很快發現與其和阮福映的海軍交鋒，不如派艦隊去中國沿海搶劫，這樣獲利更多。西元一七九二年夏季，安南海軍首次突襲中國東南沿海，收穫頗豐，但由於突然傳來海軍基地被阮福映海軍偷襲的消息，被迫撤兵。他們剛剛返回安南，阮光平就病死了。

但阮光平的兒子阮光纘不僅繼承了安南王位，也繼承了父親的海路侵華計畫。西元一七九四年，安南海軍大舉入侵福建，封鎖閩江口。一七九六年，阮光纘聽說乾隆退位給嘉慶，認為中國政局混亂有機可乘，便調集七十六艘戰船，撲向廣東沿海，封鎖珠江口，洗劫往來商船。

由於中國海盜踴躍加入，安南侵華艦隊後來發展到數百艘，總兵力達數萬人。西元一七九六年四月十日，廣東十三行總商蔡世文自殺，可能就和這次安南侵華艦隊封鎖珠江口，導致廣東十三行商業完全停頓有直接關係。[1]

阮光纘的安南海軍主力戰艦名叫「烏艚船」，為鄭芝龍、鄭成功父子在明朝廣式戰船的基礎上改進而成的新型戰艦，船體高大，設有望樓，每艘船可載百餘人，載有西洋火炮數十門，火力比較強且船體結實，經常能撞沉敵船，缺點是重心不穩、航速較慢（詳見本書P16彩圖）。

而清朝海軍主力戰艦有「同安船」、「趕繒船」、「艍船」和「米艇」等幾種，每艘船隻能載幾十人，載炮不過十門，船身高度較低，船體較為單薄。因此在海戰中，安南烏艚船可以很輕易用強火力和大噸位壓制清軍戰船，在一年的時間內橫掃廣東、福建、浙江沿海各地，盡情燒殺搶掠，使廣東十三行損失慘重。

不過，繼蔡世文之後出任廣東十三行總商的潘有度非常幸運，因為他上任沒多久，安南侵華艦隊就主動撤離了中國沿海。西元一七九七年，阮福映得知阮光纘的海軍主力北上中國，於是命令百多祿主教率艦隊，攻擊西山海軍的主要基地峴港。阮光纘聞訊，慌忙從中國撤軍回救。兩年之後，阮福映水陸並進，一舉攻佔順化、歸仁等安南中部重鎮，因為百多祿主教突然病死，這次北伐才半途而廢。

阮光纘的海軍儘管屢受打擊，然而主力尚存，甚至在得知太上皇乾隆駕崩，首席軍機大臣和珅被賜死的消息後，更變本加厲地襲擊中國沿海。他們敢於這樣做，主要是因為西元一七八九年法國大革命爆發以後，阮福映得不到法國的軍事援助了，南方戰線的壓力驟然減少。

西元一七九三年，路易十六夫婦被處死的消息傳到東南亞，法國僱傭軍人人自危，紛紛要求返回法國。如果不是百多祿主教所施展的個人魅力及強硬手腕，阮福映的海軍早就解體了。然而百多祿主教一死，阮光纘就派西山軍大舉南下，把阮福映打得十分狼狽。

不過，法國停止介入安南內戰，並不只是因為法國大革命爆發與百多祿主教之死。在西元一七九九年去世的，不僅有乾隆皇帝、和珅與百多祿，還有一位重要人物提普蘇丹。

十八世紀末，提普蘇丹既是大英帝國和英國東印度公司最危險的敵人，也是法國最出色的盟友。三十多年來，印度西南部的邁索爾國王提普蘇丹，在一系列的抗英戰爭中充分證明了自己的實力，以至於不列顛的女士們，用他的姓名來嚇唬不聽話的兒童。

無論革命風雲如何變幻，歷代法國政府從不曾中斷與邁索爾王國的親密聯繫。這種聯繫，在大革命造就的最優秀軍人拿破崙．波拿巴身上，表現得最為明顯。半個地球的距離雖然使兩人素未謀面，卻並沒有動搖過他們的友誼。由於頻繁的交流，法國大革命對邁索爾王國造成了全方面的影響。

與乾隆皇帝等其他亞洲君主不同，提普蘇丹感興趣的不僅有法國的軍事科技，還有法國的政治文化制度。在他的治理下，邁索爾王國的陪都班加羅爾，成為南亞的科技中心，其影響至今猶存。

受巴黎媒體感染，提普蘇丹決定徹底廢除荼毒印度數千年的種姓和一切封建制度，將祖國改造為一個法蘭西式的共和國，他本人公開宣佈放棄蘇丹君主頭銜，代之以「提普公民」的新稱呼。

如果說乾隆皇帝代表著亞洲的過去，那麼提普公民就代表著亞洲的未來。這樣一個危險的人物及其領導的亞洲革命基地，顯然不是大英帝國和英國東印度公司所能容忍的。他們決定祭出自己的殺手鐧。

西元一七九六至一七九七年，規模空前的跨洋遠征軍、多達五萬名英軍士兵，渡過大西洋和印度洋的驚濤駭浪，在印度登陸。統率他們的是野心勃勃的威爾斯利（清朝人譯作「威立士厘」）三兄弟：長兄理查．威爾斯利子爵，擔任印度總督，五弟亞瑟．威爾斯利上校（未來將以「威靈頓公爵」之名聞名全球）擔任參謀長，七弟亨利．威爾斯利擔任總督秘書。

如此史無前例的巨大投入，其目的只有一個就是徹底摧毀邁索爾這個小國家，並把提普（不管他是蘇丹陛下還是共和國公民）送入墳墓。至於同時期拿破崙將軍在義大利和奧地利的征戰，對大英帝國來說，並不像印度遠征這樣重要。

面對英軍及其印度盟軍等兵力數倍於己的敵人，提普毫無懼色。他一面向法國和其他印度王公求援，一面強硬地備戰。

甚至亞瑟・威爾斯利上校在給總督兄長的秘密報告中，竟建議：「如果有可能，我們採取的方針應當是避免立即開戰。我們當然得保持體面，不能讓政府蒙羞。為了避免這種情況，我們必須在給提普的照會中要求他對法軍的登陸做出解釋。」

「不要讓他認為，我們相信他已經同法國人達成了新盟約。這樣，他就很可能否認這種聯盟的存在……。」

在這一連串狡詐的外交工作完成以後，亞瑟・威爾斯利上校率領兩萬五千名英印聯軍，向邁索爾的首都塞林伽巴丹發起突然襲擊，企圖一舉擊潰提普在這個方向部署的不足一萬人的兵力。然而出乎亞瑟・威爾斯利上校的預料，他將蒙受一場羞辱性的慘敗。在一個漆黑的深夜，英印聯軍在塞林伽巴丹城郊的一片樹林，遭到邁索爾猛烈的火力襲擊！來自一種他們此前從未見過的新型火器。

提普的學習方向從來都不僅限於西方，他固然尊敬法國軍事顧問和工程師的意見，但也同樣重視亞洲的傳統軍事技術。

如前文所述，十八世紀末，印度與中國的貿易迅猛發展，印度進口中國的茶葉和絲綢，出口給中國棉花和胡椒，大批印度沿海居民、特別是巴斯人，還長年旅居廣東經商。

在這種背景下，地處印度西南沿海的邁索爾人間接地透過廣東十三行，弄到了一種清軍已經很少使用的中國傳統火器：火箭。

火箭在中國有著悠久的歷史，起碼可以追溯到唐宋時期，但和大多數中國傳統火器一樣，此後便進入停滯不前的階段。到清朝建立的時候，這種裝著黑火藥的竹筒由於性能不穩定，早已從中國軍隊主力裝備中消逝，現在卻被遠在印度的海德爾·阿里和提普父子慧眼識珠，並發現了其中蘊藏的無窮潛力。

他們發現火箭是所有便攜輕武器中射程最遠、殺傷力最大的，其性能不穩定的缺點，主要來自竹筒。找到這個問題以後，他們便命令兵工廠用金屬取代竹子製造標準化的火箭筒，最終獲得驚人的效果，組建起一支一萬兩千人的火箭兵特種部隊。

西元一七九九年四月，塞林伽巴丹城郊樹林裡，提普火箭彈發出明亮的光芒，劃過黑暗的雨夜星空，準確命中英印聯軍的陣地，其中一枚更是直接擊中了亞瑟·威爾斯利上校的坐騎。上校摔倒在地，膝蓋被彈片擊穿，全身多處燒傷。儘管他幸運地保住了性命，狼狽地逃回大營，卻從此成了一個瘸子。

在致總督兄長的戰報中，他愧恨地表示：「以後若白天沒有仔細觀察的地形，對於夜間佔據良好位置和做了準備的敵人，我將絕對避免發動攻擊……。」

但塞林伽巴丹城郊之戰的戰績固然輝煌，卻未能挽救提普的命運。邁索爾有限的軍事資源逐漸被戰爭消耗殆盡，敵人從四面八方湧來，而法國援軍卻未能及時趕到。他們正在埃及和巴勒斯坦的沙漠中，跟著拿破崙·波拿巴將軍蹣跚地跋涉。

〈提普之死〉英軍發現蘇丹屍體想像圖

死於英軍包圍的提普蘇丹。（其人其事，詳見本書 P284）

西元一七九九年五月四日，塞林伽巴丹的城牆被英國大炮轟開了缺口，提普在巷戰中身負重傷，隨即為了避免被俘虜的恥辱而引劍自刎。

在提普的國庫裡，英軍發現了不少驚人的藝術品，其中有一件被稱為「提普之虎」的自動機械，按下開關，老虎模型就會咆哮著、撕咬英國軍官模型的喉嚨，同時後者會發出慘叫聲，顯示了邁索爾工匠的高超技藝。

它後來被運到倫敦，成為大英博物館的鎮館之寶，許多英國學校都會組織學生定期來參觀，以期不忘國恥，振興大英。至於提普更重要的發明提普火箭，則啟發英國軍事工程師，發明出未來將在拿破崙戰爭和鴉片戰爭中，大展身手的康格里夫火箭（見本書P305），繼而在二十世紀中葉，發展為令納粹德國聞風喪膽的喀秋莎火箭炮，隨後還將把人類送入太空，登上月球。❷

與許多大國相比，邁索爾的命運貌似無關緊要，但它馬上就會改變世界歷史的進程。在這個問題上，沒有人比拿破崙．波拿巴體會更深。

愈來愈多的證據、特別是拿破崙與提普之間的書信，表明拿破崙在西元一七九八年夏季離開歐洲、入侵埃及和巴勒斯坦，不是為了控制地中海或打擊土耳其，而是為了圍魏救趙，迫使西元一七九七年入侵南印度的英軍從邁索爾撤軍來救土耳其，爾後聯合提普征服西亞和南亞。

西元一七九九年八月二十四日，拿破崙突然拋棄駐埃及法軍，冒著極大的風險坐船、避開英國和土耳其艦隊回到法國，既不是因為第二次反法聯盟成立，也不是因為法軍在義大利北部的幾次失利，而是因為他得到了當年五月四日邁索爾亡國、提普喪命的消息，宣告了他在中東的所有努力都化為泡影。

此前，他曾多次向印度、越南等熱帶亞洲國家派遣軍事顧問和工程師，扶持提普和阮福映等當地的親法反英勢力。但隨著邁索爾的滅亡，這一切努力都變得毫無意義。眼看印度洋已經成為英國的內湖，拿破崙只得放棄東方計畫，停止對阮福映等亞洲盟友的援助，儘快趕回法國，為此不惜犧牲跟隨自己征戰多年的精銳部隊。後者很快就向英軍投降。

返回法國的拿破崙，迅速奪取了絕對權力，並在與歐洲列強的對抗中取得了一系列輝煌勝利，佔領了義大利和德國的大片國土。不過，這些歐洲戰場上的勝利，大多是「皮洛士式的勝利」。由於征服的土地過於貧窮，儘管拿破崙放任軍人肆意搶劫，也遠不足以支付浩大的軍費。

近現代戰爭的勝利，已經不再主要取決於主將的驍勇和智慧，因為再高明的戰術，也難以抵擋高科技武器的衝擊，而這些高科技武器需要昂貴的研發、製造、維護和更新費用，並且還消耗大量的彈藥。逼得拿破崙哀嘆：「決定戰爭勝負的，第一是錢，第二是錢，第三還是錢！」

為了籌措軍費，拿破崙不得不再次將目光轉向海外。西元一八〇三年，他將被稱為「路易斯安那」的密西西比河流域，以一千五百萬美元的價格賣給美國，使美國領土擴大了一倍。次年，拿破崙在籌畫渡海、入侵英國本土的同時，又制定了兩個跨洋遠征計畫，目標是英國統治下剛剛發現金礦的澳大利亞，以及盛產蔗糖的加勒比諸島。

這兩次遠征都以災難告終，四萬名多法軍將士喪命於熱帶海島，同時法國的其他海外殖民地，也一個個被英軍蠶食，法國海軍主力更是在西元一八〇五年的特拉法爾加海戰中，被英軍殲滅，波旁王朝苦心經營的帝國就這樣被完全葬送。❸放眼全球，拿破崙統治下的法國變得日益被動，法國主導的「大陸封鎖」沒能對英國造成嚴重影響，是因為英國可以源源不絕從廣大富饒的海外殖民地、特別是亞洲殖民地獲得財富。

自從征服邁索爾以後，英軍在印度所向披靡。

西元一八〇三年九月二十三日，亞瑟．威爾斯利上校在阿薩耶徹底摧毀了馬拉地軍隊主力，同時，他的戰友萊克上校攻陷了蒙兀兒帝國首都德里。毫無疑問，英國人已經成為整個南亞的主宰，並徹底壟斷了海上絲綢之路和香料之路，留給法國的只有經濟危機。

絕望中的拿破崙，被迫重啟亞洲計畫，並在西元一八〇七年向俄國沙皇亞歷山大提出聯合入侵波斯和印度，但沙皇不敢讓法軍進入自己的國土，於一八〇八年回絕了這一建議，造成法俄關係惡化，最終導致拿破崙在一八〇八年入侵西班牙和葡萄牙，隨即又在一八一二年入侵俄國。

〈拿破崙遠征俄國失敗〉想像圖

按照拿破崙的如意算盤，法國可以透過征服西班牙和葡萄牙，獲得富饒的拉丁美洲殖民地；征服俄國以後，就可以通過恰克圖和伊犁與中國展開貿易，並透過阿富汗入侵波斯和印度，把英國勢力從這三個最富饒的亞洲國家驅逐出去，從而打開利潤豐厚的亞洲市場。

沒想到，這兩場戰爭都以法軍的慘敗告終，拿破崙連法蘭西皇冠也沒能保住。回首這段歷史，拿破崙在亞洲的失敗，早已預示了他未來在歐洲的失敗。

亞洲對法國就是如此重要。這個不愛喝茶的國家，最終還是無法擺脫廣東十三行的影響。拿破崙一直在關注廣東十三行，而廣東十三行、特別是廣東十三行頭號商人潘有度，也一直在關注拿破崙，經常與外商徹夜討論拿破崙戰爭的局勢。不過，在拿破崙戰爭爆發之初，他卻無法將注意力集中於此。

安南侵華艦隊撤離廣東沿海後不久，他就碰上了一位更加難纏的死對頭，新任粵海關監督佶山。

佶山是頂著「青天大老爺」的光環來到廣東的。作為嘉慶皇帝自幼熟識的寵臣，佶山在西元一七九九年春季，被委以負責查抄和珅家產的重任。佶山工作得十分認真負責，以至於和珅多位家人都自殺身亡，抄沒的錢財更是塞滿了內務府庫房。

民諺說：「和珅跌倒，嘉慶吃飽。」嘉慶皇帝對這次收穫自然十分滿意，作為認真工作的酬勞，他把粵海關監督這個公認的肥差賞給了佶山。

西元一七九九年九月，佶山抵達廣州、正式上任。然而，正如和珅在查辦李侍堯貪腐案之後，變成一個比李侍堯更加腐敗的貪官一樣，查辦和珅貪腐案的佶山，似乎也暗自立下志向，要超越和珅的貪腐紀錄，而他主要的索賄對象，當然就是富甲天下的廣東十三行首席商人，潘有度。

他們兩人之間的恩怨情仇成為清朝舉國熱議的社會話題，以至於在西元一八〇四年出版了一本暢銷小說《蜃樓志》，描繪了粵海關監督赫廣大，壓榨洋行總商蘇萬魁的故事，影射目標是誰不言自明。

不過，這兩人之間並非一開始就勢同水火，他們曾經平靜地相處過幾個月，直到拿破崙戰爭的烽火燒到廣東才惡化。

西元一七九九年十一月，英國藉口拿破崙戰爭，聲稱法國海軍可能佔領澳門，派出三艘軍艦前往澳門，對葡萄牙僑民實施「保護」，遭到清方的抵制。但英方拒絕接受交涉，戰艦長期停泊在珠江口外不去，還多次派小船違令駛入珠江口，直逼黃埔港。

佶山因此多次命令十三行總商潘有度去找英方交涉，由於交涉不順利，幾度斥責潘有度，成為雙方關係惡化的開始。

西元一八〇〇年二月十七日夜，英國東印度公司「普羅維頓」號戰船上的水兵，懷疑中國漁民偷盜纜繩，開槍打傷一人，又抓去一人。佶山聞訊，三度命令潘有度去找英方交涉，要求對方交出兇犯，「普羅維頓」號始終拒不交兇，佶山便大罵潘有度無能。

不久，因為拿破崙戰爭開銷浩大，「倫敦市場極度缺乏銀圓」，英國東印度公司向廣州運來一批銀條充數。潘有度經化驗後發現這批銀條的成色只百分之九十二點五，加上化驗費用，如果接受它們，自己將承受百分之八的虧損。

但是為了支援英國打贏拿破崙戰爭，潘有度最後還是同意，與其他三位行商共同平均接受這批銀條，結果不僅虧了本，還再度遭到粵海關監督佶山的指責。兩頭受氣的潘有度，當即表示願意辭去全部職務並關閉同文行。佶山卻不肯同意。因為他還要從潘有度身上壓榨出更多的財富。

西元一八〇一年夏永定河氾濫，北京周邊地區遭受洪災。儘管這次災情並不嚴重，但朝廷依然趁機要廣東十三行攤派二十五萬兩白銀的賑災捐款，其中，潘有度的同文行應當捐款五萬兩。

然而，事情到了佶山手上卻生出了變故。他當時正因英國紡織品關稅的問題，與潘有度發生爭執，新仇舊恨一股腦湧上心頭，於是私下命令潘有度捐款五十萬兩白銀，威脅說不照辦就讓同文行倒閉。潘有度與親友再三商議，決定只捐十萬兩白銀一分不肯再多交。

佶山極為氣惱，正逢麗泉行承保的一艘英國商船上查出一箱、四十八匹的紡織品，沒有報關，事情很小通常不會嚴辦，但佶山得知後，想起麗泉行老闆潘長耀，是潘有度的堂兄，立即怒向膽邊生，命令麗泉行繳納相當於一百箱紡織品的超高額罰款，約莫六萬七千兩百銀圓。

麗泉行從此一蹶不振。英國東印度公司在文件中這麼評價佶山：「現任的海關監督生性貪婪、殘暴，而且存心害人，連最壞的前任也無法與他相比。[4]」

可儘管佶山壓榨、禍害廣東十三行和清朝外貿，幾乎無所不用其極且在廣東官場也樹敵甚多，簡直是千夫所指，卻頗得嘉慶皇帝欣賞，甚至將他提升為一品大員太子太保，與兩廣總督平起平坐。

歸根結底，主因還是在於清朝的制度。根據清宮檔案記載，粵海關每年向廣東十三行徵繳的稅收，百分之七十上繳戶部、百分之二十四上繳內務府，粵海關與廣東布政司僅僅各得百分之三。戶部是清帝國的政府財稅中心，內務府是清皇室的小金庫，政府和皇室決定了官員的升降。

這就導致一個特別的現象：粵海關監督主要不是為廣東地方政府和廣東十三行服務的，而是為中央政府和皇室成員服務的，所以粵海關監督愈是壓榨、禍害廣東十三行，愈是在廣東官場和商界樹敵，反而愈會得到朝廷的獎賞。

由於難以忍受粵海關監督佶山的橫徵暴斂，潘有度自西元一八〇〇年起，開始認真考慮關閉同文行退出廣東外貿市場。與此同時，佶山對廣東十三行的壓榨愈演愈烈。這既有其身分職責的原因，也很可能是受了國防局勢的影響。日趨激烈的安南海軍入侵和安南內戰，使嘉慶皇帝不得不通過佶山領導的粵海關，加緊向廣東十三行斂財，因而加劇了粵海關與廣東十三行之間的矛盾。

西元一七九九年年底，阮光纘再度調集龐大的安南海軍入侵中國東南沿海，四處燒殺搶掠，遭到清軍的頑強阻擊。

西元一八〇〇年夏季，安南海軍主力百餘艘戰船逼近台州，浙江巡撫阮元派定海鎮總兵李長庚迎戰，雙方在一座名叫「松門山」的海島旁相遇，清軍艦隊的數量和品質均明顯不如對手。沒想到，此時突然刮來一陣颶風，把安南海軍的船隻悉數吹沉，包括三名安南總兵在內的大部分人，都淹死在海裡，只有總兵倫貴利等八百餘人游泳、登上海島，隨即全部被俘，而清軍水師卻安然無恙。

這場戰爭關係重大。這次「神風」拯救了清帝國也拯救了廣東十三行。此後戰局逆轉，阮光纘的海軍，陸續向清朝和阮福映投降。

相隔兩年後的西元一八〇二年秋季，持續二十五年之久的安南內戰終於走到了盡頭。阮福映的大軍攻陷升龍城，俘虜並處決了阮光纘全家，就此統一安南全境，並將在阮光纘海軍裡效力的許多中國海盜，引渡給清朝。

於是，嘉慶皇帝冊封阮福映為「越南國王」，以示他統治著兩廣（簡稱「粵」或「越」）以南的地區。❺

松門山海戰之後，由於未能迫使潘有度捐出五十萬兩白銀，佶山憤怒地向朝廷寫奏摺，要求嚴懲潘有度。

但同文行在廣東畢竟樹大根深。潘有度成功爭取到兩廣總督、廣東巡撫和廣東糧道的共同支持，在三大員的聯合抗議下，佶山被迫追回奏摺，卻轉而向嘉慶皇帝聲稱，廣東十三行洋商們自願將用於採辦外洋貢品的「備貢款」，從每年的五萬五千兩白銀提高到每年十五萬兩白銀，又下令加徵二百九十四種貨物稅。

這些幾近瘋狂的政策，帶給十三行洋商們極大的壓力，導致怡和行老闆伍秉均（伍沛官），在西元一八〇一年六月十三日突發急病身亡（不久前，他剛因為一樁英國商船走私鐘錶案，被佶山處以案值五十倍的巨額罰款），其三弟伍秉鑑接任怡和行老闆。他就是未來與同齡人拿破崙、威靈頓一同名震寰宇的世界首富，伍浩官二世。

這幾項計畫，隨著佶山在西元一八〇一年十一月十七日被調離粵海關監督的崗位，大都不了了之。值得一提的是佶山離開廣州時的背影，是孤獨的。據英國東印度公司檔案記載，當時居然沒有一名廣東官員到碼頭上去送他，這在向來重視迎來送往的中國官場上史無前例，可見他人緣之差。

然而，佶山離開廣州時的心情卻是愉快的。為了表彰他在粵海關監督任上，對戶部和內務府做出的突出貢獻，嘉慶皇帝又賞給了他另一個肥差，曹雪芹家族曾經長期擔任的兩淮巡鹽御史。[6]

無論佶山後來在江淮地區如何盤剝倒楣的鹽商，至少潘有度等廣東十三行洋商們擺脫了他這個衰神，好消息也接踵而至。由於安南內戰結束、安南侵華艦隊覆滅，清帝國南方的國防壓力驟然減輕，政府對廣東十三行的資金需求，也大為減輕。

為了修補粵海關與廣東十三行的緊張關係，新任粵海關監督三義助立即廢止了佶山臨走前要求的、十三行繳納用於採辦外洋貢品的每年十五萬兩白銀「備貢款」，以及新徵的二百九十四種貨物稅，甚至以永定河堤壩已經修好，無須更多善款為由，主動退還了潘有度捐給洪災的十萬兩白銀。

奇怪的是，儘管三義助對廣東十三行的態度如此友好，卻沒能換來十三行洋商們對粵海關工作的支持。恰恰相反，他們接連向三義助遞交了辭職信。當時，廣東十三行中排名前列的四家洋商，分別是同文行潘有度、廣利行盧觀恒、怡和行伍秉鑑、義成行葉上林，合稱「潘盧伍葉」。

其中同文行資格最老，怡和行次之，廣利行和義成行都是始建於西元一七九二年的新洋行，抓住了十八世紀末廣東十三行破產潮的機遇，成功填補了諸多破產洋行留下來的市場空白，迅速發展為能夠與同文行、怡和行相提並論的大型外貿企業。

但在西元一八〇三年，義成行老闆葉上林，向粵海關和英國東印度公司提出退出十三行的申請，並且成功地獲得了批准，曾經風光一時的義成行，僅僅存在了十二年，便永遠退出了歷史舞台。

解散義成行以後，葉上林成為有史以來第一位能夠在退出廣東十三行以後，還能享受平靜生活與巨額財富的十三行商人，令其他十三行洋商十分羨慕，紛紛效法。

在短短一、兩年內，包括同文行老闆潘有度、廣利行老闆盧觀恒、怡和行老闆伍秉鑑在內，幾乎所有十三行商人都把解散洋行申請函送到了三義助的粵海關。

何以粵海關減輕壓迫時十三行商人們不僅不歡迎，反而拒絕合作，以集體辭職解散的方式示威？他們是不識好歹、得寸進尺的小人嗎？情況絕非如此。

作為全球最大的國際性商業組織之一，廣東十三行的所有重大行動，都必須放在世界視角下審視，才能得出正確的結論。

西元一八〇三年開始的十三行商人申請辭職、解散浪潮，既有內因也有外因，與倍受廣東十三行厭惡的佶山離職、保護商人權益的三義助調任粵海關監督，並沒有直接關係。

先說內因。十九世紀，隨著清軍在與安南的戰爭中一再失利，廣東和廣西由天地會領導的反清暴動愈來愈多，「它們全都是由一個預言鼓動起來的，說『一八〇四年清朝滅亡』」。兩廣總督愛新覺羅・吉慶受命鎮壓這些暴動，並取得了勝利，但在西元一八〇三年凱旋之後，暴動再次發生。

一向與吉慶不和的廣東巡撫瑚圖禮乘機上奏嘉慶皇帝，說吉慶濫殺無辜，反而放跑了匪首，致使暴動遲遲無法被鎮壓下去。嘉慶皇帝大怒，下旨將吉慶革職拿問。

瑚圖禮於是將吉慶抓到自己的衙門，逼他穿上囚服、戴上鐐銬，像對普通犯人一樣。吉慶大怒，抓起桌上的鼻煙壺吞下而死。在清朝官場上，吉慶是比較清廉的官員，生活簡樸、愛民如子，百姓無不稱頌，廣東十三行商人和外國商人，也對這位溫和的封疆大吏評價甚高，英國東印度公司的報告稱「在貪污腐化方面來說，他似乎可以全部宣告無罪」。

瑚圖禮則是一個大貪官，向來與佶山狼狽為奸而且毫無治國才能，人送外號「糊塗李」。逼殺吉慶之後，他連忙向北京送去大量財物，上下打點。受賄的嘉慶皇帝於是放過瑚圖禮，反而批判吉慶「身為封疆大吏，即罪在不赦，亦當靜以待命，豈得私行自盡，效匹夫溝瀆之為，是自裁一節，即吉慶之罪，實無足惜」。

吉慶身為天潢貴胄和廣受愛戴的總督，竟被貪官白白害死，廣東、廣西輿論大嘩，有識之士都以做官為恥，一時官吏辭職風行，身為「紅頂商人」的十三行洋商們也在其列。以瑚圖禮為首的廣東當局威信掃地，忙著解決吉慶自殺案，執政能力喪失殆盡，不得不批准葉上林等行商的辭職請求。[7]

由此可知清朝統治者治理廣東，需要的是像瑚圖禮、佶山這樣善於「創收」，能夠不斷從廣東向北京輸血的官員，根本不需要吉慶這樣清廉正直者。這樣看來，吉慶的確「死不足惜」。

再說外因。自西元一八〇三年《亞眠和約》被撕毀起，拿破崙戰爭進入新階段。起初，拿破崙指揮的法軍勢如破竹，接連在歐洲大陸上取得輝煌勝利。一八〇四年，拿破崙加冕稱帝，一八〇六年迫使歐洲大部分國家加入其針對英國的「大陸封鎖」計劃，隨即控制了歐洲大部分國家。一時間，法國勢力迅猛擴張，英國的全球霸權看上去搖搖欲墜。前文中多次提到，十八世紀的法國與中國經濟互補性差、貿易額很小，負責對華貿易的法國東印度公司，在一七九三年被革命當局取締，更從此在歷史上永遠消失了。而與法國相反，十八世紀的英國與中國經濟互補性高、貿易額很大，英國東印度公司是英國政府的主要經濟支柱。

所以，如果英國戰勝法國，對負責中國外貿的廣東十三行將是利好；反之，如果法國戰勝英國，對廣東十三行將是利空。所以，西元一八〇三到一八〇八年，拿破崙在歐洲擴張的這段鼎盛時期，英國東印度公司和廣東十三行這對交易夥伴，都面臨著極大壓力，相互間的需求也隨之大幅提高。

從英國東印度公司檔案來看，法國大革命爆發前，該公司每年來華的商船多在五艘左右，法國大革命爆發後就超過了每年十艘，進入十九世紀拿破崙戰爭爆發後，更是達到了每年二十艘左右，中英雙邊貿易額在十幾年內翻了四、五倍。拿破崙戰爭，特別是針對英國的「大陸封鎖」計畫，進一步提高了英國對亞洲貿易的依存度。

作為最早「睜眼看世界」的清朝群體，廣東十三行洋商一直都非常關注法國大革命，與拿破崙戰爭的消息，並據此制定戰略規劃。

據曾經被潘有度邀請到家中做客的美國商人提爾登記載，潘有度「雖然舉止十分威嚴，但與聰明的外國人在一起時，則和藹可親。他喜愛探詢有關中國以外其他國家的事情，且與其大部分同胞不同，坦誠而自在地談論宗教等敏感話題」。

提爾登回憶，潘有度經常與外國客人討論拿破崙戰爭，有時通宵達旦，家中收藏著一些當時全球最先進的地圖，有些地圖還尚未在歐洲面世，就已被潘有度以高價購入。

他曾經對著這些地圖感慨：「啊！為什麼能這樣把船開到海上二到四個月之久，不讓它們看到陸地？為什麼能由歐洲、美洲越洋而來，船隻卻始終不撞上礁石？真的，實在有很多奇怪的事情，是中國人都不能照做的啊！」他大方地承認當時中國在航海科技上的落後現狀。❽

因此自西元一八〇三年起，廣東十三行洋商基於對拿破崙戰爭給英國、瑞典、葡萄牙等交易夥伴造成負面影響的擔心，開始集體歇業並申請解散。

事實上在拿破崙戰爭期間，廣東十三行洋商一直都在通過英國東印度公司，資助英國政府對法國作戰。前文曾經提到，鑑於「倫敦市場極度缺乏銀圓」，潘有度與其他三位行商，冒著虧本和遭到粵海關監督斥責處罰的風險，接受了英國東印度公司運來廣州的一批劣質銀條。

此外，同文行一向壟斷全部生絲出口。潘振承生前出售生絲時，只允許外國商人用現金結算，潘有度也長期遵循這一原則，但在拿破崙戰爭期間，他瞭解英方缺乏現金，破例接受了英國東印度公司的二十萬銀圓支票，並主動放棄了同文行對生絲的壟斷權，許可其他洋行向英方出售生絲。

西元一八〇六年，潘有度甚至向粵海關提出取消行傭，以放棄本企業收入的方式，來減輕英國東印度公司的財政負擔。不久，由於中國發生天災，廣東米價暴漲，潘有度借機成功說服粵海關，以免除全部關稅的方式，吸引英國東印度公司向中國出口印度大米，並承諾如果有賣不出去的糧食，十三行以成本價向英國東印度公司收購。

結果，英國東印度公司向廣東運來了過多的印度大米，再加上當年秋季湖廣產糧區出乎意料地大豐收，導致廣東米價在短期內腰斬，使廣東十三行洋商面臨巨額虧損。但經過協商，他們還是信守承諾，以高於市場價的成本價，收購了滯銷的全部印度大米，使英國東印度公司大賺了一筆。9

透過以上各種方式，潘有度等廣東十三行洋商在西元一八〇六年為英國東印度公司籌措了一筆鉅款。拿破崙的「大陸封鎖」計畫沒有取得應有的效果，他的回應，是在一八〇七年入侵英國在歐洲大陸上的最後一個盟友，葡萄牙，隨即又背信棄義地佔領了盟友西班牙。

有了廣東十三行的財政支持，自覺有些本錢的英國政府決定派軍隊去西班牙和葡萄牙，支援當地的抗法游擊隊，從而消耗拿破崙的實力。問題是，沒有一位英國陸軍將領敢於在戰場上直面法國皇帝，至少在英國本土沒有。

於是，在英國東印度公司的推薦下，印度的征服者韋爾斯利兄弟，被從亞洲召回。西元一八〇八年八月，已經晉升為中將的亞瑟．威爾斯利，在葡萄牙登陸。

作為英國對法戰爭的主要贊助商，潘有度一點都不喜歡這次大膽的軍事行動。從和外國商人的交流中，他得知兩位法蘭西元帥指揮的二十萬精銳部隊，正「像憤怒的黃蜂一樣」，朝亞瑟．威爾斯利中將麾下的一萬五千名英軍，和幾萬名用農具和博物館陳列的冷兵器武裝起來的葡萄牙農民撲來。

對英軍來說，這似乎是一次毫無勝算的豪賭，可能將以全軍覆沒結束。對潘有度來說，另一個不利的消息是達成行老闆倪秉發的破產。由於資本不足，達成行自建立之後便一直經營困難，西元一八〇三年已無力償還欠債。

倪秉發人緣不錯，在英國東印度公司和十三行都有許多朋友。包括潘有度的女婿在內，很多人都勸潘有度出資幫倪秉發一把，卻遭到他堅定的拒絕。潘有度甚至威脅自己的女婿，如果他敢私自幫助倪秉發就要和他算帳。後來，隨著拿破崙戰爭的發展，達成行的收入每況愈下，終於在西元一八一〇年正式破產。

從西元一八〇七年年底開始，決心辭職的潘有度就停止了同文行的所有貿易，清空全部庫存，

〈威靈頓公爵受封〉想像圖

亞瑟．威爾斯利上校曾兩度擔任聯合王國首相，他的爵位，得名於索美塞特郡的威靈頓。

花了五十萬兩白銀的公關費，打通了廣東官場上的全部關節。

這一次，他提出辭職歇業的理由，是身體欠佳並且需要護送父母靈柩，回福建老家安葬。為了獲得皇帝和內務府的批文，他又上繳了十萬兩白銀。

潘有度如此急於讓他的家族從十三行脫身，主要目的就是防止拿破崙在擊敗英國以後，找他這個英國政府和英國東印度公司的主要財政支柱報復。⑩

西元一八〇八年二月二十二日，同文行開業的最後一天，潘有度向英國東印度公司支付了最後一筆欠款，連同利息和貨款，共計二十一萬一千五百九十八元三角三分銀圓，折合十五萬兩千兩白銀，這筆款項即將在西班牙和葡萄牙戰場大顯身手。作為感謝，英國東印度公司承諾，幫助潘有度向因為拿破崙戰爭而破產倒閉的瑞典東印度公司索還債務，後來，也確實陸續匯給潘有度幾萬銀圓。

回首過去的歲月，英方對潘有度不惜讚美之詞：「在過去數年中，這位商人與公司從事非常龐大的交易，而其做法最具信用，最令人滿意。」

潘有度也深情地向英國東印度公司表示，「他不樂意放棄與公司交易的行號，特別是當他回憶起他父親及他本人，從事這項業務已經超過五十年……雖然長久建立的關係現在已經停止，但他將永遠銘記自己利益的源頭，也就是他和他的家族如今能夠過上富裕安樂生活的主要恩人（英國東印度公司）……。」⑪

走過六十六個輝煌的春夏秋冬，同文行終於摘下匾額、曲終人散。潘有度本人在完成所有手續後立即返回福建故鄉，為已故的父母挑選墓地。

〈康格里夫火箭〉

西元一八〇五年，英國人威廉．康格里夫爵士發明的這項武器，是人類史上第一種成功研製的鐵質軍用火箭。

不過，就在臨走前，廣東當局官員還是以修築黃河堤壩的名義，迫使他又捐了十二萬兩白銀，才允許他離開廣州。

隨著同文行解散、潘有度退休，廣利行老闆盧觀恒與怡和行老闆伍秉鑑，成為廣東十三行最大的洋商，分享了總商的頭銜。其實，他們兩人也在效仿葉上林、潘有度，申請從十三行退休。不過從歐洲傳來的消息，改變了十三行所有人的計畫和命運。

與潘有度等十三行商人擔心的情況相反，亞瑟．威爾斯利在葡萄牙和西班牙戰場上，取得了輝煌的勝利，將十倍於己的法軍殺得落花流水。即便拿破崙皇帝親自率領三十萬大軍趕來增援，也未能動搖英軍對葡萄牙的控制。

雙方在西班牙多地展開拉鋸戰，每日消耗著大筆的軍費。西班牙與葡萄牙本土過於貧困，無法支撐如此昂貴的戰爭，西班牙合法政權的崩潰，又引發了玻利瓦爾省領導的拉美獨立戰爭。

結果，西班牙失去了絕大部分富饒的海外殖民地，拿破崙的國庫也瀕臨破產，而亞瑟．威爾斯利兜裡，卻還有大把來自東方的銀圓可花。拿破崙只得放棄替亡友提普蘇丹向威爾斯利復仇的計畫，從西班牙撤軍，轉而進攻俄羅斯，以便從陸路打通通往中國和印度的財富之路。

就在拿破崙大軍踏入俄羅斯的冰天雪地之際，英軍正在馬德里皇宮升起米字旗，亞瑟．威爾斯利中將因此被晉升為陸軍上將、威靈頓公爵。

西元一八一三年年初，當拿破崙從寒冷的俄國逃回巴黎時，獲悉威靈頓公爵已經攻佔了大半個西班牙，正在逼近法國本土，多個法國盟友也投入了英國和俄國的懷抱。強敵壓境迫使拿破崙匆忙備戰。他失望地發現與兵力的損失相比，財力的損失更加驚人，由於缺乏生產和維護經費，三分之一的法軍炮彈無法爆炸。

在當年秋天的德國戰場上，他哀嘆道：「軍中無任何可以吃的食物，要找點東西出來簡直是幻想。」經濟壓力迫使拿破崙決定在兵力嚴重不足、物資裝備匱乏的情況下，向固若金湯的柏林進軍，主要原因竟是「可以在柏林找到大量食物，尤其是馬鈴薯，這樣就可以把這場戰爭打下去」。⑫

在這一被饑餓逼迫而生的錯誤戰略思想引導下，法軍迅速遭受了一系列慘敗，最終，在萊比錫被英軍由提普火箭改良而來的康格里夫火箭彈無情地摧毀，只得放棄整個中歐，撤回巴黎。

在巴黎，拿破崙又收到一個更壞的消息：威靈頓公爵指揮的英西聯軍，已經翻越比利牛斯山脈、攻入法國本土，佔領了重鎮圖盧茲，並俘虜了最優秀的法軍元帥之一，蘇爾特。

西元一八一四年四月十一日，拿破崙宣佈退位被放逐到厄爾巴島。如果不是因巨大的經濟壓力，發動了一系列鋌而走險的軍事行動，他的法蘭西皇位本來是難以動搖的。

拿破崙退位、戰爭結束的消息，以極快的速度傳遍世界，當然也包括當時全球最大的港口廣州，英國的勝利引發萬眾歡騰。賦閒在家的潘有度聞訊，興奮得當即作詩一首：「廿年角勝日論兵，望斷遐方結好盟。海水不揚依畫日，玉門春到自輪平。」⑬

在他賦閒的這幾年，由於拿破崙戰爭、高利貸和官府壓榨，又有好幾家行商破產，還曾出現英軍在西元一八〇八年藉口防禦法軍威脅，而短期攻佔澳門的惡劣事件，令外貿嚴重蕭條。為了振興商業，廣州官員多次提議潘有度重新出山，領導十三行工作，都被婉言拒絕。

隨著拿破崙戰敗，廣州的商業前景重新一片光明，潘有度便立即順水推舟，同意再次加入

十三行。西元一八一五年三月，他接受朝廷任命，建立與同文行名字相似的「同孚行」，兼任廣東十三行總商。⓮

不過，潘有度有點太性急了。西元一八一五年春天，當拿破崙於從厄爾巴島捲土重來的消息傳到廣州時，著實把他嚇了一大跳！好在他很幸運，當年六月十八日，威靈頓公爵在滑鐵盧戰場取得決定性勝利，拿破崙只得再度退位。這次他被放逐到南大西洋的聖赫勒拿島，終生再無重獲自由的希望。

這是反法同盟的勝利；是英國的勝利；是英國東印度公司的勝利，當然也是廣東十三行的勝利。作為當時全球最大的跨國貿易組織之一，廣東十三行的沉浮，始終與國際政局息息相關。

潘有度此後謹慎地經營著同孚行，嚴格控制企業規模，保證產品品質，直至西元一八二〇年十一月十八日逝世。英國東印度公司評價潘有度的逝世時，這樣說道：「公司損失了一位最為正直且極為尊敬的商人，我們每一個人也都發自內心地哀悼這位最親切、最周到的朋友。」⓯

與乃父潘振承一樣，潘有度生前沒有指定繼承人。他有四個兒子：長子潘正亨、次子潘正綱、三子潘正常、四子潘正煒，其中潘正常已先於潘有度去世，而其餘三個兒子都堅決拒絕出任同孚行老闆，特別是拒絕出任責任重大的廣東十三行總商，以便能夠安心讀書，通過科舉，走上比外貿商人更體面也更安全的仕途。

在與英國東印度公司翻譯莫里森談話時，潘正亨堅定地聲稱：「寧為一條狗，不為行商首！」由於廣東當局的極力催促施壓，最後潘正煒同意掛名同孚行老闆，但他以自己不懂外語為由，將企業的日常事務，全部交給有外貿經驗的堂兄潘正威管理。⓰

但此人的商業能力廣受質疑，是少數主動申請加入十三行，卻被粵海關駁回的商人之一。外國商人對潘正威的評價也不高，認為他是「潘啟官一位貧窮而相當沒用的親戚，經常被用作充當台前人物」。[17]

就這樣，曾經領導廣東十三行長達半個多世紀之久的潘氏家族，在十九世紀初漸漸淡離了外貿市場的巔峰。此後，在十九世紀上半葉領導廣東十三行的，是潘氏家族原先的帳房先生，怡和行的伍氏家族。

與潘氏家族相比，伍氏家族的財富更多，對中國與世界的影響也更為廣泛和深刻。不過，圍繞在伍氏家族周圍的疑點，也遠比潘氏家族更多。

比如說，在那個廣東十三行都屬於「無限公司」的時代，曾經資不抵債，潛逃多年的伍氏家族，是怎麼避免被捕流放、賣身為奴，進而鹹魚翻身，完成建立商業帝國的華麗蛻變的？為了解開這些謎團，我們勢必要持續追蹤廣東十三行核心家族的核心秘密。（全書完）

參考文獻

前言

❶ 李彥章《榕園全集》／江南催耕課稻編

❷ 安格斯・麥迪森《世界經濟千年統計》／伍曉鷹、施發啟譯，北京：北京大學出版社，（2009：266—269）

❸ 貢德・弗蘭克《白銀資本》／劉北成譯，北京：中央編譯出版，（2008：134—140）

❹ 馮佐哲《和坤家產考實》；以辨偽宮中藏《和珅犯罪全檔案為中心 [D]》／故宮博物院明清宮廷史研究中心第一屆國際學術研討會，（2012：198—209）

❺ 馬士《東印度公司對華貿易編年史（卷一、二）》／區宗華譯，廣州：中山大學出版社，（1991：15—30）

第一章

❶ 陳國棟《清代前期的粵海關與十三行》／廣州：廣東人民出版社，（2014：3—7）

❷ 陳國棟《清代前期的粵海關與十三行》／廣州：廣東人民出版社，（2014：7—17）

❸ 祁美琴《清代內務府》／瀋陽：遼寧民族出版社，（2009：189—216）

❹ 陳國棟《清代前期的粵海關與十三行》／廣州：廣東人民出版社，（2014：84—137）

❺ 章文欽《廣東十三行與早期中西關係》／廣州：廣東經濟出版社，（2009：160—163）

❻ 《清史稿》；《王鴻緒傳》

❼ 梁廷枏《粵海關志（卷七）》

❽ 亨特《廣州番鬼錄、舊中國雜記》／馮樹鐵、沈正邦譯，廣州：廣東人民出版社，（2009：47）

❾ 《廣州府志》；《伍崇曜傳》

❿ 《厄立特里亞航海記；梁史》；《諸夷傳》

⓫ 馬士《東印度公司對華貿易編年史（卷一、二）》／區宗華譯／廣州：中山大學出版社，（1991：147—149）

⓬ 《大清聖祖仁皇帝實錄（卷二百七十）》

⓭ 《清史稿》；《鄭成功傳》

14 馬士《東印度公司對華貿易編年史（卷一、二）》／區宗華譯，廣州：中山大學出版社，（1991：15—48）

15 《續資治通鑑長編（卷二）：建隆二年四月壬戌》

16 宋會要《職官》

第二章

❶ 奈傑爾・克利夫《最後的十字軍東征：瓦斯科・達伽馬的壯麗遠航》／朱邦芊譯，北京：社會科學文獻出版社，（2017：11—172，232—426）
❷ 裴化行《天主教十六世紀在華傳教志》／蕭濬華譯，北京：商務印書館，（1936：85）
❸ 同上：94
❹ 梁嘉彬《廣東十三行考》／廣州：廣東人民出版社，（1999：45）
❺《春秋公羊傳》；《宣公十五年》
❻《史記・平准書》
❼《周禮・地官・肆長》
❽ 趙岡、陳鐘毅《中國經濟制度史論》／北京：新星出版社，（2006：350—361）
❾《杜光庭・虬髯客傳》
❿《宋史・三佛齊傳》
⓫《明史・三佛齊傳》
⓬ 翁佳音、黃驗《解碼台灣史 1550—172》／台北：遠流出版事業股份有限公司，（2017：41—47）
⓭ 雪珥《大國海盜》／太原：山西人民出版社，（2011：77—93）；翁佳音、黃驗《解碼台灣史 1550—172》／台北：遠流出版事業股份有限公司，（2017：64）

⑭ 翁佳音、黃驗《解碼台灣史 1550—172》/台北：遠流出版事業股份有限公司，（2017：37—40）

⑮ 同上：72—73

⑯ 伊懋可《象的退卻：一部中國環境史 2》/梅雪芹、毛利霞、玉山，南京：江蘇人民出版社，（2014：16—148）

⑰ 奈傑爾·克利夫《最後的十字軍東征：瓦斯科·達伽馬的壯麗遠航》/朱邦芊譯，北京：社會科學文獻出版社，（2017：433—440）

⑱ 《明史·列傳第二百一十一》；《明史·列傳第二百一十三》；江日升《台灣外記（卷一）》；歐陽泰《1661：決戰熱蘭遮》/陳信宏譯，九州出版社，（2014：19—28）；翁佳音、黃驗《解碼台灣史 1550—172》/台北：遠流出版事業股份有限公司，（2017：84—91，107—114，133—136）

⑲ 雪珥《大國海盜》/太原：山西人民出版社，（2011：94—96）

⑳ 翁佳音、黃驗《解碼台灣史 1550—1720》/台北：遠流出版事業股份有限公司，（2017：138—173）

第三章

❶ 屈大均《廣東新語（卷十五）》；《貨語》；《紗緞》
❷ 馬士《東印度公司對華貿易編年史（卷一、二）》／區宗華譯，廣州：中山大學出版社，（1991：87—88，99—100）
❸ 同上：103
❹ 同上：135
❺ 同上：129
❻ 同上：117
❼ 同上：116
❽ 同上：145
❾ 馬士《中華帝國對外關係史（卷一）》／張匯文等譯，上海：上海世紀出版集團，（2006：68—69）
❿ 《漢書・食貨志》
⓫ 馬士《東印度公司對華貿易編年史（卷一、二）》／區宗華譯，廣州：中山大學出版社，（1991：136）
⓬ 《清史稿（卷二百二十）・理密親王允礽傳》

13 馬士《中華帝國對外關係史（卷一）》／張匯文等譯，上海：上海世紀出版集團，（2006：69）
14 同上：69
15 《清史稿（卷二百二十）．理密親王允礽傳》
16 馬士《中華帝國對外關係史（卷一）》／張匯文等譯，上海：上海世紀出版集團，（2006：70）
17 梁嘉彬《廣東十三行考》／廣州：廣東人民出版社，（1999：353）
18 羅天尺《冬夜珠江舟中觀火燒洋貨十三行因成長歌》
19 馬士《中華帝國對外關係史（卷一）》／張匯文等譯，廣州：中山大學出版社，（1991：158）
20 《大清聖祖仁皇帝實錄（卷二百三十四）》
21 同上：120—124
22 同上：129—130
23 同上：132
24 費蒙．西蒙．伽士特拉《荷蘭東印度公司》／倪文君譯，上海：東方出版中心，（2011：135）
25 馬士《中華帝國對外關係史（卷一）》／張匯文等譯，廣州：中山大學出版社，（1991：135—142）

26. 同上：144—145

27. 同上：159—161

28. 同上：162—163

29. 同上：164—165

30. 馬士《中華帝國對外關係史（卷一）》／張匯文等譯，上海：上海世紀出版集團，（2006：71）

31. 馬士《中華帝國對外關係史（卷一）》／張匯文等譯、區宗華譯，廣州：中山大學出版社，（1991：154）

32. 同上：169—172

33. 同上：174

34. 同上：179

35. 威廉．烏克斯《茶葉全書（上卷）》／儂佳等譯，上海：東方出版社，（2011：21—49）

36. 馬士《中華帝國對外關係史（卷一）》／張匯文等譯、區宗華譯，廣州：中山大學出版社，（1991：129—131）

37. 同上：141—142

38. 同上：146—147

39. 同上：156

40. 同上：169—170

第四章

❶ 富勒《西洋世界軍事史（卷二）》／鈕先鐘譯，桂林：廣西師範大學出版社，（2004：128—149）

❷ 阿海《雍正十年：那條瑞典船的故事》／北京：中國社會科學出版社，（2006：58—65）

❸ 同上：1—5，34—37

❹ 馬士《東印度公司對華貿易編年史（卷一、二）》／區宗華譯，廣州：中山大學出版社，（1991：188—194）

❺ 阿海《雍正十年：那條瑞典船的故事》／北京：中國社會科學出版社，（2006：136—140）

❻ 馬士《東印度公司對華貿易編年史（卷一、二）》／區宗華譯，廣州：中山大學出版社，（1991：197）

❼ 《中國第一歷史檔案館》；《雍正朝漢文朱批奏摺彙編（第二十二冊）》／南京：江蘇古籍出版社，（1986：924）

❽ 譚元亨《國門十三行：從開放到限關的逆轉》／廣州：華南理工大學出版社，（2011：96—98）；阿海《雍正十年：那條瑞典船的故事》／北京：中國社會科學出版社，（2006：148—152）

❾ 阿海《雍正十年：那條瑞典船的故事》／北京：中國社會科學出版社，（2006：98—101）

❿ 同上：191—193

⓫ 馬士《東印度公司對華貿易編年史（卷一、二）》／區宗華譯，廣州：中山大學出版社，（1991：217—258）

⓬《潘有為．南雪巢詩鈔》；《番禺潘氏詩略（第一冊）》；《番禺龍溪潘氏族譜》

⓭ 阿海《雍正十年：那條瑞典船的故事》／北京：中國社會科學出版社，（2006：115）

⓮ 馬士《東印度公司對華貿易編年史（卷一、二）》／區宗華譯，廣州：中山大學出版社，（1991：183）

⓯ 同上：227

⓰ 同上：266

⓱《番禺龍溪潘氏族譜》

⓲ 雪珥《大國海盜》／太原：山西人民出版社，（2011：94—96）

⓳ 馬士《東印度公司對華貿易編年史（卷一、二）》／區宗華譯，廣州：中山大學出版社，（1991：323—324）

⓴ 同上：271

㉑ 梁英明、梁志明《東南亞近現代史（上冊）》／北京：昆侖出版社，（2005：122—127）；費蒙．西蒙．伽士特拉《荷蘭東印度公司》／倪文君譯，上海：東方出版中心，（2011：95—97）

㉒ 馬士《東印度公司對華貿易編年史（卷一、二）》／區宗華譯，廣州：中山大學出版社，（1991：280—281）

㉓ 費蒙・西蒙・伽士特拉《荷蘭東印度公司》／倪文君譯，上海：東方出版中心，（2011：176）

㉔ 同上：93—94

㉕ 同上：155—156

㉖ 同上：135—136

㉗ 同上：65—69，190—198

㉘ 周湘《廣州外洋行商人》／廣州：廣東人民出版社，（2002：50）

㉙ 潘有為《南雪巢詩鈔》

㉚ 穆素潔（Sushata Mazumdar）《全球擴張時代中國海上貿易的新網路（1750—1850）[J]》／廣東社會科學，葉籬譯，廣州：廣東省社會科學院，（2001：6，81）

㉛ 潘月槎《潘啟傳略》（1800—1840）／加利福尼亞大學伯克利分校出版社，（1975：376）

㉜ 馬士《東印度公司對華貿易編年史（卷一、二）》／區宗華譯，廣州：中山大學出版社，（1991：293）

㉝ 阿海《雍正十年：那條瑞典船的故事》／北京：中國社會科學出版社，（2006：101）

㉞ 馬士《東印度公司對華貿易編年史（卷一、二）》／區宗華譯，廣州：中山大學出版社，（1991：294）

㉟ 同上，（卷四、五），479

第五章

❶ 馬士《東印度公司對華貿易編年史（卷一、二）》／區宗華譯，廣州：中山大學出版社，（1991：239—245）

❷ 同上：278

❸ 范岱克《從荷蘭和瑞典檔案看 18 世紀 50 年代至 70 年代的廣州帆船貿易 [J]》／丁峻譯，廣東社會科學，（2002：4，94）

❹ 馬士《東印度公司對華貿易編年史（卷一、二）》／區宗華譯，廣州：中山大學出版社，（1991：298）

❺ 同上：298

❻ 梁嘉彬《廣東十三行考》／廣州：廣東人民出版社，（1999：92）

❼ 馬士《東印度公司對華貿易編年史（卷一、二）》／區宗華譯，廣州：中山大學出版社，（1991：299）

❽ 梁嘉彬《廣東十三行考》／廣州：廣東人民出版社，（1999：92）

❾ 馬士《東印度公司對華貿易編年史（卷一、二）》／區宗華譯，廣州：中山大學出版社，（1991：303—307）；卷四、五（493—495）

❿ 富勒《西洋世界軍事史（卷二》）》／鈕先鐘譯，桂林：廣西師範大學出版社，（2004：177—193）

⓫ 汪熙《約翰公司：英國東印度公司》／上海：上海人民出版社，（2007：96—106）

⓬ 馬士《東印度公司對華貿易編年史（卷一、二）》／區宗華譯，廣州：中山大學出版社，（1991：349—350）

⓭ 同上：362

⓮ 汪熙《約翰公司：英國東印度公司》／上海：上海人民出版社，（2007：142—146）

⓯ 梁嘉彬《廣東十三行考》／廣州：廣東人民出版社，（1999：92—98，120—131）

⓰ 同上：94—95

⓱ 同上：123，133—134

⓲ 同上：256—257

⓳ 馬士《中華帝國對外關係史（卷一）》／張匯文等譯，上海：上海世紀出版集團，（2006：180）

⓴ 潘剛兒、黃啟臣、陳國棟《廣州十三行之一：潘同文（孚）行》／廣州：華南理工大學出版社，（2006：26—35），周湘《廣州外洋行商人》／廣州：廣東人民出版社，（2002：14）

㉑ 屈大均《廣東新語（卷四）．水語．白鵝潭》

㉒ 潘剛兒、黃啟臣、陳國棟《廣州十三行之一：潘同文（孚）行》／廣州：華南理工大學出版社，（2006：34—35）

㉓ 梁嘉彬《廣東十三行考》／廣州：廣東人民出版社，（1999：282—283）

第六章

❶ 威威廉・烏克斯《茶葉全書（上卷）》／儂佳等譯，上海：東方出版社，（2011：53—74）；羅伊・莫克塞姆《茶：嗜好、開拓與帝國》／畢小青譯，北京：三聯書店，（2010：47—50）

❷ 埃里克・傑・多林《美國和中國最初的相遇：航海時代奇異的中美關係史》／朱穎譯，北京：社會科學文獻出版社，（2014：63—68）

❸ 汪熙《約翰公司：英國東印度公司》／上海：上海人民出版社，（2007：240—241）

❹ 威廉・烏克斯《茶葉全書（上卷）》／儂佳等譯，上海：東方出版社，（2011：85—86，91—93）；羅伊・莫克塞姆《茶：嗜好、開拓與帝國》／畢小青譯／北京：三聯書店，（2010：46—50）

❺ 羅伊・莫克塞姆《茶：嗜好、開拓與帝國》／畢小青譯，北京：三聯書店，（2010：23）

❻ 富勒《西洋世界軍事史（卷二）》／鈕先鐘譯，桂林：廣西師範大學出版社，（2004：220—268）

❼ 埃里克・傑・多林《美國和中國最初的相遇：航海時代奇異的中美關係史》／朱穎譯，北京：社會科學文獻出版社，（2014：2—15）

❽ 同上：12

❾ 同上：8—9

❿ 同上：9—14

⑪ 同上：76

⑫ 馬士《東印度公司對華貿易編年史（卷一、二）》／區宗華譯，廣州：中山大學出版社，（1991：417—418）

⑬ 埃里克·傑·多林《美國和中國最初的相遇：航海時代奇異的中美關係史》／朱穎譯，北京：社會科學文獻出版社，（2014：55—56）

⑭ 宗彝《道鹹以來朝野雜記》

⑮ 埃里克·傑·多林《美國和中國最初的相遇：航海時代奇異的中美關係史》／朱穎譯，北京：社會科學文獻出版社，（2014：152）

⑯ 同上：12—14

⑰ 同上：148—152

⑱ 張維屏《藝談錄》

⑲ 佩雷菲特《停滯的帝國：兩個世界的撞擊》／王國卿等譯，北京：三聯書店，（1993：390）

⑳ 《清史稿（卷三百二十三）．李侍堯傳》

㉑ 梁嘉彬《廣東十三行考》／廣州：廣東人民出版社，（1999：133—138）

㉒ 李兆鵬《嚴絲出外洋之禁折．史料旬刊》／北京：北京圖書館，（2008）

㉓ 馬士《東印度公司對華貿易編年史（卷一、二）》／區宗華譯，廣州：中山大學出版社，（1991：301—302）

㉔ 《大清高宗純皇帝實錄（卷707）》

㉕ 潘剛兒、黃啟臣、陳國棟《廣州十三行之一：潘同文（孚）行》／廣州：華南理工大學出版社，（2006：81—84）
㉖ 佩雷菲特《停滯的帝國：兩個世界的撞擊》／王國卿等譯，北京：三聯書店，（1993：14）
㉗ 汪熙《約翰公司：英國東印度公司》／上海：上海人民出版社，（2007：142—146）
㉘ 潘有為《南雪巢詩鈔》
㉙ 《光孝寺重修大門碑記》
㉚ 馬士《東印度公司對華貿易編年史（卷四、五）》／區宗華譯，廣州：中山大學出版社，（1991：584—585）
㉛ 同上（第一、二卷）：303
㉜ 同上（卷四、五）：584
㉝ 同上（第一、二卷）：336—339
㉞ 同上：326
㉟ 同上：366—367
㊱ 潘剛兒、黃啟臣、陳國棟《廣州十三行之一：潘同文（孚）行》／廣州：華南理工大學出版社，（2006：92—93）
㊲ 馬士《東印度公司對華貿易編年史（卷一、二）》／區宗華譯，廣州：中山大學出版社，（1991：394）
㊳ 同上：410—419

39 同上：404；章文欽《廣東十三行與早期中西關係》／廣州：廣東經濟出版社，（2009：40，1997：263）

40 馬士《東印度公司對華貿易編年史（卷一、二）》／區宗華譯，廣州：中山大學出版社，（1991：411）

41 潘剛兒、黃啟臣、陳國棟《廣州十三行之一：潘同文（孚）行》／廣州：華南理工大學出版社，（2006：72—76）

42 馬士《東印度公司對華貿易編年史（卷一、二）》／區宗華譯，廣州：中山大學出版社，（1991：468）

43 同上：471

44 同上（卷四、五）：555

45 同上：564

46 同上：574—575

47 同上：576

48 梁嘉彬《廣東十三行考》／廣州：廣東人民出版社，（1999：25）

49 馬士《東印度公司對華貿易編年史（卷一、二）》／區宗華譯，廣州：中山大學出版社，（1991：458）

第七章

❶ 潘剛兒、黃啟臣、陳國棟《廣州十三行之一：潘同文（孚）行》／廣州：華南理工大學出版社，（2006：27—32，85—87，92—93）

❷ 馬士《東印度公司對華貿易編年史（卷一、二）》／區宗華譯廣州：中山大學出版社，（1991：472—474）

❸ 佩雷菲特《停滯的帝國：兩個世界的撞擊》／王國卿等譯，北京：三聯書店，（1993：3—8）

❹ 馬士《東印度公司對華貿易編年史（卷一、二）》／區宗華譯，廣州：中山大學出版社，（1991：514）

❺ 潘剛兒、黃啟臣、陳國棟《廣州十三行之一：潘同文（孚）行》／廣州：華南理工大學出版社，（2006：103—104）；馬士《東印度公司對華貿易編年史（卷一、二）》／區宗華譯，廣州：中山大學出版社，（1991：514）

❻ 佩雷菲特《停滯的帝國：兩個世界的撞擊》／王國卿等譯，北京：三聯書店，（1993：134）；鄭雲豔《珞珈史苑・馬戛爾尼使華團在京「寓所搬遷事件」》／武漢：武漢大學出版社，（2014：217—239）

❼ 佩雷菲特《停滯的帝國：兩個世界的撞擊》／王國卿等譯，北京：三聯書店，（1993：380—382）

❽ 同上：390—391

❾ 同上：18—21

❿ 馬士《東印度公司對華貿易編年史（卷一、二）》／區宗華譯，廣州：中山大學出版社，（1991：569—585）；梁廷枏《粵海關志（卷二十五）》

⓫ 梁廷枏《粵海關志（卷二十五）》

⓬ 馬士《東印度公司對華貿易編年史（卷一、二）》／區宗華譯，廣州：中山大學出版社，（1991：585—586，596，611—613）

⓭ 佩雷菲特《停滯的帝國：兩個世界的撞擊》／王國卿等譯，北京：三聯書店，（1993：390）

第八章

❶ 馬士《東印度公司對華貿易編年史（卷一、二）》／區宗華譯，廣州：中山大學出版社，（1991：366—367）

❷ 周湘《廣州外洋行商人》／廣州：廣東人民出版社，（2002：189）

❸ 梁廷枏《粵海關志（卷十）》

❹ 馬士《東印度公司對華貿易編年史（卷一、二）》／區宗華譯，廣州：中山大學出版社，（1991：424—427）

❺ 關雪玲《日升月恒：故宮博物院藏清代鐘錶》／北京：紫禁城出版社，（2009：41）

❻ 《乾隆朝貢檔》

❼ 《軍機處上諭檔》

❽ 《康熙朝漢文朱批奏摺彙編（第8冊）》／北京：中國第一歷史檔案館，（1984—1985：1118）

❾ 梁嘉彬《廣東十三行考》／廣州：廣東人民出版社，（1999：128）

❿ 《兩廣總督李侍堯與粵海關監督方體浴奏報採辦紫檀木事折》

⓫ 潘剛兒、黃啟臣、陳國棟《廣州十三行之一：潘同文（孚）行》／廣州：華南理工大學出版社，（2006：79）

⓬《史料旬刊》／北京：北京圖書館，（1963）

⓭單士元《故宮劄記》／北京：紫禁城出版社，（1990：115）

⓮馬士《東印度公司對華貿易編年史（卷一、二）》／區宗華譯，廣州：中山大學出版社，（1991：600）

⓯梁章　《歸田瑣記》

⓰左步青《清代鹽商盛衰述略》／故宮博物院院刊，（1986[1]：49—58）

⓱馬士《東印度公司對華貿易編年史（卷一、二）》／區宗華譯，廣州：中山大學出版社，（1991：36—37）

⓲祁美琴《清代內務府》／瀋陽：遼寧民族出版社，（2009：115—118）

⓳章文欽《廣東十三行與早期中西關係》／廣州：廣東經濟出版社，（2009：231—274）

⓴郭德焱《清代廣州的巴斯商人》／北京：中華書局，（2005：21—93）

第九章

❶ 《清史稿（卷五百二十七）．越南列傳》；梁英明，《梁志明，東南亞近現代史（上冊）》／北京：昆侖出版社，（2005：147—158）；邵循正《中法越南關係始末》／石家莊：河北教育出版社，（2000：15—21）

❷ 菲力浦．奎達拉《威靈頓》／李利謙譯，北京：軍事科學出版社，（2006：41—72）

❸ 克洛德．利布《拿破崙的罪行》／第朱潔譯，長春：吉林出版集團，（2010：55—142）

❹ 馬士《東印度公司對華貿易編年史（卷一、二）》／區宗華譯，廣州：中山大學出版社，（1991：659—693）

❺ 《清史稿（卷三百五十）．李長庚列傳》；《清史稿（卷五百二十七）．越南列傳》

❻ 馬士《東印度公司對華貿易編年史（卷一、二）》／區宗華譯，廣州：中山大學出版社，（1991：663—671）

❼ 《嘯亭雜錄（卷二）．本朝宗室輔臣》；《嘯亭雜錄（卷十）．嘉慶初年督撫》；葛虛存《清代名人軼事．清操類》；馬士《東印度公司對華貿易編年史（卷一、二）》／區宗華譯，廣州：中山大學出版社，（1991：702—70）

❽ 潘剛兒、黃啟臣、陳國棟《廣州十三行之一：潘同文（孚）行》／廣州：華南理工大學出版社，（2006：96—97）

❾ 同上：108—109

❿ 同上：109—111

⓫ 馬士《東印度公司對華貿易編年史（卷一、二）》/區宗華譯，廣州：中山大學出版社，（1991：57—58）

⓬ 詹姆斯．馬歇爾．康沃爾《拿破崙》/趙漢生，彭光謙譯，北京：解放軍出版社，（1989：288—303）

⓭ 潘有度《義松堂遺稿．西洋雜詠》；潘儀增編《番禺潘氏詩略（第一冊）》，（1894）

⓮ 潘剛兒、黃啟臣、陳國棟《廣州十三行之一：潘同文（孚）行》/廣州：華南理工大學出版社，（2006：110—112）

⓯ 同上：94

⓰ 同上：110—112

⓱ 馬士《東印度公司對華貿易編年史（卷一、二）》/區宗華譯，廣州：中山大學出版社，（1991：103）

茶金帝國與海上絲路 I
廣東十三洋行的崛起

作　　者	羅三洋
發 行 人	林敬彬
主　　編	楊安瑜
編　　輯	王藝婷、李睿薇
內頁編排	方皓承
封面設計	陳語萱
編輯協力	陳于雯、高家宏
出　　版	大旗出版社
發　　行	大都會文化事業有限公司
	11051 台北市信義區基隆路一段 432 號 4 樓之 9
	讀者服務專線：（02）27235216
	讀者服務傳真：（02）27235220
	電子郵件信箱：metro@ms21.hinet.net
	網　　　址：www.metrobook.com.tw
郵政劃撥	14050529 大都會文化事業有限公司
出版日期	2021 年 12 月初版一刷
定　　價	420 元
ISBN	978-626-95163-1-5
書　　號	History-147

◎本書由重慶指文化行文化傳播有限公司授權繁體字版之出版發行。

◎本書如有缺頁、破損、裝訂錯誤，請寄回本公司更換

國家圖書館出版品預行編目（CIP）資料

茶金帝國與海上絲路 I ：廣東十三洋行的崛起 /
羅三洋著 . -- 初版 . -- 臺北市 : 大旗出版社 :
大都會文化發行 , 2021.12 ; 336 面 ; 17x23 公分
ISBN 978-626-95163-1-5（平裝）
1. 國際貿易史 2. 明代 3. 清代

558.092　　110017274